十年天桥情
百人实践路

SHINIAN TIANQIAOQING
BAIREN SHIJIANLU

主　　编　徐贵宝　孙　硕
副 主 编　李志鹏　于　满　潘京润　颜　笑
编委会成员　石京民　梁　雯　肖剑桥　岳　童
陈　晨　陈　橙　魏　琦　邓　琪
余　萍　窦晓娟

北京理工大学出版社
BEIJING INSTITUTE OF TECHNOLOGY PRESS

图书在版编目(CIP)数据

十年天桥情　百人实践路/徐贵宝，孙硕主编．—北京：北京理工大学出版社,2017.6

ISBN 978-7-5682-4179-3

Ⅰ.①十…　Ⅱ.①徐…②孙…　Ⅲ.①北京理工大学-社区-工作人员-人才培养-项目-研究　Ⅳ.①D669.3

中国版本图书馆 CIP 数据核字(2017)第 121583 号

出版发行 / 北京理工大学出版社有限责任公司
社　　址 / 北京市海淀区中关村南大街 5 号
邮　　编 / 100081
电　　话 / (010)68914775(总编室)
　　　　　(010)82562903(教材售后服务热线)
　　　　　(010)68948351(其他图书服务热线)
网　　址 / http://www.bitpress.com.cn
经　　销 / 全国各地新华书店
印　　刷 / 保定市中画美凯印刷有限公司
开　　本 / 710 毫米×1000 毫米　1/16
印　　张 / 17.25
字　　数 / 306 千字
版　　次 / 2017 年 6 月第 1 版　2017 年 6 月第 1 次印刷
定　　价 / 52.00 元

责任编辑 / 施胜娟
文案编辑 / 施胜娟
责任校对 / 周瑞红
责任印制 / 李志强

序 PREFACE

“酒旗戏鼓天桥市，多少游人不忆家”，这是清末民初的著名诗人易顺鼎在《天桥曲》中的诗句，脍炙人口、经久传唱。而今的天桥，仍延续着属于它特有的传统，原汁原味地向世人展现着老北京的文化底蕴，上映着当年皇城根下最热闹、最引人的圈子场景，散发着历史的辉煌以及现代化的荣光。

2007 年 7 月起，天桥这个圈子里迎来了一群寻梦的年轻人，他们有的听着长者们嘴里的天桥故事长大，有的曾经路过天桥见证过那些艺人们的杂耍，还有的从未听闻过天桥、从未涉足过天桥。然而，就是他们，带给了天桥不一样的七月，也让天桥在他们的大学生涯中勾勒出了一笔不一样的颜色。而这群人一来，就来了整整十年。

十年天桥情，百人实践路。自 2007 年起，北京理工大学人文与社会科学学院每年暑假选派若干名大学生赴西城区（原宣武区）天桥街道办事处开展为期一个月的社会实践，“天桥大学生社区主任助理”项目至 2016 年已经走过了十个年头，累计实习学生人数 200 余人。正是这样一个美丽的约定，搭建起了天桥与大学生之间的桥梁，十年里，双方经过不断尝试和探索，使项目逐步走向成熟，人员数目逐步壮大，人才质量稳步提高，对社区建设发展的正面影响不断加深，对大学生学知结合能力的提升也起到了积极的推动作用。

“为追寻克明俊德而矢志不渝，为达成学富五车而持之以恒，因坚持不懈探索长于揆情度理，因锲而不舍笃行练就卓尔不群。”这些信条在每一名北理工学子的心中深深扎根，秉承着这样的精神，每一年来到天桥的学生都能够勤勤恳恳地工作。即使烈日当头、纵然暴雨倾盆仍挨家挨户走访搜集信息，面对十几个孩童手足无措却因自己肩头承载的责任不得不独当一面，为失独老人献上亲手织就的围巾、感触到他们真挚的眼神时也会潸然泪下……

天桥之约，人文之情。十年来，天桥的孩子们习惯于每年暑假有这样一群哥哥姐姐来陪他们玩耍，天桥的老人们熟悉于每年的 7 月有这样一群孩孙辈的青年人陪着他们聊聊家常、说说话。而十年来，北理工人文学院的学子们也都期待着、竞相询问着，如何能追随着学长学姐的脚步，加入到这个团队，在天桥挥洒无悔的年华。

在积累中沉淀，在沉淀中升华。十年之精华，已凝练于本书，通过阅读，愿有更多的学生投身于此，冀有更广阔的平台收纳于此，期有更辉煌的成果产出于此，盼诸君稇载而归，不虚此行。

目录 CONTENTS

十周年回顾

熟读深思　笃学不倦

博观约取　厚积薄发

知人睿智 知己明心

学无常师 博学洽闻

十年树木 百年树人

含饴弄孙　颐养天年

授人玫瑰　手留余香

国事民瘼　富国安邦

酒旗戏鼓　雅俗共赏

术业专攻　精益求精

十周年回顾

历天桥十年实践　炼真知学术才干

——北京理工大学天桥大学生社区主任助理实践总览

大学教育具有鲜明的全面性、素质性、实践性的特点，大学的目标是培育综合理想、知识、道德等方面的综合型人才。在大学的教育里，不仅仅包括课堂的知识教授、书本的知识研读，更包括将理论知识应用于实际生活的实操与实践。作为大学教育的重要形式和途径，社会实践在我国的大学教育发展中扮演了重要的角色，在培养大学生综合能力、促进大学生全面发展的教育活动中发挥了积极的提升作用。

就社会实践对大学教育的重要性而言，在国家层面上，我国国务院、教育部、共青团等多个部门都颁发了一系列关于进一步开展社会实践的文件和通知，如《共青团中央教育部关于进一步加强和改进大学生社会实践的意见》，保证社会实践育人作用的发挥。在学校层面，我校团委在积极响应国家部门要求的同时，根据自身实际，提出我校社会实践的工作理念——“广覆盖　促发展　提能力　获真知”，在实践理念的指导下，我校采用“院校合作”的模式，连续多年开展了形式多样、内容丰富、主题鲜明的社会实践活动，取得了丰硕的成果，积累了社会实践的先进经验。北京理工大学人文与社会科学学院组织开展的“天桥大学生社区主任助理”实践便是其中具有代表性的一个实践项目。

一、一条真知实践路，写就天桥实践辉煌篇章

（一）十年天桥，历久弥新

在北京理工大学校团委的大力支持下，人文与社会科学学院根据学院特色、学科优势、学生需求等实际情况，立足学校学生培养的“高远的理想、精深的学术、强健的体魄、恬美的心境”目标，与北京市西城区（原宣武区）天桥街道合作，共同组织开展了“天桥大学生社区主任助理”暑期社会实践项目。该项目协调、整合了区校双方的优势资源，一方面致力于为大学生提供理论指导实践、了解基层情况的平台和机会；另一方面也为天桥街道提供优质的大学生人力资源，为首都的基层社会管理注入新鲜的血液，促进基层服务的进一步发展。

天桥大学生社区主任助理实践项目自2007年第一届开展以来，截至2016年已经顺利开展十届，共向天桥街道输送了近200名优秀大学生助理，形成了百余

篇学术调研报告，累计为街道提供服务 43 200 小时，年均 4 800 小时，约合 2 个全职工作人员近十年的工作量；历年累计组织活动 500 余次，年均 60 次。在十年的实践历程中，实践成员们留下了众多的精彩瞬间，记录了多姿多彩的实践生活，更在心里永远刻下了天桥的记号。站在十年实践的新节点上，天桥大学生社区主任助理实践也在不断调整，时刻做好准备，保证下一次的天桥实践扬帆远航。

（二）实践真知，成果丰硕

天桥大学生社区主任助理实践充分发挥实践育人功能，帮助大学生在社会中检验自己的所学，促进大学生的全面成长。大学生充分发挥实践服务功能，为天桥街道的社区建设贡献自己的一份力量。在十年天桥实践中，取得了一系列丰硕的成果，成果主要概括为“人、知、能”三个方面。在“人”方面，大学生通过在社区实践，认识了社区工作人员，了解了他们的工作情况，与社区工作人员建立了良好的情感，社区也因为大学生的进入而丰富了社区工作人员的结构，提升了社区的人力资源水平；此外，通过开展实践活动，大学生深入社会基层，观察、沟通基层的老人、青少年、残疾人、党员等各界人士，拓展了自己对基层百姓的认识。在“知”方面，大学生通过实践，一方面将自己在课堂、书本上学到的理论知识应用到实际中，完善自己的理论知识，提高自己的理论水平；另一方面，大学生在实践中受教育、长才干，以“带着课题做实践”的形式开展相关的社会调查，了解社会基层的发展情况，形成学术调研报告，为天桥的建设建言献策。经过十年的积累，天桥实践已经形成百余篇调查报告，其中有许多文章已经公开发表。在“能”方面，主要体现为大学生经过社区工作的锻炼提升自身的实践操作技能，包括思考能力、语言能力、书写能力，即“脑瓜子、嘴皮子、笔杆子”，大学生在社区负责活动策划、组织、宣传、总结等工作，都为其提升自身的工作能力创造了机会和条件。

除了大学生个人的成果外，天桥大学生社区主任助理实践团自开展以来，作为优秀的实践团队，在我校的实践评比中连续多年获得品牌团称号、校级一等奖、校级特等奖等荣誉，在北京市级、校级各层次各类型评奖评优中先后获得省部级奖项 8 次，校级一等奖以上荣誉 10 余次，彰显了天桥实践的高水平与高质量。

（三）立足当下，登高望远

天桥大学生社区主任助理实践经过十年积累，取得了卓越成绩，总结了多方面先进经验。通过回顾十年发展历程，在实践组织、团队培训、实践保障、主题特色、制度建设、创新发展等方面都呈现了众多思考和优秀做法。展望未来发展主线，天桥实践将继承与发扬优秀做法与先进经验，将围绕实践团建设的“项目化、制度化、品牌化、精细化”着重开展工作，为天桥社区的进一步发展奠定扎实基础。在“项目化”发展上，天桥实践将继续以项目运营的组织方式实施天桥实践，选定优秀的项目负责人与指导教师，制订详细的项目运行计划，划定项目执行与考核标准，将天桥实践继续做扎实、做彻底；在“制度化”发展上，天桥实践将从积累的实践经验出发，继续推进实践招募制度化、培训制度化、保障制度化、督导制度化、考核制度化等制度化建设，不断完善天桥实践的制度，进一步细化天桥实践的制度化内容与章程；在“品牌化”建设方面，天桥实践将基于学校的品牌影响与社会实践基地建设情况，提升天桥实践的品牌化水平，走出学校，扩大品牌影响范围，深化品牌示范效果，带动更多的实践项目形成品牌，发挥影响；在“精细化”建设方面，天桥将着力从运营计划精细化、考核标准精细化、督导精细化、成果精细化等不同方面入手，贯穿天桥实践的全过程，将天桥实践分解、剖析，打造天桥实践的完美细节，提升天桥实践的参与感、服务感和成就感，从而提升天桥实践的吸引力与号召力。

二、一堂实践教学课，哺育北理学子成长成才

（一）实践教学，保障优厚

天桥大学生社区主任助理实践作为我校学生课堂、书本之外获得基层知识的途径和平台，让参与天桥实践的同学都体验到了新鲜的教学形式与内容，同学们收获巨大。在天桥实践中，同学们可以了解基层社会，可以与众生百态面对面交流，可以参加国家的重大赛事或节日的筹备等。在参与过程中，同学们无形地体验了一堂堂生动的实践教学课程，课堂教授的知识与同学们收获的经验协调统一发展，同学们在无形的课程中获得了另外一种实践知识、另外一种实践能力的提升。

为了帮助同学们更好地接受天桥实践教学，保障实践顺利开展，人文与社会科学学院提供了优厚的保障条件。保障的主要内容可以概括为：一次生动通知、一次悉心培训、两次严格考核、定期岗位督导、定期学术辅导。人文学院用心撰写通知，在通知中体现天桥文化气息，突出天桥文化特色，面向全校所有专业在校学生，招募有意愿、能吃苦、有能力的学生参加实践；通知发布之后，报名的学生需要经过两次严格考核才能最终确定是否具有参加天桥实践的资格：一次考核为笔试，内容包括文学常识、电脑常识、语言能力等内容，测试学生的知识与写作能力；一次是“多对一”面试，人文学院组织优秀教师在面试中了解学生的意志态度、语言表达、兴趣特长等内容。最后，综合笔试与面试的表现确定参加天桥实践的人选。天桥实践正式开始之后，人文学院与天桥街道在每周的固定时

间组织天桥实践团成员召开岗位督导会与调研报告指导会。在定期会议上，同学们汇报自己的实践体会，提出自己遇到的问题，由在座的同学和老师给出回馈和应对方法。除了具体的实操内容外，会议也就同学们的调研报告进行讨论，分析各个课题的选题、调研内容、进度进展等，为同学们的学术能力提供一个提升的机会。除了以上的体系化的保障外，人文学院在组织天桥实践时，有重点地为同学们提供中关村校区住宿、交通费补助等生活保障。通过这些保障条件，天桥实践有了高质量的开展基础，起到了为天桥实践顺利进行保驾护航的重要作用。

（二）实践所学，升华自我

天桥实践是同学们在书本之外接受的一次实践课程教育，课堂中的学习、研究对象是基层社会，同学们需要主动靠近社会，深入基层，才能理解国情民意，才能作为书本知识的补充。在天桥实践开展的十年过程中，同学们积极主动投入到实践当中，在社区工作中发挥自己的能力，为社区贡献自己的力量。在 2008 年的天桥实践中，同学们为协助北京奥运会的举办，在社区广泛宣传奥运知识，动员广大居民争做奥运志愿者，共同维护北京的秩序，在最基层为奥运会提供保障；在 2011 年的天桥实践中，同学们积极参与到西城区“争创全国卫生城区”的评比当中，跟随社区工作人员打扫街道，到街上捡拾烟头，协助做好天桥街道的卫生工作；在 2014 年的天桥实践中，同学们积极参加青少年教育工作，组织开展多项青少年教育活动，从青少年安全教育到天桥传统文化传承，都留下了天桥实践团成员的身影。在 2016 年的天桥实践中，同学们更是全身心投入街道工作、社区服务，为天桥实践十周年写下重要一笔，为将来的天桥实践做更好的铺垫。综观天桥实践十年，每一年的天桥实践都有着不同的工作特点与重点内容，每一年的天桥实践都为同学们提供了展示自我的平台，每一年的天桥都留下了同学们的笑脸与汗水。

正是通过天桥实践活动，同学们才能更进一步地了解基层社会，了解我国社区的运行，了解我国基层人民的生活现状。同样是通过天桥实践活动的开展和街道工作的参与，同学们才能有机会将自己的理论知识应用到实际中，才能在实践中接受再教育，从而实现从理论到实际，再从实践回到理论的学习过程。在天桥实践过程中，同学们都锻炼了自身的动手能力、语言能力、思考能力、创新能力，开阔了自己的视野，转变了原有的思想观念，通过这些能力的提升和思想的转变，同学们在实践中升华了自我，加快了自己成长的步伐。

三、一个实践品牌团，发挥实践双向服务功能

（一）品牌实践，双向服务

天桥大学生社区主任助理实践设立的目的，一方面是为同学们提供理论联系

实际、在基层中学习的平台与途径；另一方面则是为天桥街道提供优质的大学生人力资源，为社区注入新鲜力量。在天桥实践开展过程中，预期设定的目标不断达成。随着天桥实践团成为品牌实践团，天桥实践团品牌效应的发挥，更进一步提升了天桥实践团双向服务的质量和水平。在学生服务方面，主要表现在同学们主动、积极深入基层，在基层中丰富自己的经历，提升自己的学识水平。同学们在天桥实践中主动完成本职工作，实现对社区的服务，在社区中，同学们作为主任助理，负责多方面、多类型的工作内容。他们负责社区的文书工作，整理社区的基本物资，组织社区的例行活动，创新社区服务的形式与内容，协助社区开展“下片”走访工作等，基于实践工作的开展，同学们对社区、对工作有了全新认识，学习到了书本上没有的知识，实现了自身的成长成才。也正是同学们积极地开展工作，为社区主任分忧解难，为社区发展提供新点子、新想法，通过认真调研，撰写调研报告，为社区发展建言献策，加速了社区和街道工作的良性发展，为社区和街道的居民创造了良好的生活环境和条件，使社区和街道也在新的高度上认识自己的不足和社会管理中存在的问题，社区和街道才能有针对性地改进，完善社区和街道的工作，保证服务质量。同学们开展社会实践不仅服务了自己，也在实践过程中服务了社区和街道，真正发挥了天桥实践作为品牌实践活动的双向服务效果。

（二）品牌效应，倾情推广

天桥大学生社区主任助理实践顺利开展十年以来，在实践育人、实践成果方面都取得了优秀成绩。随着实践的不断开展，在北京理工大学校团委的支持下，经过严格答辩评比，天桥大学生社区主任助理实践项目被评为北京理工大学的品牌实践团队，此项荣誉更是激励着天桥实践更好地发展，更好地培育同学们的实践与学术能力。在品牌实践团的成长过程中，天桥实践团积极在全校、全市范围交流实践项目经验，传播先进实践做法。

在北京理工大学暑期社会实践表彰会上，天桥实践团面向全校同学分享实践经验，讨论实践特色，带动更多实践团队朝品牌团发展。在北京理工大学暑期社会实践培训中，天桥实践团作为调研类代表团队，向全校参加调研类实践的同学介绍天桥经验，提供实践范例，为同学们的实践树立优秀榜样。在 2016 年北京市暑期社会实践、共青团暑期社会实践重点建设团队名单中，天桥大学生社区主任助理实践都名列其中，天桥实践团已经走出学校，在更广范围内展示优秀实践成果与实践经验。在 2016 年第十届天桥大学生社区主任助理实践中，人文学院积极协调学校与街道的相关资源，广泛动员同学们积极投稿，精心编撰天桥实践十周年纪念书籍，记录天桥实践优秀的组织方法、考核方法等内容，面向全社会推广天桥实践经验，进一步扩大天桥实践的影响力。天桥实践作为北京理工大学与西城区天桥街道的合作项目，经过十年的锤炼打磨，品牌效应不断得到加强，树立了区校合作的新标杆，搭建了学生通往社会的坚实桥梁。在品牌效应影响下，天桥实践会作为范例被众多的学校和行政事业单位学习，创建了更多的双方单位合作项目。

四、一串创新思考点，支持天桥实践战略发展

（一）实践创新，彰显特色

十年天桥实践是不断完善、不断创新的历程，保证了天桥实践的效果与可持续性。天桥实践项目经过具体实施的检验，总结了众多有益经验，创新发明了众多高效做法。在招募通知途径上运用新媒体手段，扩大通知覆盖范围。天桥实践通知不仅会通过人文学院官方网站发布，也会在当下热门的社交媒体中推广传播，利用学院的官方微信公众号、学生组织的官方微信公众号、学生朋友圈等方式广泛传播通知，最大范围覆盖最多学生。在团员构成上积极吸引理工类专业学生参与，考虑到天桥实践的多样性与工作要求，天桥实践在团员招募中有目的地吸引理工类专业同学参加，至今已有化学、计算机等专业同学参加，丰富了团员专业类别，为天桥提供了多元化的大学生人力资源。天桥实践强调实践团成员工作专业化发展，天桥实践有计划集中培养部分成员某种特定专业化工作特长，帮助同学们将实践深入化、深刻化。基于天桥实践基本情况，例如：在实践中积极培养同学们专业志愿者能力与素质，为同学们提供国家盲文图书馆专业志愿者服务机会，让同学们在志愿者服务方面更有心得、更有收获，帮助同学们向着专业化发展。天桥实践的创新点还有很多，正是这些创新点的形成和落实，彰显了天桥实践的育人特色、服务特色，促进了天桥实践顺利开展，提高了天桥实践的可持续性。

（二）制定标准，保驾护航

天桥实践是一个标准化、制度化的进程，将实践要求、考核等内容提前确定，凸显天桥实践有步骤、有阶段、有重点的实施特点。确定周会制度化，把握实践进程。天桥实践在每周固定时间召开实践团周会，在周会上每位同学汇报自己的实践内容和遇到的问题，供其他同学们参考和讨论，分享自己调研报告的题目、结构、理论等，接受指导教师的帮助和指正，在实践团内共同进步。明确实践要求，确定实践材料标准。提前告知同学们天桥实践要求与实践材料标准，如工作时间、工作纪律，心得体会字数、调研报告字数等，让同学们做到心里有数，提前做好准备，牢记要求，按照标准准备实践材料。设立天桥实践团临时党支部，做好实践人员组织、思想引领工作，发挥党员先锋模范作用，带头做好天桥实践。天桥实践每年都有多名党员参加，根据制度化标准要求参加实践的党员

成立临时党支部，在实践团内开展党建活动，密切联系群众，发挥党组织的影响。通过临时党支部的建立，一方面实践团内部积蓄了力量；另一方面也联系了社区党支部，积极开展“红色 1+1”党建活动，加强党群联系，为天桥实践增砖添瓦。为保障天桥实践可持续发展，进一步加强北京理工大学人文学院和西城区天桥街道的合作，在 2016 年天桥实践启动前，区校双方再次签订了《战略合作协议》，规定了双方的权利与义务，为双方框定了相关制度与标准，确定了天桥将来发展的道路与方向。这些制度的建设、标准的确定为天桥实践长期开展奠定了坚实基础，为天桥实践顺利开展起到了积极作用。

五、一根学术创新线，形成天桥实践育人闭环

（一）理论创新，成果丰富

天桥大学生社区主任助理实践基于项目基本目标和功能，扎实开展实践活动，充分发挥实践作用，实现预期目标。在服务大学生接受实践教育，促进大学生成长成才，为社区提供优质大学生人力资源之外，天桥实践团在实践过程中也积极开展学术调研活动，就热点社会问题进行研究，形成了百余篇调研报告，在理论上丰富思考角度，在方法上提供新颖途径，为天桥发展建言献策。在学生个人收获上，每位参加天桥实践的同学在天桥认识、天桥回忆等方面都有着自己的见解，对自己所负责的工作也有全新想法和思考。通过撰写心得体会，同学们将对天桥的认识与思考，对工作的创新与总结记录下来，用通俗语言描述自己心中的创新想法，天桥实践现已形成了将近 200 篇的感想与心得，很大程度上丰富了天桥实践的理论成果。为进一步总结天桥优秀经验，更大范围传播与推广天桥实践经验，自天桥实践开展以来，已完成多篇学术报告与汇报，编撰《青春有我天桥同行——人文学院第六届“天桥大学生社区主任助理”暑期社会实践团调研报告汇编》；每年编辑《大学生社区主任助理成果汇编》一书，及时更新内容，扩展覆盖范围，正式出版一部学术专著——《行动天桥知晓人文》，将天桥经验总结、学术报告汇集成册，供全社会学习与创新。2016 年，在天桥实践顺利开展十周年的特殊阶段，人文学院正积极编撰天桥实践的第二部学术专著《十年天桥情　百人实践路》，进一步深层次总结天桥经验，有效指导未来的天桥实践，让天桥实践在已有的基础上提高水平。

（二）体系育人，形成闭环

基于天桥实践开展的优秀经验，人文学院在总结天桥实践的同时，强调天桥实践理论研究的创新性，注重实践研究学术成果的延伸和深化，确定实践支持理论，理论指导实践的主线，搭建完整的“实践 · 学术 · 创新”育人体系，做好实践升华成学术的关键工作，形成实践育人的闭环。在时间上打通寒暑假社会实

践的联系，使天桥实践的优秀研究项目继续在寒暑假和学校的其他项目中深度研究；在学术竞赛上，让天桥实践的研究成果参加学校大学生创新项目，研究生院的创新项目，“世纪杯”、“挑战杯”等科技学术作品竞赛，接受比赛的考验，将研究成果进一步凝练升华；在创新上，通过对实践项目的提炼总结，以此为基础促使实践成果从更新颖的视角审视研究问题，支持“主题”、“对象”、“解决方法”的创新，也支持“老题新作”、“数据更新”的创新，实现优秀研究成果转化上档次、专业化发展，启发同学们的创新意识。天桥实践遵循“学术·实践·创新”的实践研究路线，创建阶梯式实践模式。以实践活动为支撑，收集资料、验证解释、提出建议，以达成实践的预期成果。依托专业优势，以学术思考为实践理论基础，发现、剖析、解释问题，得出对社会实践的初步印象。根据实践成果，以创新为目标，转换角度，改进方法，创新成果，实现实践成果的创新升华。

同时，为进一步推进学生的“体验式”实践教学，人文学院总结多年天桥实践经验，动员各方力量打造我校“社会实践培训基地”，在师资力量动员、培训课程设置、培训教材编撰等方面吸取天桥的宝贵做法，做了大量的尝试与努力，带动更多的学生接受社会实践教育，开展社会实践，促进实践成果转化为学术思考，让学生在更广阔的空间施展拳脚。

经过十年成长，天桥大学生社区主任助理实践站在社会发展和学校进步的新起点上，将继续致力于将多年、多门类、多学科的实践经验和理论成果推广，在实践项目组织、实践育人体系、理论创新体系、实践推广模式等方面已做出了尝试，并且取得了初步的成果。天桥实践将立足于项目的基本目标和功能，不断优化实施工作，打造优秀学生实践育人课堂，打造输送优秀大学生的资源平台，打造完善的“实践·学术·创新”育人体系，打造学校社会实践培训基地，不断努力建设规范化、系统化、专业化的社会实践，收纳更多的学生参与社会实践，进一步升华天桥实践研究的学术理论成果，进而实现学校社会实践工作高水平、强质量的宏观目标，促进学校育人目标的全面达成。

十年实践，百年天桥

——庆北京理工大学人文学院天桥实践团十周年

颜　笑

好！
一声喝彩，众生喝彩！
摩肩接踵的天桥道路拥挤狭窄，
无论风吹日晒，
无论雾散云开，
天桥的艺术家各个为怪，
撂地儿就是登台，
看得大伙儿好生痛快！

时过境迁，
天桥历史流淌谱成诗篇，
我们铭记天桥的文艺先贤，
我们回忆天桥的繁荣画面，
昨日盛况空前，
如今已如云烟，
心心念念，古今相连，
天桥实践团的信念充斥胸间，
大学生社区助理建设天桥美好明天！

人文学院招贤纳士输送人才，
天桥街道促进合作大门敞开，
双方共建大学生社会实践平台，
创新人才培育模式继往开来。
烦琐的工作，
忙碌的生活。

增进了视野的开阔，
强化了能力的雕琢，
天桥实践团的成员不断摸索，敢想敢做，
大学生社区助理将能量传播，洒满角落。
岁月没有使这片文化圣地日趋蹉跎，
先进建设让新天桥绽放出魅力花朵。
是谁承担起了服务社会的承诺？
是谁实践社会行知结合报效祖国？
天桥实践团的成员骄傲回答：是我！

中国的天桥，
我们的骄傲。
热情的大哥大姐真诚教导，
温馨的工作氛围恰到正好，
社区里的虫鸟、
街道边的花草，
儿童的天真无邪溢于言表，
老人的活力四射岁月不老。
实践团员与居民在一起的分分秒秒，
都视为珍宝般的记忆藏于心角，
那里存放着天桥每个人的微笑，
对我们来说无比珍贵、重要。

十年的岁月征程，
十年的繁荣鼎盛。
北理学子与天桥街道相约喜相逢，
社区实践与天桥居民共筑中国梦。
天下尽友朋，
祖国展飞腾，
愿天桥实践团锐意进取之路不断攀登，
祝福伟大祖国民安国泰展望绚丽前程！

熟读深思　笃学不倦

再会，天桥

陈 橙

这个夏天，因为结缘天桥而变得与众不同。一个月的实习时光，在忙碌和收获中匆匆流逝，留下了许多在生命中最倾心的景致。

和所有实习生的开始都一样，初来乍到的我们对全新的工作环境充满着好奇和胆怯。我们会小心翼翼地和身边的人说话，会认认真真地将一份简单的工作重复若干遍，还会胆战心惊地向上级负责人汇报工作进展。幸运的是，和我们一同工作的社区工作者们的热情和耐心，让我们这些“新人”在最短的时间里适应了这里的一切并开启全新的实习工作……

在工作中我们兢兢业业

我和其他三名小组成员被分配到的实习单位是天桥小区社区，我们的主要任务是协助社区各个部门的主任完成工作任务。记得第一天接待我们的是社区青教主任马海龙，他首先带着我们熟悉了社区的管辖区和办公地点，然后向我们介绍各个部门的主要工作任务和工作经验。

社区里的主任和领导们对我们的到来表示欢迎，并“严肃”地告诉我们，以后不准叫“主任”，就以“哥”、“姐”相称。在实习的初期，热情和谐的社区氛围把我们心中的紧张都驱散了，实践成员们都表示要更加认真工作，才不枉社区“大哥”、“大姐”们对我们的期待和真诚。

在随后的实习里，我们协助社区的各个主任举办活动、完成工作任务。实习期间正值天桥社区周边小学、中学的暑假。我们实践小组成员兵分两路，一面帮助青教主任收集由居民上交的青少年社区活动登记表并挨家挨户地给他们打电话通知活动的具体安排；一面协助青教主任策划活动，并筹备好活动所需要的道具和场地。这一套活动流程下来，我们实践小组的成员不仅对社区工作有了更加清晰的认识，也借此机会熟悉了社区各个部门的职责和工作任务，各个部门的“大哥”、“大姐”常常会对我们在工作中存在的问题提出意见和解决方法，这些都为我们日后的社区工作打下了良好的基础。随着实习的一天天深入，我们的工作也从一些简单的日常琐事到独立完成或是和部门主任一同完成工作任务：我们独立完成“八一”建军节的板报制作，“两学一做”、“七夕节”的展板制作；同曹主任一起对社区百岁老人进行入户慰问；协助社区进行防震知识的宣传工作，并积极协助举办军民庆“八一”系列活动等。在工作期间，我们学到了很多书本上没有的知识，在社区主任“手把手”的指导下，每一天都有进步和收获。同时，我们实践组的成员也会将我们所掌握的一些新知识运用到社区的日常工作中。比如，我们分享如何运用 WPS 对展板的内容进行排版，如何制作简易的宣传视频等，社区主任十分感谢我们的分享，也希望我们大学生能将一些先进的知识和理念带入社区实践中，更好地为社区工作服务。

在生活中我们相亲相爱

工作时间之外，我们还常常会听社区的大哥大姐们聊聊天桥的奇闻逸事，谈谈人生的家长里短，从他们的言语中，我们换了一种方式体验人生的丰富多彩，也学到了不少生活工作中为人处世的经验。

热情的大哥大姐们还会告诉我们在天桥附近有哪些值得去好好观赏的景点，有哪些性价比较高的餐厅，还有休闲购物的好去处，家里有好吃的水果和特产也常常会带来和我们分享，社区分发的福利也会为我们留一份。渐渐地，我们忘记了自己是外来实习生的身份，自然地融入社区的工作生活中，成为其中的一分子。

再会，天桥

天桥的实习给我们带来的触动将会影响到我们日后的学习和生活，纸上得来终觉浅，绝知此事要躬行。虽然我们是新时代的大学生，但是走出象牙塔的我们还有很多需要学习和改进的地方。天桥的实习为即将步入社会的我们提供了一次学以致用的机会。虽然现在实习已经告一段落，但是我们和天桥的情缘还将继续。十年天桥路，百人实践行。天桥，我们有缘再会！

真诚浇开幸福之花

邓　琪

在天桥街道办事处的实习，好像刚刚开始，就已经结束了。此刻，终于有时间坐下来静静地回忆这段美好的时光，我的感悟很多也很杂。这些天来在工作中学习到不少校园里接触不到的东西，了解了社会百态，记录了民间疾苦，解决了百姓诉求。我为自己一个月来的实习成果而骄傲，为我工作的单位——天桥街道办事处维稳中心的工作成果而骄傲。

机关对外：排忧解难

综治信访维稳中心，是为整合基层综治、信访、司法等方面维稳资源，加强综治信访维稳基础建设而创建的工作平台。它的主要功能是接待群众诉求、受理综治信访事项、联调联处矛盾纠纷、督促化解措施落实、建立规范台账档案等。

维稳办公室的张主任，待人非常热心和客气。众所周知，来到维稳中心反映诉求的人难免都感觉自己在生活上受到很大委屈，或是对某些事、某些工作不满，抑或是与他人产生了矛盾纠纷，等等。所以作为调解人的我们，语气、态度和气是首要的和必需的，我们应该采用温和的态度询问和耐心的方式倾听。之后，便是解决问题的专业性，根据百姓反映的问题，归属到相应负责的部门，打电话给负责人，让他们及时去调解和解决。最后，便是落实事情的解决情况，并进行记录。

例如，某日一位泪眼婆娑的大妈来到中心反映她在社区中发生的矛盾，看到一个老人委屈得泪水直流，我们赶忙给她递上热水，让她平静下来，陪她聊天试图了解她在生活中遇到了什么棘手的问题。在了解事情的原委后，我们将她安置到调解室，打开空调，并打电话给相应的负责人进行调解，最终圆满地解决了大妈的困扰。看到大妈离开时的笑容，听到大妈说："看到你们这么客气地对待我们来访的人员，我真是高兴，就算问题不解决我也高兴。"我心里由衷地被她的快乐所感染，感觉自己做的事儿切切实实地帮助了普通的百姓，这种成就感是不言而喻的。

机关对内：各司其职

这一个月来，类似的小事我们还遇到了很多。当然不乏一些一来到这儿就运用不当言语发泄情绪的人，也不乏一些每日来此闲逛的“问题分子”，我们只能一天天热心地对待着，调解着。办公室里的同事们，各自有各自分管的领域，涉及公安、司法、行政等方面。每当来了一个居民，反映了自己的问题以后，我们便能迅速地找到所能给予他帮助的部门，切实提高了办事效率。另外，办公室里每天还有律师免费地提供法律咨询，根据我这个月来的观察，律师的人气非常高，大家有各种各样的问题咨询，把自己家遇到的事儿向律师诉说，寻找最恰当的解决方式。

另外，办公室内部的氛围跟我预想的很不一样，一开始，我所想象中的机关内部应当有着比较严肃的工作氛围，或许大家在工作时也不常交流，只管各自扫除门前雪。来到后才发现，大家在闲暇时，会相互聊聊最近发生的新闻、工作上的问题，甚至一些家庭琐事。大家之间似乎没有秘密地相互倾听着、关爱着。有好东西时，大家也会分享，俨然一副家里人相亲相爱的模样。

机关对我：关照教导

实习的前两个星期，我在街道办事处 5 楼的团工委办公室实习，参与了一些社区青年汇的活动；协助妇联主席组织会议，给天桥下属 8 个社区布置工作；进行了文档文案的整理等工作。在我看来，这些工作都很有意义，给我带来满满的收获感，但似乎它们都停留在一个较高的层次上，与百姓接触较少。实习的后两个星期，我来到了一楼的维稳中心，得到了很多意想不到的收获。

在我看来，比起一些束之高阁的办公室工作，我更热爱这种与百姓密切接触的工作。听他们诉说每件事情的原委，好像在听一个有趣的故事，故事结束之后，我们帮着解决故事中的问题，好让这个故事更好地继续下去。

机关的大哥大姐们，对来实习的大学生们总是关照有加，不时地询问我们在学校的状况，中午在哪儿吃饭，下雨天路上的交通情况，在我生病的时候也不断地询问着我的情况等。在最后告别的时候，想起大家对我的关照和教导，我竟难过得有些哽咽。不得不说，这里给了我家的温暖。

与人接触，深入基层，帮助百姓是我这个月里学到的最好的事情，感谢学院和天桥给我这么一个实习的机会，让我体会了一把朝九晚五的工作状态；让我接触社会，了解民情；让我深刻理解把每件平凡的小事做好就是不平凡的含义。是真诚，让我们与居民之间感觉到了前所未有的幸福。不说再见，因为实习的种种都会深深地留在我的记忆里，激励着我成为更好的人。

情寄虎坊，收获满满

霸盼盼

时间如白驹过隙，眨眼已经过去了一个月，回首以往的点点滴滴都是满满的感动和对居委会同事的由衷敬佩。

留心学习的社区

在居委会的日子每天都很充实，虽然每天的工作任务简单又琐碎，但是并不累，况且真实的生活原本就是由简单又琐碎的事情组合起来的，所以我和我的小伙伴都感觉我们现在的工作很接地气，可以跟社区的居委会同事、社区的老一代革命共产党人以及最可爱的社区志愿者的哥哥姐姐们学到很多我们在书本上学习不到的东西，可以感受到老北京社区别样的风采。

上岗第一天在天桥街道办事处接待我们的李主任就曾说过：“也许那些大妈大婶没有你们的学历高，但是她们的办事水平绝对是一流的，这也是希望你们在接下来的一个月中谦虚用心向她们学习的地方。”也正是在接下来的一个月中，社区居委会的同事叔叔阿姨、哥哥姐姐们运用他们灵活高效的办事能力让我们敬佩不已。

革命文化的社区

记得工作期间，胡书记曾交给了我们一件就“对教育实践活动的个人认知”方面的访谈任务，我们电话预约了两位阿姨进行访谈。下午，宋桂华阿姨和张淑敏阿姨提前 10 分钟就来到了我们约定的地点，让我们感动不已。在说明了我们的访谈内容以后，两位阿姨就我们感兴趣的内容娓娓道来。我们了解到宋阿姨和张阿姨都已经年过七十，是老一代的共产党人，而且宋阿姨出生于抗日战争打响的那一年。新中国成立已经很多年，但她们依然保持着老一辈共产党人的优秀品质，坚决服从党的命令，带病也要坚持完成任务，不骄不躁，怀着共产主义的信仰，依然不辞辛劳地为国家和社会贡献自己的一份力量。她们的这种坚持不懈的精神在当今的速食年代尤为可贵。当今社会，大家每天忙忙碌碌地，大多数是为了金钱或者是权势，而她们怀揣共产主义的信仰，坚持一心一意为人民服务，舍小我成全大我，这种鲜明的真实事迹深深地打动了我。我更被她们能够数十年如一日地坚持自己的信仰震撼，张阿姨提到了现在的社会风气每况愈下，现在的青少年被毒品、早恋等各种社会陋俗影响着，而且在中国与世界各方面接轨以后，人们越来越追求时髦，却丢掉了自己老祖宗优良的传统文化，让老一代人痛心疾首，我虽然没有她们阅历丰富，可在此问题上深深地赞同，在各国文化互相融合的现代，我们实在是应该做到“取其精华，去其糟粕”，并且发扬光大自己国家的优良传统。

人才济济的社区

居委会的胡书记，是个很幽默的领导，他平易近人，办事能力极强，并且在我们去的第一天就热心地为我们介绍社区周围各种好吃的饭馆，还会在日常生活中为我们排忧解难，给我们分析职业规划中的利与弊，是我们生活中的好导师；同办公室的海英姐在日常生活中像对待自己的孩子一样照顾我们，经常是两天一雪糕犒劳，三天一饮料鼓励，让我们感到非常温暖，她还会给我们讲一些做人做事的道理；燕阿姨经常会用慈爱的眼光看着我，问我什么时候回家、住在宿舍热不热等生活问题，关心我的日常生活像对待自己的女儿一样。有一天，天气热得不像话，她看我从外面顶着一头热汗回来，就主动把别人买给她解暑的雪糕让给了我，我顿时就觉得自己的鼻子酸了，心里想不管在外面受多少苦都不觉得委屈了，诸如此类的事情还有很多。青教的孙姐和党委副书记芬姐也在工作和生活中给了我们很多关照。虎坊路社区居委会的同事们用他们的实际行动向我们展示了新一代共产党人的优良品质；他们坚持为人民服务的宗旨，虽然工作琐碎，他们却踏踏实实、尽职尽责、高质量地完成了社区居民交代他们的每一件事情，为我们树立了良好的榜样，在虎坊路社区，大家互敬互爱，团结和谐，像一个大家庭。

在这一个月的实习中，我真的从居委会的同事身上、老一代革命党人身上受益良多，这样的实习经验将为我以后的工作和学习打下坚实的基础，这段在社区辛苦工作的经历我将永生难忘！

胡同里的家

魏　琦

一个月的天桥实习转瞬即逝，回忆起这一个月的点点滴滴：已经熟记于心的上下班线路，连续的高温，突如其来的瓢泼大雨。当然最不能忘记的，还是发生在留学路社区的人和事。

初来乍到

下了105路公交之后一直往里走，拐过几个弯儿，出现在巷子尽头的就是留学路社区居委会。推开大门，四合院般的建筑出现在我们的面前，古朴的建筑风格，加上沉稳大气的暗红色，让我们因为炎热的夏天而浮躁的心突然沉静了下来。

短暂的参观让我们对居委会的整体布局有了初步的了解，虽然面积不算太大，但是功能分区却十分明确，每个人都各司其职，每一个来居委会寻求帮助的人都能感受到效率与热情。就拿我所在的办公室而言，虽然只有几张办公桌，但是工作内容涵盖了老龄、残疾、住房、环境、青少年等方面。偌大的一个社区，免不了有各种各样问题的居民，从进门到找到对应的负责人，再到问题的解决，往往只需要几分钟的时间。这短短的几分钟里，是对自己所负责的事务的熟练，是通过多年的工作经验的积累，才能形成对可能出现的情况的快速反应。把每一件小事都做到最好，是社区教会我们的第一课。

胡同情深

回忆起在留学路社区的一个月里，是用每天的温暖点缀成的记忆长河。感动到落泪的孝星事迹，温暖的社区居民，有趣又实用的社区活动，纯真善良的孩子们，都成为我们不想说再见的原因。在留学路社区，让我感触最深的还是胡同特有的温情。

一片平房坐落在周围的楼房和其他高大的建筑物之中，十几条交错的胡同，是留学路社区独有的特色。在这窄窄的胡同里，人们小心地转过身，方便对方通过；慈祥的老爷爷老奶奶坐在胡同的最深处，一边乘凉一边望着外面的车水马龙；小孩子们靠在爷爷宽厚的臂膀上，与邻居家的小狗嬉戏打闹；外地人口在这里租下一小间屋子，开始他们在北京的生活；与身边的居民聊天，会发现他们当中的好多人都是志愿者队伍中的一员。我想胡同的凝聚力就在于此吧，这里的每一个人都能找到属于自己的舞台。十几条胡同，连接起了社区里的每一个人。相信社区工作也是这样，只有与居民的心连在一起，才能得到居民对社区工作的支持。

不说再见

一个月的天桥实践，可能是我们迄今为止离真实的社会最接近的一次体验，虽然我们所看到的身边发生的或好或坏的事情，都还太微不足道。

与天桥的告别，是我们带着满满的收获开始下一段路程的起点。这个八月，与天桥不说再见，再起程。

禄长街，又一个家

张 琪

这是一个难忘的7月，在这里，我与禄长街社区居委会的所有成员共度了一段美好的时光。一个月说长不长，说短不短，可当我告别禄长街时，心里竟生出了一种对家的不舍。

家之初体验

还记得7月2日的那个下午，面带和蔼微笑的赵长林书记带着我和李子晗，穿过小巷，来到了禄长街社区的居委会。居委会是一排不大的平房，却恰到好处地半掩在翠意盎然的桃树后，打开门，是一张张充满善意的笑脸。随之打开的，也是我们一个月紧张而又充实的实习生活。居委会的人们在本就紧张的办公环境中为我们腾出一张桌子，而与我们相邻的便是计生办主任赵菲菲，我和李子晗都亲切地称呼她为菲菲姐。除了她是年轻的大学生社区工作者外，还有活泼的薛佳姐，负责老年工作和残疾人工作；而青教主任，也就是咱们可爱的冯伟姐，还曾经当过两年大学生村干部，工作经验非常丰富。居委会开始向年轻化发展，这还真是我未曾想过的，真是一改之前我对居委会主任都是大爷大妈的刻板印象。

家之始适应

刚开始实习的几天，我和李子晗都比较清闲，反观其他人都在忙碌着。我们哪敢这样放松，经常问问有什么可以帮忙的，姐姐们都纷纷表示没什么事，有事的话一定找你们帮忙。我之前还猜测莫不是大家都太客气，不好意思“使唤”我们，后来才慢慢了解，这都是由居委会工作的特殊性决定的。居委会的工作大多是非常细碎、零散，大多跟之前的工作或上面的政策安排有联系，我们初来乍到，很多事情不了解具体情况，很难上手，所以他们也就不安排我们这样的工作了。我们主要负责一些不需要太多经验的工作，比如在电脑上登记居民的住宅户口信息，帮忙制作工作人员的考勤表，布置社区会议的会场，还有帮助各个部门抄写需要张贴的海报等一些琐碎的工作。这些工作看起来轻松，其实也需要我们的耐心和细心，需要我们用心融入禄长街这个社区。

家之欣融入

暑期，重头戏还是为青少年准备的各种暑期实践活动。青教主任冯伟姐给我们充分的锻炼机会，从活动的筹备到后期的总结，都让我们全程参与。第一个暑期活动是想培养青少年的绘画能力，在交流的过程中冯伟姐得知我学过国画，非常激动地提出由我当老师，教大家画国画，这样也很切合当前传承传统文化的主题。我虽然感觉压力颇大，但也下决心一定要将活动办好。炎炎夏日，我和冯伟姐骑着自行车去市场采买绘画需要的工具，一件件都亲自和店家沟通商议。然后，又一个个亲自打电话给登记过的小朋友们，通知他们活动的具体时间和地点。到了举办活动的时候，又是悬挂横幅又是布置桌椅纸笔，还一面担心万一没人参加怎么办。幸而禄长街的青少年们很积极，原先摆好的桌椅不够还又添了两桌。活动一开始，我先拿出几张画好的画稿，题材是我认为比较适合初学者画的梅花，我先为小朋友们讲解画画的步骤，再到每一桌亲自示范具体的画法。他们画的时候，我和李子晗还有冯伟姐都不停地巡场，这边缺了墨水，那边少了颜料，这里又不会画了，都要我们亲力亲为，可以说是一下午我们都没有歇过，满场都看见我们忙碌的身影。活动结束，我们还要收拾打扫会场。虽然我已经疲惫到只想瘫倒在椅子上，但是看到一张张稚嫩却又亮丽的画作张贴在社区的宣传栏里，我不知道该怎么形容自己的心情，只是一直笑着，笑得自己都觉得有点傻却还是停不下来，这种心情，永生难忘。之后，我们又为青少年们准备了学厨艺的活动以及食品安全讲座和硬笔书法培训等，可谓丰富多彩，都获得了青少年的喜爱和社区的一致好评。

家之难告别

实习即将结束，赵书记把居委会的所有工作人员都召集到一块为我们开欢送会，听着主任们对我们的夸奖，我又是不好意思又是感动。尤其是听到他们对我们衷心感谢时，我的眼眶有些湿润，该表示感谢的是我们啊，感谢你们一直以来对我们的照顾和关心，感谢你们对我们的包容和爱护，给我们机会，让我们得到锻炼与成长。你们每一个人都像我的家人一样，还未离开，我已充满了想念。

我想，我会常回来看看的。禄长街，我的又一个家。

亲情满屋

杨乐乐

十七天的天桥社区主任助理暑期实习结束了，怀着一种难以名状的心情，我告别了天桥，告别了已经待过十七天的留学路社区。在这必将让我终生难忘的十七天的日子里，有过欢乐，有过忙碌，有过激情，有过感动，当然也有过上班时的劳累和疲惫，生病时的痛苦和难受，工作时的紧张与忙碌，遇到困难时的茫然与无助。十七天充实的日子，不管是欢乐还是苦痛，我都坚持了下来，这给了我很大的自信，让我在以后的生活中不管遇到什么样的困难都能够从容地面对。

最初的印象

在实习之前我就知道，最具老北京风味的地方莫过于天桥了。天桥是曲艺文化之地，曾是全国传统曲艺艺人们聚集的地方，也是宣南文化的发源地。直到今天也还保留着传统的风貌，像闻名全国的“德云社”、“天桥杂技剧院”、“万盛剧场”等。天桥对我这样一个喜欢传统曲艺的人真是有着莫大的吸引力，这也是我之所以选择来天桥实习，做社区主任助理的原因之一。

而在天桥，最具老北京风情的居民和民居莫过于我们留学路社区了，能够在这样一个几乎都是胡同和四合院的社区实习，也真是我莫大的幸运。胡同文化是留学路的特色。这里的居民都淳朴善良，彼此之间都十分了解，邻里关系非常融洽。社区居委会根据这一特点，把打造“亲情社区”、“温馨家园”作为主要的特色工作来抓。在这十几天的实习中，我也深切体会到了这里欢乐、亲密的生活气氛，并为之所深深感染。

最大的感触

这十七天难忘的日子，给我最大的感受就是社区大大小小的事情很多，而且件件都关系着社区居民们的生活。大的工作之间总会有一些琐碎的事情要做，这也就使我这个社区主任助理每天都忙得不亦乐乎。回想总结一下我工作的经历，我几乎把能够做的社区工作都尝试了。大到写活动策划，组织青少年活动，编排低碳小报，写社区便民服务申请书；小到写垃圾桶警示、活动主题词，录档案，写新闻稿，修网络，拍照片，还有修锅盖，扫地倒水，挂宣传条幅等，有时候还跟着各位主任阿姨去帮孤寡老人修电器、换煤气。十几天下来我全方位地体会到了什么是社区工作，什么是社区居委会要做的事情。经历了这些，我才体会到什么叫作关乎国计民生。虽然社区居委会职权不大，主要的工作也都是些家里家常的事情，可要把这些事情处理好，做到让居民们满意，的确需要下很大的功夫，并且需要高超的技巧。在我跟着主任下片儿的时候，听到的都是对居委会的赞许和感激，心中不由得很佩服这些可爱的社区工作者们。

最好的氛围

留学路社区居委会是一个特别具有人情味的集体，在这里每日都充满着欢声笑语，这样的工作气氛在整个天桥街道都是出了名的。在这样一个集体里工作和生活，让我这个性格有点内向的人都被他们的热情和快乐所深深地感染了。虽然每日的工作都很辛苦，但欢笑总会让我们把劳累忘却。社区的主任阿姨们都非常爱护我们，每天我来到社区的时候，郑颖阿姨就已经把我的茶杯倒满了水；我生病的时候，樊主任、张桂英阿姨都对我嘘寒问暖，给我拿药。还有贾姗轶阿姨，帮我找薄荷叶子降温，整天喊我们“宝贝儿”，在他们身边我们根本不觉得是在这里实习，而是在温暖的家里，像个孩子一样得到呵护。有时候来得早，负责调解的刘叔叔就带着工作站上的陈阿姨、宫阿姨，志愿者之家的贾阿姨、刘曦阿姨还有我一起踢毽子，在毽子欢快飞舞和一声声的欢笑中开始一天的工作。

最终的回味

在实习的日子里，这样温馨的小事情还有很多，每天都能感受到周围人的关心。现在再想起与叔叔阿姨们一起生活工作的日子，想起他们对我们无微不至的关心，想起那些温馨的画面，心里就会感到十分温暖。十七天的日子，不是太长，但每天都很充实，都有收获。十七天的日子，虽然很短，但每天都很快乐，都有成长。所做的工作虽然都很琐碎，但琐碎的事情做好了也会很锻炼人。在留学路实习的日子里我学到了很多，收获了很多，也成长了很多。一些生活的技能，一些电脑操作的技巧，一些待人接物的能力，一些与人沟通的能力，甚至一些做事的毅力和耐心，一些好的习惯的养成，都会给我们今后的生活带来帮助。再说，人的成长不都是从点点滴滴的小事儿里积累的吗？

时间不会因为人对时光的留恋而放缓前进的脚步，人总会在某个时刻告别一段难忘的记忆，告别一些可亲可敬可爱的人，然后再向着另一段征程迈进。可即使在之后的日子里还会遇见一些新的人和事，留下一段新的记忆，人总不会忘记自己曾经爱过的人、爱过的地方，这些人和事会因为心里的爱显得弥足珍贵，难以忘怀。而这个特别的社区，这个充满文化和人情味的社区也会深深地刻在我的心里！

我看社区

魏卫东

生活本身告诉我们应该寻求一种叫作价值的东西。很多人一生都在践行，我也不例外。我很庆幸这个假期担任天桥街道的社区主任助理，让我在匆匆碌碌的校园外，找到一片学校的学习和生活不曾给予的天地，了解中国社区的风采，同时也展现自己的才华。在即将离开天桥的时候，我越来越贴切地感受到社区工作带给我的不仅仅是一种经历，更是一种思想上的充实。人们常说，要怀感恩之心。我很感激天桥小区社区所带给我的种种快乐，也为能在这个社区的土地上留下我的痕迹而感到自豪。

社区之我观

我来自农村，囿于我的认识和对城市的了解，对于社区、街道之类的字眼没有太多的概念。在我零星破碎和道听途说的记忆中，社区是属于年过半百的老奶奶和老爷爷的天地。来到社区才发现，居委会并不像我想象的样子，这里依然是中青年人群的队伍。他们对人亲切热情，散发着一种别人不可拒绝的人格魅力。这种魅力到底是什么？为什么到这来找居委会理论的人，经过书记或者主任的一番言语，形势就转变得如此之快？在对社区工作进行了一段时间的观察之后，我尝试着作了自己的分析：因为他们的思考和言语将自己放在了对方的立场上，确切地抓住了他们的心，换句话说，也就是换位思考。我很佩服社区主任的人格魅力和工作能力，这对于讷于言行的我而言，找到了一种在今后的交流之中值得遵循的方式。

社区之我感

社区为我配备的电脑里面，有很多上届学长留下的资料，我时常翻看，发现他们去年参加和组织的活动很多，令人羡慕。我很期待今年能沿着学长的路继续前进。遗憾的是今年夏天举办奥运会，社区的很多活动都暂停了，因此与上届相比，我缺少了很多的机会。但是上帝在关闭一扇门的时候，同时开启了一扇窗。

虽然没有了上届学长色彩缤纷的活动值得炫耀，但是在整理凌乱的记忆残片和挥毫泼墨的笔记时发现原来我在天桥实习的这段日子也是收获满满。

我在社区里参加了两次活动：一次是太平街社区的红十字义诊，一次是组织观看圣火传递。身在其中，感触颇深，前者教育我为人当胸怀一颗济世的心，后者赐予我一个词叫作“神圣”。当两者结合的时候，我才知道社区所传授给我的不仅仅是表面上的感知能力和锻炼能力，更是一种精神上的熏陶。这种精神在潜移默化中改变着我，为我的前景开辟出一种大境界。

社区之我思

在社区实习的过程中，最触人深思的活动就是下到社区基层走访。每天我都会遇到不同的人，听到新鲜的事。家长里短是必有的佐料，述说人可以形形色色。天下大事都储藏在普通的百姓之间，什么是百姓最关心的，什么也就是最重要的。现在正值奥运会期间，工作站正在下社区登记外来人口。跟着阿姨走访到户，让我真切见到了北京基层社区人民的生活。

在社区待的时间越长，越懂得沟通的重要。交流是一种艺术，处世是一门学问，尤其在社会的基层，面对着形形色色的人，游刃于各种角色之间，需要一种大智慧。现在我虽然仍拙于言语，但是我相信在将来多多的锻炼和实践之中，我一定会有良好的改观。

现在，我的实习工作马上就要结束了，但这一个多月以来在社区的经历仍然历历在目，我对于社区有了更深层次的认识，也感觉成熟了许多。人们常说，要怀感恩之心。我感谢社区为我提供展现自我的舞台，感谢社区为居民的利益提供了保障的平台，也感谢社区为和谐社会的建成提供的强大动力！

匆　匆

王飞成

燕子去了，有再来的时候；杨柳枯了，有再青的时候；桃花谢了，有再开的时候。但是，聪明的，你告诉我，我们的日子为什么一去不复返呢？——是有人偷了他们罢：那是谁？又藏在何处呢？是他们自己逃走了罢：现在又到了哪里呢？

我不知道他们给了我多少日子；但我的手确乎是渐渐空虚了。在默默里算着，八千多日子已经从我手中溜去；像针尖上一滴水滴在大海里，我的日子滴在时间的流里，没有声音，也没有影子。我不禁头涔涔而泪潸潸了。

——朱自清《匆匆》

接近两个月的时间就这样匆匆从指缝间流逝了，一个多月以前来到永安路社区时的新鲜感觉似乎还回荡在心肠，还没做好心理准备，我就要这样离去了。

初探，我的改变

记得初来社区的时候，满心的好奇，同时也充满了激情，像象牙塔里的小孩窥探着社会的模样，同时也拍拍胸脯对自己说这段时间要在社区里好好干一番。但现实似乎总和预想的不太一样，社区的工作条件并没有我想象中好：炎热的夏天办公室里拥有的仅仅是一台风扇，几间平房坐落在荒废的小学里，而这便是此后两个月里我所要工作的社区了。

开始的两周我不太适应社区的生活，感觉自己像个局外人，做的工作只是打打字、做做表格、接接电话之类的，但是社区良好的氛围最终还是感染了我。社区里每位阿姨都和蔼可亲，让我感觉这里似乎就是我的家，全然没有距离感，和阿姨们一起工作的过程中让我感受到了亲人一样的关怀，让我不自觉地爱上了这个集体。所以尽管在实习期间每天感觉很累，但是我还是盼望着来到这里，来到这个属于我的地方，来到这个给了我家的感觉的地方——永安路社区。

工作，我的感悟

当我亲自参与社区工作的时候不禁感慨良深，社区的工作实在是太细太小了，甚至都是些鸡毛蒜皮的小事，像家门口的垃圾问题、街道上的卫生问题、邻里间的矛盾，等等；可从另一方面来看社区的工作又都太重要了，所有的工作都以居民的切身利益为中心——居民利益无小事。这里的工作人员，就是把自己一颗充满奉献、充满爱心的心牢牢地系在了这样一种事业上。

社区的工作让我深深地了解了什么是真正的“为人民服务”。居委会是一个奉献的集体，每个人的工作、每场活动都是以居民为出发点，竭尽全力为居民办实事。居委会工作人员工作的热情和团结一致的精神深深地感染着我。尽管她们基本上都是四五十岁的人了，但是仍然兢兢业业地工作，尽心尽力地把自己的工作做好，不由得让我钦佩。居委会来访的居民很多，事情也很复杂，可是无论再难办的事情，阿姨们都是耐心地听居民反映情况，然后寻求解决的办法。

活动，我的成长

这一个多月里，除了做那些日常的琐碎杂乱的事情，我们还成功地策划组织了一场全民参与的消夏晚会、一场青少年“我是社区文明小使者”的活动。社区工作很重要的一项便是组织活动。社区活动可谓丰富多彩，有老年活动、青少年活动、志愿者活动，还有全民娱乐的活动，社区的居民能坐在一起看场电影，能一起去博物馆参观，也能在联欢会上一同做游戏。各种各样的活动极大地丰富了居民的文化生活，增强了社区居民之间的交流和感情。社区的活动是社区文化和社区风采最直接的展示，因此社区里的每一个人都用心地组织着，从这些大大小小的活动中我不仅感受到了欢乐，同时还提高了自己的能力，也渐渐明白了看似简单的一场活动，其实需要做很多很多的准备工作。

日子渐渐逝去，永安路社区这个温暖的家让我有点依依不舍，实习的每一天都是那么值得珍惜。永安路社区，我在北京的第二个家，以后我会常来看您的！

博观约取　厚积薄发

最是难忘忆天桥

迪丽热巴

这次社区实习，给了我一次接触天桥的机会。从初识天桥，到融入天桥，一个月的时间里，我已经深深爱上了这个社区。

最引人入胜的文化

作为北京民俗文化根据地的天桥，孕育了不少民俗传承人，因此这片土地保留着老北京的特色。走进密密麻麻的胡同，微笑面对每一个胡同里与你打招呼的老人，听着天桥艺人唱戏曲，胡同里高耸茂密的树木间洒下来的阳光温暖你的脸庞，此时此刻的我才算是亲身体验到繁华首都中暗藏的老北京风情。

社会实践是大学生接触社会、融入社会的平台。因为课本上的知识有限，我们只有通过实践丰富自己、提升自己。参加天桥社区主任助理的实习，让我有机会去了解社会，通过社区助理的角色，学习真诚对人、踏实做事的态度，丰富社会阅历的同时也提升自己，让自己更好地学习和成长！通过在社区一个月的实践，学习社区主任怎样开展工作，怎么服务人民，真切感受到了社区就是党和政府联系基层、联系群众的桥梁和纽带。更使我加深了对“以人为本”的理解，进一步明确了“为谁服务，怎样服务，如何服务”的问题，作为最基层的社区主任要做到以人为本，做好人民群众的“贴心人”，诚心诚意为群众办实事、办好事。

最引以为傲的成长

回顾一个月的实习工作，我在期间付出了也成长了，虽然付出总是疼痛的，但是在这个过程中我对自己有了更加清晰的认识和规划，也为自己的成长感到十分骄傲，总结工作历程，可以分为三个阶段：适应、实践、提升。

适应即主动去了解。在社区的第一周是探索阶段，了解每个办公室的职能和工作领域，认识社区里每一个工作人员。我主动去交谈，去认识，去了解，去发现。因为在社区里很多事看似简单，但处理起来都需要技巧和一定的经验，因此需要多思考，勤动手，勤动口。

实践即积极做事。第二周开始完全适应社区的工作步调。上级安排的任务在规定时间内完成，跟主任一起下户实践。这些都丰富了我的工作经验，让我更深入地了解社区了解社会。虽然有疲惫和茫然，但社区每一个工作人员的热情和敬业，不计较的付出、真诚耐心的服务精神让人感动，让我体会到亲切和温暖！

提升即提高工作能力。社区工作从第三周开始到结束，我负责策划并主持青教活动，撰写天桥榜样材料，借此机会不仅可以提高个人工作能力，也可以当作一次考验也是对自己工作能力的检验。

最难以忘怀的夏天

选择大学生社区主任助理的实习，不仅仅是一次实践也是一次从能力到毅力的考验。在这一个月的实践生活中重新发现和认识自己，是一段难得的人生经历。

最后，感谢天桥街道和人文学院的各位领导对我们的支持，感谢天桥小区社区各位同事在实习期间对我的教导与关心。这次实践让我受益匪浅，在实践中，我得到了成长，学到了许多书本上没有的知识。

时光飞逝，许多不舍，许多思悟，必将伴着感动，将天桥永远印记在我记忆中 2012 年那个最难以忘怀的夏天。

实习在天桥

康志辉

天桥实习就这样结束了，带着万分不舍、万分留恋，要和天桥说再见了。五周的实习给我留下了很多，也让我对基层工作有了更进一步的认识。通过走进社区、走进居民，我了解到更多居民的需求，也在这个过程中不断地检讨自己、提升自己。

在付出中收获成长

刚一到岗，便迎来了实习工作中的第一次挑战，对于我来说也是一次绝佳的锻炼机会。我们的工作内容主要是向位于天桥街道的单位发放用水调查表和催缴通知，调查表的主要内容是单位是否单独使用水表、是否有循环水设施、是否有绿化用水，等等。总体来看，用水检查这项工作虽然又累又苦，但我却从中收获满满。首先便是沟通，通过我的观察，发现好多单位的态度比较良好，但也有个别单位的态度欠佳，甚至很恶劣。针对态度欠佳的单位，我们作为来这儿实习的大学生必须注重自身的形象，这是对我们专业的要求。因此，即使面对好多单位负责人的蛮横，我还是细心、耐心地同他们进行沟通。其次便是工作方法。我们刚接手这项工作的时候，将原本按照社区分类的方法，改为按街道将调查表进行分组的方式，这一改变也使得社区的工作效率飞速提高，我们也最终以两周零三天的时间完成了这项工作。当看到我们的劳动成果时，我们感到很是欣慰，也得到了社区的认同。在实习的日子里，其实还做了有意义的事，不仅接触到了基层的单位，而且也锻炼了自己吃苦的精神，在实践中不断发现更好的自己。

在工作中学着耐心和忍让

完成了这项工作之后，我们又做了一些很零碎但又很有意义的活。正如王哲书记所说，城建科是天桥街道较大的科室，所处理的日常活动较多，也有好多居民因为各种各样的问题直接上访，而且态度很蛮横。我在城建科真实地感受到了这种状况，无论是接电话还是居民直接来到办公室，一些有怨言要申诉的居民态度都很恶劣。面对这种情况就需要我们用耐心去倾听，用经验去面对，并想办法平息上访者的怒气和找到解决问题的方法。在这里实习的五周时间里，我学会了耐心、忍让和倾听。

在研究课题时的意外收获

在天桥实习接近尾声的时候，我们实践小组的成员共同致力于我们的课题研究，并经常与科长讨论我们对课题的构想。科长丰富的经验为我们提供了很大的帮助。在与科长讨论之后，我们最终将课题确定为“居民停车用地的问题探究”。在调研中，从问卷设计，到居民访谈，科长和城建科的工作人员都给了我们很多的专业性的建议和无私的帮助。同时，我们的课题也填补了城建科在这方面的调研空白，得到了科长的肯定和赞赏，我们也为自己能利用在学校里所学的专业知识和能力为社区做点力所能及的事感到骄傲。

临别天桥的收获体悟

总结我的收获，在天桥实习的五周内，我得到了大家的肯定，也见证了自己的成长。在耐心方面，即使面对居民的不理解和不好的态度，我也会做到细心、耐心，积极帮助居民排忧解难。在方法方面，我也意识到好的工作方法能很大程度上提高效率，对工作的完成作用很大，因此我们在工作过程中要不断地选择适合的工作方法，然后要积极地向有经验的人士请教。这样不仅能够得到有建设性的意见，还能少走很多弯路，也能有针对性地完成工作，不至于盲目。

总之，在天桥，在城建科，我学到了很多学校里学不到的知识，同时让我度过了一个不平凡的、有意义的、难忘的暑假。

太阳最先升起的地方

陈正雄

回首天桥忆往昔

不觉地，我来到北京市西城区天桥街道办事处实习已一月有余。《家在天桥》这部视频短篇中那悠悠的声音，把我们带回到当年老北京南城那热闹非凡的场景。借着人文学院暑期社会实践这股东风，我们实践团的成员能够得以真正走进这样一片土地，来亲身体验其中的韵味。在激动人心的“北京理工大学人文学院第六届社区主任助理实践团启动仪式”后，我被分配到天桥街道办事处的监察科进行学习实践，开始我为期一个月的实习生活。

基层工作初体验

在实习过程中，我对基层街道的工作性质和内容有了越来越多的了解。在实习中，我发现大家经常称分去社区工作的同学叫“下片儿”，又说在街道工作的同学是“坐办公室的”。虽然不是太恰当，但也在一定程度上描述了街道和社区工作的模式和内容的一些差别。街道办事处是区政府的派出机构，是代表区级政府在辖区内实行社会管理的基层组织，其管理手段是行政手段。社区居委会是居民自治组织，代表居民在社区内进行社区管理，其管理手段是自我管理。现今的模式就是街道管辖下设社区，对各社区起组织领导作用。上级下达的政令由街道各相关科室牵头，传达并安排到社区。总的来说，街道办、社区及其服务站都是党和国家最基层的组织，是直接面向人民群众的窗口。

脚踏实地获真知

我跟随科室前辈一起，开展街道纪检监察工作。由于被分配到监察科，所以我这段时间以来的大部分学习实践都在科室里进行。科长和其他前辈都对我非常友善，也很信任地把其中一些工作交给我来完成：出测试题、制作行政职权流程图、纪工委 2012 年上半年总结 PPT、整理党务公开的表格和文件……面对每一项布置下来的任务，我都争取保质保量地完成，让别人满意，也让自己安心。除了日常工作，我还有幸参与接待了来天桥参观的两批我国台湾和澳门的大学生访学团队。我们和他们进行了近距离的交流，让他们感受到老北京的味道，也结下了深厚的友谊。

服从安排守纪律

在实习期间我服从安排，遵守纪律。每天准时上下班，不迟到早退；上班时间做该做的事；工作要主动、勤问；待人要尊敬有礼；公文书写要严格依照规定的格式和标准……遵章守纪，铭刻我心。在实习期间，我们不但要在自己的科室、社区里做事，还要为整个实践团服务，所以经常会被安排其他任务。我被安排到香厂路社区去帮忙进行天桥榜样材料的书写，共书写两篇，修改一篇；7月21日和22日两天双休日被抽调到宣传部帮忙完成北京市文明城区评选材料准备，期间虽遇上了特大暴雨也坚持加班；此外，我还组织实践团部分成员参与上下班视频拍摄；与另外三名科室同事一起，在街道办带着留学路社区的孩子们开展素拓活动；准备最后实践团总结会的部分节目……如果说没有感觉到一点累，没有感觉到一丝烦的话，那一定是在说谎了。但我每一次都鼓励自己，服从安排，坚持了下来，再回头看去，又会有一种不大不小的成就感。

吹尽狂沙始到金

总而言之，这一个月的历练是充实的，是特别的，是难忘的。非常感谢我们学院还有天桥街道提供给我这样一个机会和平台，能暂时离开象牙塔的保护，真正意义上地踏入社会一步，经历宝贵的锻炼，为以后的学习乃至工作做铺垫。

在总结会上，我们与相处了一个月的领导和前辈们依依惜别。天桥的所有工作人员在我们记忆里添上了浓墨重彩的一笔。“千淘万漉虽辛苦，吹尽狂沙始到金”，这个团队默默辛苦地工作，甘于奉献自己，赢得了群众的拥护支持，同时也获得了上级的肯定。那一项项金灿灿的荣誉，是无声的诉说。

基层，是最接近人民群众的桥梁，是太阳最先升起的地方，它将最初的温暖播洒，聆听最真实的声音。“士不可以不弘毅，任重而道远。”光荣啊，基层工作者！衷心希望西城区天桥街道和八个社区的每一位成员工作顺利，身体健康。当然，也祝愿老北京天桥的未来蒸蒸日上，真正成为“北京的天桥，世界的舞台”。

在这太阳最先升起的地方又有新的希望在茁壮成长……

天桥，那份熠熠生辉的珍藏

宋爱娴

一个多月的暑期就这样匆匆结束了，还有我这一次的社会实践。整日待在学校中的我，尝到了工作的不易。或许，这种真切的体会，才是我最宝贵的收获。

终生受用的领悟

实习期间，我利用此次难得的机会，努力工作，严格要求自己，社会真的很残酷，很现实。我唯一庆幸的是我还是一名在校学生，我只有真正地把本领学好，才能在未来真正进入社会时不至于这样不知所措。这一次参加社会实践，我明白大学生社会实践是引导我们学生走出校门，走向社会，接触社会，了解社会，投身社会的良好形式；是促使大学生投身改革开放，走向人民群众，锻炼才干的好渠道；是提升思想，修身养性，树立服务社会的思想的有效途径。参加社会实践活动，有助于我们在校大学生更新观念，吸收新的思想与知识。社会实践拉近了我与社会的距离，也让自己在社会实践中开阔了视野，增长了才干，半个月的社会实践，一晃而过，却让我从中领悟到了很多的东西，而这些东西将使我终生受用。

用真诚打开心门

初次踏进办公室，只见几个陌生的脸孔。我微笑着和他们打招呼。从那天起，我养成了一个习惯，每天早上见到他们都要微笑地说声“早上好”，那是我心底真诚的问候。往往一些细微的东西容易被我们忽略，轻轻的一声问候，却表达了对同事、对朋友的关怀，也让他人感觉到被重视与被关心。仅仅几天的时间，我就和同事们打成一片，我想，应该是我的真诚，换取了同事的信任。他们把我当朋友，也愿意把工作分配给我。

以主动赢得机会

当你可以选择的时候，把主动权握在自己手中。我想很多人和我一样，刚进实习单位的时候，都做过类似复印打字的“杂活”。或许同事们认为你是小辈，要从小事做起，但有些时候，是因为他们心中没底，不知道你能做什么。做“杂活”是工作的必需，却无法让我学到什么。我决定改变自己的命运。有些东西不能选择，有些东西却可以选择。分内的工作当然要认真完成，但勇敢的“主动请缨”却能为你赢得更多的机会。只要勤问、勤学、勤做，就会有意想不到的收获。

用条理规范工作

如果你不想让自己在紧急的时候手忙脚乱，就要养成“讲究条理性”的好习惯。“做什么事情都要有条理”，这是同事给我的忠告。其他的工作也一样，讲究条理能让你事半功倍。这一点，在我实习期间给了我很大的帮助，因为社区的工作烦琐但不可忽视，就要求我做工作时要能有条理地安排好手头的任务，才能高质量、高效率地完成任务。

基层实践的磨炼

社会才是学习和受教育的大课堂，在这片广阔的天地里，我们的人生价值得到了体现，为将来更加激烈的竞争打下了坚实的基础。希望以后还有这样的机会，让我从实践中得到锻炼。这些天来，虽然付出了不少汗水，也感觉有些辛苦，但从中我的意志力得到了不少的磨炼，也感受到了工作的快乐。

这一次的社会实践使我明白：大学生只有通过自身的不断努力，拿出“百尺竿头”的干劲，胸怀“会当凌绝顶”的信念，不断提高自身的综合素质，在与社会的接触过程中，减少磨合期的碰撞，加快融入社会的步伐，才能在人才高地上站稳脚跟，才能扬起理想的风帆，驶向成功的彼岸。

天桥的实践使我收获颇丰，我也将这份熠熠生辉的回忆和感动珍藏心中。

天桥伴我行

陈　晨

时光匆匆，到了和天桥告别的时刻了，心中的不舍和留恋印证着一个月来的收获和成长。离开学校，初入社会的我有幸来到美丽的天桥，在城市社区中感受大众文化、感悟人生百态。一个月的时光短暂，但给予我的不仅仅是一次体验，更是一种历练与成长。

社区是国家地方管理的最小载体，也直接承载着上级政策的传达和辖区群众事务的处理双重责任与压力。社区的工作看似简单，朝九晚五但也十分复杂，纷繁琐碎。在一个月的社区主任助理工作中，接触最多的是社区中两类常住人口——孩子和老人，久而久之，我学会了耐心与细心。

学会耐心

暑假到来，社区的主要活动之一便是带领孩子们开展活动。孩子们喜欢吵闹，比较较真，因此协调每个人的利益格外重要，而这项工作要想达到目标就需要耐心。我们在社区举办了“夏日炎炎水果缤纷”水果拼盘活动，面对不同的面庞，我们需要公平公正，需要给予孩子们鼓励和信心。当一个个极具创意的水果拼盘造型从孩子们手中诞生，当一位位满面笑容的孩子在舞台上展示自己的作品时，我明白自己的辛苦努力没有白费，我明白此时此刻孩子们的满意是对我们付出的肯定。我正在慢慢学会与孩子多沟通交流、多陪伴相处，渐渐地，我已经成为他们心中信任的大哥哥，我也能够出色地组织社区交给我们的各项活动。

学会细心

处理老年人的事务便不像开展“青教工作”那样简单。老年人想得相对较多，而且有些思想固化难以更改。因此，在与老年人接触时，除了有足够的耐心，还需要无比细心才行。把每一位老人的叮嘱记在心里，把每一位老人的吩咐落到实处，这是社区教会我们做的。在实地问卷发放时，我们了解到当前社区底层老人们的真实生活状态，了解到他们的现实生活需求，我们没有能力去改变社区的“为老服务”建设，没有办法去动摇老年人的思想情况，但我们可以借助媒体发声，为这些弱势群体发声，寻求全社会的关心和关怀。当代大学生，伴随着各种社交软件和差异文化成长起来，缺乏必要的文化认同感，因此我们在社区也必须尝试着让自己慢下来，谦虚谨慎，耐心包容，认真细心，这也是我们未来工作所必需具备的品质。

学会用心

我还要学习社区的哥哥姐姐们工作时的一丝不苟、耐心细致。他们说，群众利益无小事。于是，他们兢兢业业奋斗在自己的工作岗位上，甚至常常放弃午休的时间去解决居民群众的生活问题。社区曾调解过一起家庭矛盾，从上午 9 点直到下午 5 点，社区五位主任与这位阿姨促膝长谈，耐心倾听她的心声与苦衷，分析事情的原委和发展过程，提出了多种解决问题的方案。我被这些社区工作者的耐心和细致感动，他们没有公务员编制，没有高薪水，没有舒适的办公环境，但他们肩负着责任，面对着形形色色的人和事，处理着各种各样的问题。把居民当作自己人，把居民事当作自己事，正是如此的工作态度，才让社区氛围和谐，让家庭氛围和睦。

实践和学习的道路仍然很长，我们需要学会以耐心、细心、用心对待每一个人、每一件事，让他们满意，对自己负责。

十年天桥情，百人实践路。天桥已陪伴我们度过十个难忘的夏天，数以百计的人文学子从天桥走来。我将会永远珍存这份回忆，珍惜这份友谊，珍藏这份情谊，珍重到这里来的意义。

别了，天桥

徐　晖

“酒旗戏鼓天桥市，多少游人不忆家。”直到来到天桥这片土地，我才逐渐理解这句诗的真正内涵——这儿的景、这儿的人以及这儿发生的所有事情，都在不经意之间抚平我的思乡情绪，也注定会给我的一生留下不可磨灭的记忆……

社区主任的热情关怀

说起天桥实习的这一个月，想到的首先便是社区那些可爱可敬的主任们：不管是曹姐、贺姐还是灿星哥、马哥以及其他主任们，他们身上都有一些基层工作者所特有的品质：心系群众，充满人文关怀；豁达乐观，不为外物影响。正是因为有了这些品质，我们经常可以看到他们耐心地为前来寻求帮助的居民们提供周到且恰当的服务，也可以看到他们乐和时积极享受生活、感受人生的场景。而对于我们这些来社区实习的大学生们，他们对于我们的关心和照顾更是方方面面：工作上，他们教会我们一些社区工作的小技巧，既让手头上的事情顺利进行，又可以更好地应对较为复杂的社区环境并照顾到不同居民的感受；生活上，不断续上的热水、暴雨后的关心以及特意留出的有沙发的房间，都让我们感受到浓浓的关怀；还有许多关于人生与未来的经验与分享，都让我们受益颇深……在与他们一同共事、学习的过程中，我似乎也在潜移默化中变得和他们一样积极：积极地为他人服务，也积极地享受自己的人生。

丰富多彩的社区工作

此外，最让人难忘、最锻炼人的便是那些看似简单的工作，也正是这些不起眼的工作充实了我这一个月的生活，也在一定程度上提高了我各方面的能力。工作的前期，我们主要扎根于办公室，接触了一些关于文字方面的工作。在这里，我第一次尝试出板报，看着自己歪歪扭扭的字在黑板上跳跃；在这里，我第一次参与了计生会议，从另一个层次和视角感受着国家方针政策的变动和居民自治的脉搏；也是在这里，我第一次尝试做展板，发挥自己少得几乎没有的艺术细胞来想象如何布局以及排版……无数次的第一次，让我更加熟悉社区的工作，也更加热爱这个我将要工作一个月的地方。工作的后期，我们则将工作的重心转移到居民中，走进了社区的大舞台——不管是入户清除小广告、跟着主任一起巡逻治安，还是开展社区军民共建、进行地震知识教育，抑或是拜访百岁老人、发放福利拐杖，这些形形色色的活动都让我们这些待在象牙塔里的大学生们实实在在地踩在基层工作的沃土上，感受到基层工作不一般的厚重和担当。这些事情中让我印象最深刻的便是“军民共建”和“地震知识教育”了，从策划、执行到自己全身心的投入参与，小朋友和军官们融洽相处的画面、回答地震问题时的笑脸和大喊以及认真擦拭宣传栏的场景，都是对我们工作最好的反馈。

志同道合的团队伙伴

最后要提起的当然还是一起奋斗了一个月、日日相伴的成员们啦！如果不是因为这次实习，我们生命可能永远都不会有交集，然而这次实习，换来了我们日日在一起的 10 个小时，也换来了我们从最初的陌生与不习惯，到最后的不舍与难忘的交情。如今回想起一起工作时的兢兢业业，一起准备节目的严肃认真，一起玩耍时的欢声笑语，便越发怀念起那段已经悄然逝去的时光。这次的实习是一个契机，使我们建立了深厚的情谊！

天桥实习一个月至此已经落下了帷幕，然而我要深入基层、献身基层的路才刚刚开始。天桥是第一步，也是极其重要的一步，在天桥实习的点点滴滴，在社区工作的各个画面，都是一种无声的力量，也是一种难得的历练，让我越发清晰明确地知道自己未来想要什么、该怎么做。

同时我也相信，今年不仅是天桥实践的第十年，也是人文学院和天桥合作的一块重要里程碑。我和天桥有个约会，会有更多更多的十年，会有更多更多和我一样的大学生们选择走出校园，走进社区，并最终扎根基层！

最后，我想说：别了，天桥，我们有缘再会！

知人睿智　知己明心

暗香仍袅袅，天桥情依依

赵灵冉

为期一个月的天桥实践马上就要结束了，在这段日子里，我的心也如北京的天气，时而风雨飘摇，时而艳阳高照，但终于在书写下告别心绪的时刻平静下来，如同飘到悠长时光之河尽头的那一叶小舟，安静搁浅；又如严寒过后轻舒花瓣的梅花，暗香浮动，因为我清楚地知道，我已经找到了我想要的东西。

我们小组被分配到的是香厂路社区，说来也巧，初来天桥一开始我注意到的就是这个社区，“这个社区的名字真好听”，结果居然真的来到了这个社区，并与这个社区和这个社区的人们结缘，现在想来真的是太幸运了。

融融邻居情

一开始不是没偷偷地在内心抱怨过，因为这个社区一眼看过去显然不像它的名字那么美好，这是一个平房占了大片，流动人口居多，环境各方面都很杂乱的社区。但一切又并不是这样的，正如《小王子》里那句箴言：“重要的东西眼睛是看不见的，需要用心。”

在这个社区里，我感受到的是不输于我老家农村里的那种浓浓的人情味，有些人住在窄小的小胡同里，有些人甚至就搭个简易的小棚，但是即使这样，街坊四邻也都和谐友善，互帮互助，他们虽然没有很多财富，可是都有真挚笑脸。

纯纯童真情

我们作为实践团的成员，策划并参加了该社区已经有多年传统的“阳光课堂”活动，该活动面向的是社区的流动人口子女，在他们的课余和暑假，社区为他们准备了丰富的活动。在我们实习期间，这项活动就已经举办了 4 次，带他们玩“萝卜蹲”等小游戏、参观焦庄户抗日战争纪念馆、教他们练剑、举办亲子趣味运动会等。即使现在回忆起当时的情景，也并没有感觉有什么模糊不清，他们纯真的笑容依然在我眼前真实地盛放着，心也一阵阵变得更柔软、更温暖。

我觉得这是我在社区参加的最有意义、最开心的活动，也是因为他们，我第一次认识到小孩子并不是那么令人讨厌，难以对付；因为他们，我第一次认识到，以后当个小学教师也不错。最后，我们把他们作为我们小组调研报告的对象，因为希望能对他们有哪怕一点点的帮助，想让更多的人聚焦他们，关注他们，代表他们发声，这是我们选题的初衷。

暖暖夕阳情

我对退休了还坚守在阳光课堂活动策划与举办的一线的那些老年人们致以崇高的敬意，他们所做的一切都不是为了功名利禄，而是为了爱和爱的传递。

我永远都记得在我们办活动的时候屡屡来帮忙的一位不知其姓名的老奶奶，其实不愿意这么称呼她，因为她看起来非常年轻，除了体态上的健朗，更多的是精神上勃发的那种朝气，总是对我们小组的成员报以温暖的笑容，眼睛里看得到善意的光芒，她让我第一次产生了“啊，我老了也要成为这样的人”的想法。

依依天桥情

对于无论是工作上还是生活上都很照顾我们的社区书记和主任们，我心怀感激。一开始以为他们都是“不好接触的人”的想法真是大错特错，他们百忙之中还为我们的工作提出意见，与我们交心，待我们如同他们自己的孩子，关爱包容。

是这些哥哥姐姐，在我们工作遇到困难时给予耐心地帮助，在我们调研遇到瓶颈时出面支持协调，在我们生活遇到问题时伸出援助之手。正是他们，在这一个月的时间中默默陪伴着我们，见证着我们的进步成长，让我们感受到文化底蕴丰厚的天桥亦存在着淳朴的民风，依依的人情。我们付出，然后收获，过程虽曲折艰辛，但因为有了他们，我们不再感到孤独迷茫。我也学会了对待工作时应有的兢兢业业、实事求是，学会了待人接物时应有的真诚善良、不温不火。

于是，就这样，要与天桥说再见了，不敢夸下这份回忆永不忘却的海口，却能够自豪而笃定地说，我的心已被注满真诚、温暖与善良，在以后的时光里会像恒星一样，闪耀着玫瑰色的光芒，指引我前行。

感受·感恩·感怀

王　祥

“我怕我没有机会，跟你说一声再见，因为也许就再也见不到你。今天我要离开，熟悉的地方和你，要分离我眼泪就掉下去。我会牢牢记住你的脸，我会珍惜你给的思念，这些日子在我心中永远都不会抹去，我不会答应你我是否会再回来，不回头不回头地走下去。”

听着这首歌，想着即将和天桥的分离，思绪万千、感触多多……

感受这地

实习，只有真正地体验过、感受过，方能受益匪浅。当然，有明确的目标也很重要。来天桥实习，我就是携着“目标”而来的：

首先，我想通过实习，获得与专业知识有关的专业技能，接受天桥的熏陶，了解政府和事业单位的管理模式，具体就是把课堂上学到的、系统化的有关心理学和社会学的理论知识，尝试性地应用于实际的社会工作中。其次，了解和熟悉机关运行。对于社会工作专业的本科生来说，实际能力的培养至关重要，而这种实际能力的培养单靠课堂教学是远远不够的。最后，我想通过实习，培养良好的职业道德和正确的就业观，强化劳动观念和纪律观念，预演和准备就业工作。有了这些目标，我的实习就有了计划和方向。

在天桥街道和永安路社区的这些天，通过细心的观察和认真的思考，我了解到的不仅仅是天桥街道的服务内容，也体会到了其别具风采的独特亮点。而永安路社区之所以被定为北京市社区规范化建设试点的原因，我也在实习的过程中逐渐领悟。在永安路社区中，我理解到社区的办公用地少，但是他们的每一寸土地都是高效利用，一个两间房大的屋子就可以承担会议室、图书馆、锻炼房、秘书长办公室等多种功能；我同情社区居民住宿条件的艰苦，但是丰富多彩的社区活动和志愿服务却能让人感受到他们充实的生活和幸福的微笑；我担心居民的问题会影响社区的和谐，但是他们在舞会上整齐的舞步和魅力、社区投票时同心合力的宣传，证明了社区是“上下一条心，团结共奋进”的和谐大家庭！

感受这地，我懂得：社区就是这样，我们也应该这样面对；含着笑容，不管一切如何。

感恩这人

感恩天桥街道的领导和学院的老师们，是你们提供这样一个自由开放的舞台，让我们可以尽情地展示自己、锻炼自己，使我们在将近一个月的实习过程中学到了书本上学不到的知识。感谢永安路社区的工作者和志愿者们，因为你们让我看到了自己的不足，也让我体会到了我的专业的真正价值和真谛！

从社区工作者对实习生的热情接待和支持中，我学会了支持和相信，“肯放手才可以让他人自由地发展”，这也印证了社工专业的服务理念——“助人自助”。

从我进入社区的第一天，胡书记、刘主任和张秘书还有其他的叔叔阿姨们就开始给我耐心地讲解有关社区运行和日常事务等知识，不管是社区的什么会议或活动，他们总是热情地邀请我和伙伴参加，他们的关怀和支持让我很快地进入了角色，我深深感到自己就是社区的一员。会议上，他们总要听听我们的建议，希望我们能以一个社区的家庭人员的身份参加活动、策划活动，希望我们在活动中能够受到启迪、激发灵感。书记甚至要给我们 2 000 元让我和伙伴安排党建特色活动——“百姓健康秀”大型活动的策划和启动仪式，虽然由于最后时间的问题，我们没能等到启动仪式的开展，但是我们对六个活动的详细周密的策划却赢得了书记和主任的肯定。她们总是鼓励我们说，“你们是大学生，想法一般都比较新颖，希望你们能给咱们的工作大胆地提建议”。有了书记和主任的话，我们的工作少了份胆怯，多了份放松；少了份压力，多了份激情！

从社区工作者对弱势群体的关爱中，我感到社区工作者肩负的责任。在经济体制改革不断深化的现在，城市的居民由过去的“单位人”，逐渐转变为“社区人”。对那些因失业、下岗、病残等原因造成生活困难的社会弱势人群的帮助扶持，成为社区工作的重点。我迈进居委会大门参与的第一件事，就是协助居委会干部宣传北京军区总医院在社区开展的“女性两癌的筛查”义诊活动。在我们给孤寡老人赠送礼品时，从那些人们闪着泪花的眼神和许久未绽的笑脸中，我看到了他们对党和政府的感激之情；从居民与居委会干部的谈话中，我看到了居委会干部真心实意为社区居民服务的爱民之心……对于自己今后将要全身心投入的社区工作，我感到了压力，更感到肩上的责任：社区工作是只能做好不能做坏！关爱他人，我们的专业才会更有价值！

从那些无私奉献的社区志愿者身上，我学到的是奉献。听书记讲，2008 年奥运期间，永安路社区的志愿者队伍就已经参与了社区的治安巡逻、值班，做社区的民事调解等工作，祖国的六十周年大庆即将到来，他们仍将在维护社区稳定和谐方面发挥重大的作用，虽然他们没有一分钱的报酬，但热情高、责任心强，因为支撑他们的是为社区居民安居乐业而甘愿奉献的精神。我为我们的社区有这样的志愿队伍力量感到自豪，这也更加坚定了我今后做好社区工作的信心。

原来以为，社区的工作不过是婆婆妈妈的事情，我却发现，社区工作是发展和提高人们生活质量、保证社会安定、推进社会全面进步的重要方面！社区工作者和志愿者的综合素质，就是社区队伍的亮丽缩影。感恩这人，我懂得：既然选择了爱，就要勇于付出，哪怕风雨兼程！

感怀成长

成长，对于有些人来说是循序渐进的过程，而对于另一些人却如同醍醐灌顶一般到来，我应该就是后者，因为只有经历了感动和感恩的洗礼，经历了大胆探索的考验，才能获得新生。

真的很感谢自己，能够在一个月的实习中坚持下来！虽然在一个半月的实习生活中，紧张过、努力过、醒悟过、开心过，但是“大胆探索，小心求证”的经历让我进步了、成长了，同时也学会了一些在学校从未学过以后也学不到的东西。实习对于我来说是关键的一步，它让我相信“心有多宽，舞台就有多大；梦有多远，成就就有多高”！

作为社会工作专业的学生，我以前总爱以自己专业的视角来理解和看待问题，在实习中我才明白了潜移默化的作用，“客观冷静”永远不可少，但“雾里看花”，则不可有！不要就具体的问题潜得太深，以免被结构化了，工作的时候，不但要有专业意识，更要敢于付出感情，因为我们是感性动物，只有放下专业的架子，我们才能穿上服务对象的鞋子，真正地体会他们的感受！不要担心自己的知识会被埋没，因为潜在的影响终会在实践中深刻地体现出来。要学会平静地面对一切，放下地位，放下架子，踏踏实实，一步一个脚印地走下去，才会走入别人的心灵深处，医治他受伤的心灵。

感怀成长，我懂得：不一定要让生活跌宕波澜，要知道平静无奇才是生活的真。唯有踏踏实实走进生活的人，才能真正品味生活的真谛。

结　语

晚风吹过河面上最后一波涟漪，夕阳收起它的最后一束余晖，秋霜目送最后一只归雁。我默默地站着，目光游离在若即若离的记忆之门。当许许多多都已过去，我却可以坦然地告诉自己说："别伤悲，我已体验过在天桥实习的那种感觉，虽然只是曾经拥有。"

九月的船渐渐靠岸，不远处，一张旧船票随风飘荡。来也匆匆，去也匆匆，就这样风雨兼程。告别一个终点，跨入新的起点，我们注定属于蔚蓝的海洋。载着沉甸甸的嘱托，又一艘巨轮即将远航。回回首，挥挥手……

天桥，再见！

看　　见

肖剑桥

拥有一双观察生活的慧眼，能让我在平凡的生活中看见不平凡的故事。非常有幸能够有这样一次机会，来到北京的旧城区体验一种完全不同的生活。这种不同其实也是两个方面：一是体验了一个月上班族的生活，在早晚高峰的地铁里，悟出了“解放双手、站稳靠挤、上车看命、下车随缘”的人生经验；二是看到了那些只能在书本上、电视中看到的城市中的市井胡同，去切实地感受当地居民的生活，对我有非常大的触动。社区居民所面对的人、所经历的事，让我重新反思了我所学习的专业的意义以及未来究竟要做些什么事、做一个怎样的人。在这一个月内，我看见了京都之大，我了解到人事之繁，我明白了生活之苦，我清楚我责任之重。

京都之大

摩肩接踵、车水马龙，川流不息的珠市西街昭示着这座城市的生机与活力；每当夜幕降临，前门大街上的步行街更是热闹非凡，璀璨的霓虹让本已被雾霾遮蔽的星空愈显暗淡。这里，是北京。

十尺见方、几户人家，数以百计的人们在这狭小潮湿的空间里维持着自己的生计；小喇叭胡同的尽头只能容一个人通过，无数的人在这条悠长的单行道上踱着、踱着，生活不允许他们喘息或是回头。这里，是北京。

林立的高楼荫蔽着成片的平房，都市的喧嚣与市井的吵闹遥相呼应，狭窄的胡同里挂着时尚的宣传标语，这里是北京的天桥，世界的舞台。

人事之繁

刚到留学路社区，主任们给我们的第一项工作便是统计“孝星”评选材料，社区一共推选六户人家，还有一户迟迟没有上报材料，主任说是因为这家人都不识字，所以让我和同伴一起去入户采访，写一份事迹材料。正是这次入户，让我去聆听他们的故事和心声，去感受基层居民的困苦。

几经波折，我们终于在交错复杂的胡同之中，找到了这户人家所在的院子，院子里住着三户。走入家门，屋子里一床一桌一柜，物品层层叠叠摞得很高，然而落脚的地方还是很小。百岁的老奶奶容光焕发，和她的二女儿一同向我们讲述着这个家族的故事。奶奶思路很清晰，故事很感人，只是不断地重复着“什么都好，就是穷呀”。

我能够理解她，虽然安贫乐道，但缺钱终究是个非常现实的问题，这不是抱怨，更像是拈花一笑前最后的无奈。我知道像她这样的老人还有许多，生活在狭小的空间里，生活在自己的世界里，可能快乐，但是艰难；可能幸福，但是辛苦。

责任之重

在寂静的深夜里，情绪总会不自觉地泛滥，我有时也扪心自问：为什么要学习经济学？经济在典籍中本是经邦济国、经世济民，而这个胸怀天下的词语现今已经沦为物质利益的代言人。一个月的时间真的很短，我们无力改变什么，了解到的东西也只是皮毛，所谓“青年服务国家”的意义也不在于这一个月你做了什么事情让这个世界有所改变。一个月后，当我们离开实习岗位，所有人的生活还是照常继续。

要知道，“服务国家”可是一辈子的事情。

回到家，躺在有空调的床上，心中不禁生起一丝愧疚，想起了白乐天“今我何功德，曾不事农桑。吏禄三百石，岁晏有余粮”的感叹。长安街和这些平房区不过短短几千米的距离，在同一片白云下有着这么大的差距。也许，我们拥有良好的条件，在优秀的高校读书，就应该不辜负生活赐予我们的一切，努力学习，先学会有所作为的一身本领，再谈及服务国家的凌云壮志。

“愿我所见之人，所遇之事，都能够因为我能够变得更好一点；愿社区的居民们都能早日解决个人的心事心结，朝向幸福的明天走去。”我希望，在生活这条单行道上，没有死胡同，每个人都可以走得慢一点儿，累的时候长舒一口气，解开眉头上紧锁的结，露出知足常乐的笑颜。

你好天桥，再别天桥

杨俊涯

似水流年，笔尖只剩残缺的回忆。独自坐在书桌前让文字盛开在那白纸上……回不去的天桥实践时光，回不去的每天 7 点起床挤着城铁赶公交的时光，回不去的和天桥的哥哥姐姐们整日相处的时光。天桥还是那个天桥，每年都会有新的一批同学来天桥实习，而我们只是这一批批中的一分子。经常提醒自己，再忙也要回眸一下走过的脚印。4 周 28 天 672 小时 40 320 分钟 2 419 200 秒，每一秒我以及身边的人、生活都在变化。在这个时间轴上，有很多美好的故事，很多可爱的人们，很多难忘的经历，让我体会到天桥实习生活其实并不是想象的那样枯燥乏味。就要离开天桥了，心中涌现出极为复杂的情绪，因为我爱上了这里的人和物，深深地爱上了天桥。

旧时总有偏见

上班的第一天总是最难忘的，在那一天见到了陈主任、今后可以各种开玩笑的田姐以及科室里其他的领导们。他们的热情耐心很快使我消除了心里的隔阂，打破了我对街道工作人员刻板严肃的印象。

最初听说自己被分配到街道城管科（城建科）实习的消息时，一想到每天的工作可能会是像媒体所描述的城管那样，每天追着商贩到处跑的可怕形象，心中其实是在打退堂鼓的。但是真正到岗体验过城管的工作生活后，才明白如此那般的形象只是多数人的偏见。

城管科也叫作城建科，顾名思义是城市建设管理的意思，来了以后才发现自己原来的想法是多么幼稚，多么可笑。我想天桥实习的第一笔财富应该就是有机会深入了解“城管”这个词儿。城管科主要负责城乡建设、环境建设、节能保温工作等。而我们平常看到的多是城管执法大队。说起城管，我想大家都会将“不讲理、凶神恶煞”等词语与“城管”联系起来。在没进入大队之前，我看到的和听到的城管都是被指责的一方，不光是因为他们态度比较恶劣，更因为有些城管打人行为的不道德。社会媒体也是经常报道有关城管打人收东西的新闻，这些新闻中城管都是错的一方，所以人们理所当然会对城管留下不好的印象。但是当我置身其中的时候才知道以前的思想完全是错误的，城管执法不是我们想的那样子。

亲历方可改变

进入城建科后，我有幸跟几个城管执法的姐姐出去巡街，大多数市民都很配合城管的工作。有一次，我跟着几位城管姐姐出门巡街，检查到一家文化店，店主将衣服晾晒在外面的人行道上，对行人出行造成了影响。姐姐劝说店主将衣服收回去，但店主不仅不配合而且态度很不友好，甚至恶语相向。最后，在姐姐耐心的劝说下，店主才配合完成了工作。记得听一位城管姐姐说过她的执法经历。那位姐姐当城管已经有 16 年了，她说第一次上街执法的时候曾遇到一位极不讲理的水果商贩，只能私下里默默抹眼泪。以前我一直看到听到的都是城管欺负商贩的负面故事，人们也一直说着城管的种种不足。但是又有谁看到城管一遍又一遍提醒商贩的违规行为，又有谁听到城管轻言细语给商贩讲道理。媒体总是为了迎合大众的心理，专门挑一些打架争吵等能吸引大众眼球的事报道。以前连我也会认为城管是凶神恶煞的，只有当我真正融入这个群体中我才会摒弃那些错误的观点。

城市治安、城区环境的维护离不开这些城管们的辛苦付出，他们甚至不分昼夜地巡逻在城市大大小小的角落。当群众遇到困难时，他们总会第一时间赶过去。但是一些非法占用车道经营的现象仍存在着，我想解决这个问题的根源就在于现在居民的法律意识、道德意识仍有待提高。如果这些精神上的问题解决不了，这种违规行为将会持续下去。通过这次实习我想我思想成熟的标志之一应该是明白了一个道理：没有亲身经历过就没有资格对某事进行评价，就不能正确理解和认识这个职业或事情。

珍藏用于回味

短短的一个月实习，办公室里的哥哥姐姐都和我很熟悉了，我们经常一起并肩作战，一起吃午饭，更多的时候他们会教我一些工作中或社会上的道理，这都将是我受益匪浅的财富。在城管执法的这段时光，我只能用“充实、轻松、长见识”来形容。感谢天桥的领导和学院的老师们提供了一个这样珍贵的实习机会，让我们这些“雄鹰”在天桥这片广阔的天空里自由飞翔。天桥实习所遇见的人、天桥实习的经历我将珍藏于心底，用一辈子去回味。你好天桥，再别天桥。

青春，与天桥有约

辛嘉洋

2009 年的暑期，注定难忘，在祖国即将迎来 60 华诞的岁月里，我与天桥相约相伴，共同成长、共同企盼！

实践，成长

正当我们迷茫于未来，困惑于自己的能力的时候，学校与天桥街道共同为我们搭建起一个难得的平台，让我们在这里尽情挥洒我们的汗水，实施我们的创意，让我们切身体会工作的辛苦与快乐，用实践来检验自己的知识与能力，让我们重新审视和认识自己，给自己一个标准的定位，为自己的未来打好基础，铺好道路。留在天桥最深的记忆是那一个个鲜活的人物，他们和蔼可亲，他们热情耐心，陪伴我们锻炼与成长。

教诲，付出

我依然记得，实习动员会上，贾老师一遍遍地叮嘱我们要严格遵守纪律，展现我们理工人的最佳风采，今天，我可以坚定地给老师、给学校一个交代：我们，做到了！

我依然记得，第一次见到天桥街道的领导，听他们介绍天桥历史、天桥文化、天桥特色的时候，不禁被天桥独特的风韵所深深吸引！心中暗暗欢呼：古香古色、民俗勃发的天桥，我来了！

我依然记得，文教科赵老师为我们讲述天桥民俗文化时，眼中不时流露出的熠熠光彩，让我看到他对这项工作的热爱，同时也让我对天桥这片热土充满了期待。

我依然记得，虎坊路社区的胡书记在与我们交流中那犀利的话语：学历不等于能力，策划与创意发展才是永恒的主题。社会实践的四大要素：思考、创新、积极和主动。一个月的努力，我可以自豪地说，我绝不是“语言的巨人，行动的矮子”。几场活动让我得到了不同方面的历练，我喜欢每一项新的任务，喜欢每一种新的挑战。总之，这里的一切，都让我向往与热爱。

我依然记得，留学路社区的樊主任说，这一个月，是人生的一个标点，究竟要如何去点，要看我们自己。今天，实习接近尾声，我真想亲口告诉她，这个标点，我点的是一个完美的句号。但人生之路还很长，一辈子这篇文章，依旧会精彩连连。

学院老师和社区主任的鼓励和肯定让我们看到了辛苦拼搏的价值，正是从他们每一个人身上，我学到了"实践获真知"的道理，学到了"群众利益无小事"的工作态度和责任感，学到了"不温不火"的待人处世之道。

收获，感恩

所有的收获，都来源于领导和老师的支持与鼓励；来源于助理们的沟通与合作；来源于大家对于工作，对于天桥这片土地的激情与热爱。很想说出我的感谢，真心地感谢你们，各位领导、老师，感谢你们放手让我们自由发挥我们的才能与创意；感谢你们无微不至的关怀和鼓励；感谢你们教会了我们什么叫作对工作的执着与热情；感谢你们，为我们提供的一切资源和平台；感谢你们百忙之中关注着我们的动态，时刻提醒我们，在我们松懈的时候及时为我们敲响警钟，让我们重拾信心与热情。还要感谢的，是与我一起拼搏在天桥的战友们，大家带着稚嫩而又创新的思维走进社区、走进科室，为天桥注入了清新的气息，这包括我们青春的活力和无限的想象力，感谢大家默契的配合、完美的表现，我们虽不能为天桥做出惊天的创举，却已经为它留下美好的回忆，这个暑期，感谢有你，相约天桥，相约美丽。

回首实习征途，林林总总，花开花荣，这短暂而精彩的岁月里，融注了我们多少奋斗的汗水，留下了我们多少拼搏的足迹。青春是擦肩而过的嫣然一笑，青春是滔滔激流中的奋力一搏，作为大学生社区主任助理，在天桥，我们实现了从幼稚到成熟的完美过渡，为这易逝的韶华增添了与众不同的亮点与辉煌！如今，站在希望的门前回首张望，我可以骄傲地告诉世界：在那段叫作青春的岁月里，我们把我们最热情、最朝气的时光献给了天桥，献给了我们热爱的工作，尽管这段光阴有些短暂，但却是我生命中一段美好的回忆。我们拥有这场经历，就拥有了不可小觑的财富。

匆匆太匆匆，几度夕阳红。一个月的相处，我的心已在小小的社区安营扎寨，思想将在回到校园后重放光彩。感谢那些人，感恩那片地，我已深深地喜欢上这片净土，这和谐氛围，我一定继续努力、继续奋斗，与天桥再续前缘！

天桥行，永安旅

康 达

一个月的实习时间仿佛白驹过隙般稍纵即逝，实践之旅虽然已经结束，但天桥留在我心中的所思所想却从未消失。时至今日，再提笔回首这一个月的点点滴滴，天桥的情情景景犹如昨天发生的故事，始终在脑海中难以落下帷幕。

夕阳无限好

社区的老年人用他们特有的蓬勃昂扬、真诚淳朴的精神深深感动了我们。永安路社区的社区主任和辖区居民对我们照顾有加，尽可能地配合我们完成学校要求的调研课题。在实地发放问卷时，由于我们和社区主任协调出现失误，问卷迟迟没有发放，一直拖到最后将近结束的两天。最终在一位社区热心老人廖奶奶的帮助下我们还是完成了工作。下午两点正是夏日北京暑热最盛的时候，廖奶奶放下手中的工作，带我们在辖区入户调查。这一刻，我们在感谢的同时感动于老人的耐心与热情。

社区合唱团的大婶们更让我们感受到老年人充满活力的精神面貌。我们每周一下午都会见到这些大婶，她们刚退休不久，积极乐观的心态比我们年轻人毫不逊色，练习合唱时认真的态度也让人肃然起敬。我记得 7 月 20 日那天下大雨，社区原定下午有健康讲堂。雨势很大，主任们还担心居民们可能都来不了了，结果大家都冒雨前来，热情丝毫不减。这样的社区氛围让我们感动，说不出来到底是什么，就是觉得在一个邻里普遍互不相识的时代，还能有一个地方，把原本并不认识的人聚到一起，参与共同的活动，结交成为朋友，这是一种缘分，一份难能可贵的友情。

“莫道近黄昏，夕阳无限好。”社区的老年人哪，愿你们永远保持这份年轻的心态！

幼童轻岁月

和孩子们一起总让人觉得充满趣味、幸福难忘。一个月中，无论是协助社区带领孩子们到武警七支队驻地观看传统艺术皮影戏；还是陪孩子们一起到雷锋图书馆去听普法讲座；甚至是同社区的孩子一起在辖区内进行垃圾清扫，仿佛都让我回到了孩童时代，回味天真无邪的感觉。

在诸多的青少年活动中，给我留下印象最深的还是“夏日炎炎水果缤纷”活动。这个活动是要带着孩子们用水果拼摆各种创意造型。我们接到任务就开始策划安排，活动的流程、需要购买准备的食材和辅助工具、要考虑的道具使用安全和水果卫生等问题，事无巨细。孩子们来之前我们把水果洗好分好，这全程都是紧张而又极为期待的。等到孩子们真的来了，我在上面主持的时候，其实我很害怕，害怕会说错，又害怕孩子们淘气不听话。但其实孩子们都很听话，虽然活泼好动但是绝不故意捣乱。当一个个造型各异的工艺品从孩子手中诞生时，我才真正见识到孩子们的创造力和想象力，才让我们回忆起那封存在记忆中的童年、童真和童趣。

“幼童轻岁月，谓言可久长。”社区的孩子们哪，愿你们永远伴有这份童年的纯真！

海内存知己

这次实践团的活动，不仅让我体会了社区工作的意趣，更让我结交到了一群志同道合的朋友。程荟同学的细心与贴心让我感动，余萍学姐的直率与高效让我敬佩，陈晨学长的担当与帮助让我安心。和同在社区工作的三位小伙伴的相处让我感到充实和开心，我们四个人相互扶持，一起玩闹一起工作，总让我觉得我们是一家人，什么时候都很温暖。大家不分彼此，相互惦念，那种感觉真的很好，让我这个不善表达感情的人觉得异常珍贵，非常珍惜。

最后的汇报演出是我们在社区张老师的带领下一起表演了广场舞。张老师虽然已经到古稀之年，但带着我们练习彩排非常卖力。他每天都会到社区来，我们经常交流，渐渐地成为无话不谈的忘年交。我们相信天桥之行结束后，我们仍会经常联系，不会忘记。

“海内存知己，天涯若比邻。”社区的朋友们哪，愿我们永远珍惜这份珍贵的友谊！

时间总是这样，越是在幸福喜悦中走得越快，越是珍惜就越要迎来别离。实践团的活动虽然结束了，但是这些愉快的回忆不会就此消失，朋友之间的情谊也不会就此淡薄，学到的经验技能也将在今后的学习生活中发挥作用。这次活动未必是我大学期间受益最多的活动，但一定是给我留下印象极为深刻的一次活动。

天桥之行，永安之旅，我会铭记。

学无常师　博学洽闻

对酒当歌

岳　明

莫道斜街风物好，来到此处便销魂

从前看过一篇文章，不长的篇幅里，作者用饱含感情的笔触描写老舍的北京，那是有骆驼祥子、王利发、沙子龙的北京，是有油栗、二胡、高粱红河蟹的北京。他们都是北京城里的最底层老百姓，但也正是他们，使老北京的历史文化底蕴、丰富的人文精神鲜活起来。老舍喜欢乘“叮当儿车”（有轨电车）到天桥看戏，喜欢到小摊上吃各种小吃，喜欢坐在长板凳上看“拉洋片”，甚至喜欢进农民住宿的小客店，躺在大通铺上跟底层老百姓聊大天。北平——令他魂牵梦绕的地方，令他无限牵挂的地方。他是多么热爱这个城市，他的大部分作品反映的都是北京底层老百姓的声音，有着十足的“京味”。

而以天桥为核心的北京南城一带，则是老北京平民聚居活动之地，也正是在这种环境下，天桥成为曲艺文化的发源地。老舍先生的《龙须沟》，就是写天桥底下的一条明沟。当地居民对这一带地形有一个有趣的比喻：“前门大街是龙身，五牌楼是龙尾，天桥是龙头，这条沟是两条胡须。”天桥不仅有出名的先农坛、湖广会馆，还有万胜剧场、天桥剧场、德云社，民间草根的崛起造就了丰富耀眼的民俗文化，充满了活力和创意，诙谐幽默而又犀利辛辣。

烟柳画桥，风帘翠幕，参差十万家

我自从看过那些描述北京生活的文章，便对这样的生活充满了好奇，同样也憧憬着有一天可以融入这个生活圈中感受那浓郁的北京味道。在实习间隙，我约了同学去逛胡同，进入四合院和普通民居，真正地深入北京本地群众的生活环境，看到他们的生活状态，并且以文字和影像记录所见。社区是一块块由现代化的柏油路分割并包围的生活空间，内里经由无数的小胡同和巷弄连通。临街的房子作商用，挂起眼花缭乱的招牌，售卖各种新潮的玩意儿；而穿过重重叠叠的小巷道走近这“迷宫”的中心，嘈杂的声响随着前行的步伐被遗落在身后，文化的气息越发浓重，生活的色彩也宁静缓慢起来。四合院里探出一棵棵高大的老树，仿佛也在好奇这小巷里的热闹景象，载客的小三轮懒懒地靠在墙边，似乎想趁机打个盹儿似的；雕花门墩儿、窗口的蒜辫、福寿纹的瓦当、房梁上垂落的葫芦架子和那些在此居住的人们一起，透出一种难以言说的美。

在天桥浓厚的文化氛围中，大家都耳濡目染，似乎对历史人文抱有极大的兴趣。在我实习的办公室里，有几位老师对历史、时事都颇有研究，他们虽然算不上是文人，但午休时听他们聊天，上自秦汉下至当今，各种典故逸事都是旁征博引、信手拈来，闻之颇得教益。在天桥，这样的人还有很多，无论是居委会的大哥大姐，还是树下纳凉的大爷大妈，抑或是路边玩耍的小孩，都能对传统文化说上一二。而且，当地居民更是将这种文化根植于生活，潜移默化地传承至今，他们的一言一行，都是天桥文化熏陶的产物。

异日图将好景，归去风池夸

文化是依赖象征体系和个人记忆而维护着的社会共同经验。这样说来，每个人的“当前”，不但包括他个人“过去”的投影，而且是整个民族“过去”的投影。历史对于个人并不是点缀的饰物，而是实用的、不可或缺的生活基础。人要想不离开社会生活，就不能不学习文化。文化得靠记忆，不能靠本能，所以人在记忆力上不能不力求发展。我们不但要在个人的今昔之间筑通桥梁，而且在社会的世代之间也得筑通桥梁。没有了文化，也就没有了我们现在所能享受的生活。“小小子，坐门墩，哭着喊着要媳妇儿——”北京人在老奶奶轻声慢语的童谣中咿呀学语，一代又一代。文化是一种保留，也是一种变化，保留和变化围绕着老北京手艺人手里的绝活儿传承到今天……

在这样一座每日换一个模样的城市里，我感受到了古今文化碰撞所迸发的魅力。社区是半封闭的微型城市，墙外面是公路、潮店、高楼林立，墙里面是小巷、老树、青砖白瓦。我热爱这样的姿态和这里的人。我曾看到过胡同里的人们生活的宁静怡然和多姿多彩，而现在终于真正地参与进去，尽我的一分绵薄之力。“酒旗戏鼓天桥市，多少游人不忆家。”历史上的老天桥是民俗文化的摇篮。而我在天桥社区的工作和生活，也成为一场民俗和文化的盛宴，令我深深地震撼，更在无形中引领我前行。

感悟天桥文化

窦晓娟

从前，说起北京天桥，无论是曾经天子祭祀的必经之路，还是曲艺文化的发源地，抑或是令人印象深刻的天桥“八大怪”，都令人为之神往。今天，我终于有幸通过实习，来到天桥，融入天桥，感受到最真切的天桥文化，最具代表的老北京“京味”。

弘曲艺文化之魂

提起天桥，首先想到的当属天桥的曲艺文化。现在虽说很难再看到天桥曲艺在清末民初时的繁荣景象，但在每天上下班的途中，我仍可以透过德云社、天桥剧院、天桥杂技剧场等感受天桥的曲艺氛围。

除此之外，更加深刻的体验，则是进入社区工作的过程中。我所在的社区是天桥小区社区。初来时，曾听张书记介绍，天桥小区社区是天桥街道范围内曲艺传承者最集聚的地方，说相声的、唱鼓曲的……在“文化月”时竟可做到曲艺表演连续一个月每天不重样。在天桥小区，还有一位文化名人——毛众，他七十多岁了，但身体硬朗，多才多艺，而且带头成立了传播老天桥文化的“毛众文化工作室”，工作室以传承老天桥文化为宗旨，致力于打造“百姓小剧场”，定期开展公益的惠民文化演出。在居委会，我们也经常看到毛众老人与主任们商量有关文化表演相关事宜的身影，还看到过许多件老人亲手做的传统乐器。居委会还有一个活动室，每天下午，都有社区舞蹈团、合唱团……前来排练，他们往往一来就是三四十人，都认真地根据老师指导纠正动作或声音的错误，他们不仅不会影响居委会办公，而且时常传出优美的歌声让人精神振奋。前来排练的大多是上了年纪的老人，但他们依然坚持着自己所热爱的事业，发挥余热，令人敬佩。

曲艺文化是天桥的瑰宝、老北京的名片。时过境迁，虽然文化的传承方式发生了变化，但随着天桥居民一代又一代的坚守，曲艺文化一定会越走越远。

扬街坊文化之魄

天桥的建立已有上百年历史，从最初的平民市井到胡同四合院再到如今的高楼林立，天桥人血液里汇聚着独特的天桥精神，并在日常生活中潜移默化地展现出来。最能体现出这种精神的，就是街坊文化。

首先，天桥居民最大的特点就是热情。无论是邻里之间还是陌生人，都是有求必应。在居委会，主任们都熟知居民的需求，每当有居民前来咨询，主任们都热情接待，耐心倾听居民的诉求，并根据居民实际情况提出最合适的方案建议。社区有许多上了年纪行动不便的老人，街坊邻居都会帮忙填交表格或代拿发放物品，此外居委会和居民都会时不时去这些老人家里探望，送去温暖。

其次，“穷乐”也是天桥居民的一大特点。在我眼里，居住在天桥的人们，知足常乐，安居乐业，他们不在意挣多少钱，只图过得舒心快乐。走在街上，时常会看到在树荫下乘凉下棋的人，在胡同里遛鸟、聊天的人，一口京腔，几句寒暄，这是天桥人真实的写照。

除此之外，天桥人也很有娱乐精神。无论做什么工作，他们总会腾出时间一家三口或朋友三五成群地去剧院茶楼听相声曲艺，或者积极参加社区组织的艺术团队，抑或是观看社区举办的文艺节目。还有一些多才多艺的人，他们也从不吝惜展现自己的才艺，时常看到茶余饭后大爷大妈在小巷里颇有兴致地表演起来。可以说，整个天桥在文化的熏陶下其乐融融，精彩非凡。

创天桥文化新辉煌

一个国家、一个民族的强盛，总是以文化兴盛为支撑的。没有文明的继承和发展，没有文化的弘扬和繁荣，就没有中国梦的实现。中华民族创造了源远流长的中华文化，也一定能够创造出中华文化新的辉煌。这就要求我们要坚持走中国特色社会主义文化发展道路，弘扬社会主义先进文化，推动社会主义文化大发展大繁荣，不断丰富人民精神世界，增强人民精神力量，努力建设社会主义文化强国。

随着时间的推进，天桥渐渐地成为一个文化娱乐、商业发展的集中地。如今逛天桥的人，有的是想买点老字号日用百货；有的是想一睹天桥的曲艺风采；还有的是想品尝老北京的风味小吃。这也形成了天桥另一番繁荣的景象，诠释了新的天桥文化。

随着国家对传统文化的重视，互联网的飞速发展，天桥以新的姿态出现在大众的眼中。虽然与过去传统的天桥风格不同，但是精华内容还在，传承的精髓还在。天桥历经百年，从繁荣到衰退再到现在，虽然天桥失去了它原先的外貌，但是今天我们依然可以看到它的朝气活力，传统文化依旧熠熠生辉！

转眼间，实习已经结束了，我们虽然离开了天桥，但天桥的文化永远存在我的记忆中，而且我相信，这种文化一定会发扬下去、传承下去。

皇城根下有天桥

樊佳佳

“天桥者，北平下级民众会合栖息之所也。入其中，而北平之社会风俗，一斑可见。”天桥，有两个含义：一是有桥曰天桥，古时天子通往天坛所必经之路；二是时过境迁桥址不复存在，而街头艺人、街边小贩聚集的“天桥”成了老北京独具特色的平民文化区。北京城最宝贝的，或许不是林立的高楼，不是游人众多的历史古迹，不是紫禁城内金碧辉煌的宫殿，而是深藏在皇城根下老北京人的生活文化。

初识天桥

来到天桥的第一天，我被分到了前门大街附近的留学路社区。走进留学路，我看到的是一片藏在繁华都市中的胡同区。北京的胡同很有名气，它陪伴了北京城 700 多年，一砖一瓦都记录了北京城的变化和北京人“鸡毛蒜皮”的生活故事。与欣欣向荣的胡同旅游胜地——南锣鼓巷不同，初来天桥，却发觉这儿的胡同呈现一副了无生机的模样。巷弄很窄，房屋的不规则建造使它弯弯曲曲，房屋很破旧，露出的砖已被磨平了角，遮雨的瓦也摇摇欲坠，经过时还会闻到从屋子里飘散出来的许久未见阳光的霉味。矮小的屋檐遮不住这片萧瑟，抬起头就能看到周围高耸的楼房。看了看四周，我想，生活在这里的人该是什么滋味，应该不太快乐吧。

那些人儿

初识天桥时产生的刻板印象，却随着我在这里一天天的亲身融入而有了变化。留学路社区居委会是一处小四合院，各个厢房改造成了六个办公室、一个会议室、一个厨房和一个储物间。小小的四合院却挤下了满满二十多号人，一来到这，我们就被各个大哥大姐的称呼给绕晕了。之后，我成了钊哥的小助手，同钊哥和段书记在一个办公室。

钊哥很胖，矮胖矮胖的，夏日的炎热经常让他出一身的汗，唯有办公室里的空调可以稍微减轻他的负担。但他却很少待在空调的保护里，总是乐于东奔西跑，社区里购买物资、举办活动的大事儿都是他给张罗，社区居民遇到了难事也是他帮着解决：给住户清理屋顶，修理住户锈掉的铁门，置办工作用品……他喜欢叫我丫头，见我无聊时常说：“走，丫头，出去逛去！”于是用小电驴载着我走街串巷，逛胡同。

段书记，总是乐呵呵的，每天一大早就来办公室，满脸笑意地和我这个初来乍到的小实习生打招呼，带着无限的热情开始一天的工作。社区的工作比较琐碎，一些看似鸡毛蒜皮的小事却统统需要居委会处理。但我却没有从段书记脸上看到一丝的不耐烦和疲惫，反而，他还常常夸我这个手忙脚乱的实习生。

大哥大姐们和蔼可亲，居委会里一片和睦。谁家有什么乐呵的事，聚在一起分享，街头的小贩一旦卖着香甜的石榴和西瓜，居委会里人人都能品尝得到。

那些事儿

一场突如其来的暴雨席卷了北京，下了两天不罢休。北京处处成了积水潭，居委会门前也有一潭。雨势很大，街上都少有人在行走，从魏公村赶往留学路，一路上全被淋湿了。到了居委会，原以为会少有人上班，却发现大家都淋着雨来了。雨淋湿了年代久远的墙，岌岌可危，所有人都被赶到了南边和东边两间办公室。屋外的雨越下越大，屋内的人聚在一起却不再害怕。到了下午，雨势仍是不减，办公室里的人却不在屋里了，居委会的大哥大姐们冒着雨下户，分头检查这片在暴雨中摇曳的胡同区。南边办公室里的超哥曾调笑说：“别说是暴雨橙色预警了，不管红色还是黑色，我们都要来上班。”上午的一句玩笑话，下午却成了实实在在的实诚话。

再看天桥

雨停了，这片胡同区被雨水洗净后显现出真实的模样。从小喇叭胡同，拐入大喇叭胡同，进入荣光胡同，墙上的路牌在阳光下发光，院子里的藤蔓顺着墙爬出院外；门前笼子中的猫儿正舔着兔子，帮忙顺毛；光着膀子的大爷哼着小曲在道上溜达，脸上有着天塌下来也与他无关的淡定；大妈们养着猫猫狗狗，拉出来聚在一起家长里短。一种“大隐隐于市”的快乐和人情，使周围的环境都生动起来了，来往的人们沾染了一些生机活力。

“酒旗戏鼓天桥市，多少游人不忆家”，清末民初的诗人易顺鼎在天桥写下如此的诗句。百年之后，皇城根下的天桥仍然有着同样的魅力。

天 桥 七 月

曾苧葭

北京迎来了七月，迎来了一个盛夏酷暑的季节，阳光的热烈，从每一天的清晨持续到傍晚。古老而充满魅力的天桥也迎来了它的青春色彩，37名理工学子带着朝气与希望为天桥、为自己书写了一个独一无二、异彩纷呈的七月。

这是第十届天桥实践，从我报名的那一刻起，我就憧憬着去感受天桥的别样魅力。“酒棋戏鼓说天桥”，这里的北京拿不出宏伟的建筑，也给不了宽阔的街道，他只是一个提着鸟笼，哼着小曲儿穿梭在胡同中，偶尔啜一口茶，看一段戏的耄耋老人，褪去繁华与喧嚣，无论周围以怎样日新月异的速度变化着，他始终缓缓前行，保留着这一份古老祥和的老北京。我只想沿着他的脚印，一点一点地进入这样的北京，去感受他的文化，触摸他的灵魂。

天 桥 人

这里是历史上的“平民北京”，居民，是他水乳相融不可分割的一部分。是一滴滴天桥人的汗水，浇筑了天桥的风貌；是一代代天桥人的传承，保存了天桥的精神。从身怀绝技、街头卖艺的艺人到剧场说学逗唱的相声演员，从沿路设置的小摊到传统老店，天桥就这样在时光的浸润中与天桥人一起成长。

天桥人有一种特别的亲近感。在太平街等公交时，人总是特别多，来得稍晚的我排在了队伍的末尾，长长的队伍涌进车内，人还没进完，车已被挤得水泄不通，眼看我不得不等下一辆公交的时候，前面的爷爷突然转过身来说：“你走前面吧，你们年轻人都有事，怕上不了公交，不要耽误了时间。我们啊都是出去转转的，不急不急。”我有些惊异，但更多的是感动，虽然最后爷爷也挤上了公交，但他的理解与善意却深深地印在了我的心里。我相信这是天桥人的精神，是天桥人与人为善的传承。

天桥人也似乎继承了旧时艺人的才能，个个才华横溢，在天桥接触到的叔叔阿姨，爷爷奶奶总能给我意想不到的惊喜，或精于歌唱，或精于演奏，而他们正是天桥魅力生生不息的源泉。

正所谓天桥孕人，人韵天桥。

天 桥 事

天桥的文化丰富，活动更是多姿多彩。在宣传部实习的我，参与到天桥各式各样的活动中，与天桥拉近了距离。

当新闻被各省各地区的水患充斥时，北京也不能幸免，大雨瓢泼，即使撑伞，雨水也肆虐地浸湿全身。但就在这样的天气里，我将去感受一次特别的活动——广场舞大赛。提起广场舞，想到的总是震耳欲聋的音乐，以及在宽阔的平地肆意摇摆的大爷大妈，但这次的活动却让我对广场舞有了新的了解认识。

在前往月坛体育中心的大巴车上，雨水拍打着车窗，大爷大妈们却兴致不减，一个个登“台”亮相，独唱、合唱、对唱、演奏，热烈的氛围、欢欣的笑容、激动的喝彩，在一路高歌、一路欢笑中，我忘记了恼人的大雨，充满了对比赛的期待。“广场舞还能这样跳！”这是我在观看过程中的最大感受，每支参赛队伍都有着独特风格的舞蹈，或亲切，或热烈，有的队伍英姿勃发，有的队伍柔情似水。当叔叔阿姨们化着精致的妆容，穿着与舞蹈相配的演出服，在比赛场上一展风姿的时候，我颠覆了对广场舞的认识，对天桥的群众文化活动不禁有了新的感悟。

群众活动是天桥文化的折射，知识竞赛、社区晚会，游览参观、科普讲座……一个个活动编织出天桥人的美好生活，讲述着天桥的精彩故事。

天 桥 情

“十年天桥情，百人实践路”，我幸运地见证了天桥实践的第一个十年。与天桥的十年，京工与天桥将友谊深扎；与天桥的一个月，我与天桥彼此相记。

我熟悉了每天的四号地铁线与 105 路公交，熟悉了每天路过友谊医院、自然博物馆，我也熟悉了人们每天中午在民俗图书馆的小憩，熟悉了与机关人员的问候。一个月的时间漫长，我经历了盲文图书馆、知识竞赛、广场舞比赛……在人与事中品读天桥；一个月的时间短暂，我似乎还未将它读透，就要遗憾告别，但我会记住那些人、那些事，会记住那些感动与惊喜，更会记住这份不舍与怀念。

实习临近结束时，雯姐送给我们几位实习生一份珍贵的礼物——一份印有我们名字的《天桥报》，接过报纸的瞬间，感动、激动、不舍、骄傲，各种情绪涌上心头。在天桥、在机关宣传部的这一个月，我收获的不仅是个人的成长，更是一份宝贵的天桥情。

七月，我与天桥人共处，听他们讲述天桥的人和事，与他们建立了深厚的友谊。说再见的那一刻，我想，这个七月，我终没有辜负。

天桥情缘

杨乐乐

在实习之前我就知道，最具老北京特色的地方莫过于天桥了。天桥是曲艺文化之乡，曾是全国传统曲艺艺人们聚集的地方，也是宣南文化的发源地。直到今天也还保留着传统的风貌，如闻名全国的“德云社”、“天桥杂技剧院”、“万盛剧场”等。天桥对我这样一个喜欢传统曲艺的人来说，真是有着莫大的吸引力，这也是我之所以选择来天桥实习，做社区主任助理的原因。

话说天桥

天桥文化是北京市井文化的代表，“三教九流、五行八作、什样杂耍和百样吃食”就是对它形象的描写。在天桥市场出售的日用百货和小食品价格非常便宜，受到了社会底层市民的欢迎，在天桥上演的各种民间艺术也大多迎合了底层市民的欣赏口味，其中包括了各地常见的评书、相声、评剧、梆子、大鼓书、魔术戏法，也有比较少见的洋片、训蛤蟆，甚至连市井骂街都成为天桥艺人表演的项目。另外出售药品和医疗服务也是天桥市场的一大特色，一些江湖郎中，在天桥出售自制药品，兼提供拔牙修脚等简单的医疗服务，由于价格远比正规医院和私人诊所便宜，因而深受底层市民的欢迎，这些郎中有时在卖药的同时还会表演武术、硬气功等，非常热闹，传统相声名段《大保镖》就是脱胎于天桥卖大力丸的艺人。在北京甚至还出现了与天桥相关的歇后语：“天桥的把式——光说不练”。

在天桥文化中，值得专门提出的是戏棚。在天桥撂地卖艺的艺人，积攒了一定收入、具有一定经济实力后，便会组成自己的戏班并兴建戏棚，在固定场所演出，天桥的戏棚最多时达到了三十余家，这些戏棚大多以芦席、铁皮板等为主要建筑材料，堆土为台，戏棚规模大者可容纳七八百人，小者可以容纳一百人左右。京剧名角荀慧生、评剧名角都是从天桥戏棚走出去的艺人。

天桥作为北京市井文化的代表，出现在很多文学作品中，鸳鸯蝴蝶派作家张恨水的《啼笑姻缘》、老舍的《龙须沟》等都是以天桥地区为故事背景的。

胡同印记

在天桥，最具老北京风情的居民区莫过于我们的留学路社区了，能够在这样一个几乎都是胡同和四合院的社区实习，确实是我莫大的幸运。记得我在很小的时候，就读过汪曾祺的《胡同文化》，他在文章里这样描述："胡同是贯通大街的网络。它距离闹市很近，打个酱油，约二斤鸡蛋什么的，很方便，但又似乎很远。这里没有车水马龙，总是安安静静的。"从那时候起，我就对胡同十分向往。来到天桥实习后，我终于可以亲身感受到最真实的胡同文化。在我的眼里，胡同是宁静清幽的，清灰色的砖平铺而成的小巷，满墙的牵牛花，胡同尽头，是郁郁葱葱的老树。树下，时常有几位老奶奶坐在椅子上，一边捡菜一边忙着聊家常。还有几位老爷爷，则常常在胡同口的石桌上，摆下棋子，车来炮往地精彩对弈。这里的居民都安居乐业，淳朴善良，彼此之间相互了解，邻里关系融洽和谐。留学路社区居委会也根据这一特点，把打造"亲情社区"、"温馨家园"作为社区主要的特色工作来抓。在这几十天的实习中，我也深切体会到了浓郁的胡同文化、亲切的生活氛围，并为之深深感染。

人情至上

几百年的天桥文化孕育了一代又一代富有人情味的天桥人。我所实习的留学路社区居委会，就是一个最好的例子。居委会虽然不大，但是一个特别具有人情味的集体，从我实习第一天起到结束，这里每日都充满着欢声笑语，每位主任都很热情直爽。在这样一个集体里工作和生活，让我这个性格有点内向的人都被他们的热情和快乐所深深地感染了。虽然每日的工作都很辛苦，但欢笑总会让我们把辛劳忘却。社区的主任阿姨们也都非常爱护我们。初来时，书记向我们详细介绍了居委会工作，并耐心询问了我们的工作需要。平日里，居委会各位阿姨们也十分关心我们，在空闲时会向我们传授人生经验，一起踢毽子、吃水果、开玩笑。在我生病的时候，阿姨们也会对我嘘寒问暖，给我拿药，还有贾姗轶阿姨，还帮我找薄荷叶子降温。在这些可爱的阿姨身边，我们根本不觉得是在这里实习，而是在温暖的家里，像个孩子一样得到呵护。

一个月的天桥社区主任助理暑期实习结束了，怀着一种依依不舍的心情，我告别了天桥。天桥的胡同，天桥的人，在这一个月发生的点点滴滴，我一定不会忘记。

天桥文化，精神瑰宝

颜　笑

天桥之美、天桥之韵，唯有生活在此的人们方能体察领略，正所谓：物华天宝，龙光射牛斗之墟；人杰地灵，徐孺下陈蕃之榻。这儿的每寸土地都被文化所浸养，这儿的每一位才子都为文化而传承。天桥文化，犹如一汪清泉之水，流淌于百年来历史积淀的文化圣地。

今天的天桥，虽时过境迁，杂耍艺人撂地做台、往来生意络绎不绝的盛况已不再，但留给我们的文化底蕴却仍能够从风土人情中窥见一斑。我们的天桥实践团有幸在此实践，用心感受、用耳聆听，觉察着、感受着天桥不一样的美。

文化为根，传承为本

现如今，我国经常会出现老手工艺找不到传承人，一项伟大的文化遗产面临失传的困境。时代的变迁与发展使人们已经习惯了工业生产的流水线产品，却总觉得缺乏了某些特色与人情味。孩子们在这样的环境中长大，自然也容易对这样一类需要耐心、细心、恒心、决心的手工艺丧失兴趣。这便更加加速了文化遗产的断裂消亡。为了改变这一现状，天桥实践团做出了许多努力。

天桥实践团在此一个月中，协助天桥街道办事处开展了 4 次“快乐暑期，天桥学艺”的活动。先后组织下辖 8 个社区 160 余人次的儿童、青少年参与天桥老手工艺的学习。画脸谱、捏面人、画扇面、唱京戏，每一项技艺都是智慧的结晶。我们的实践团成员每日化身为安全员，将各个社区报名参加活动的儿童从社区安全带领到天桥街道，陪伴孩子们一起学习、一起体验传统的手工技艺。同时，在天桥街道社区青年汇的带领下，我们全体实践团的成员有幸跟随青年汇的伙伴一起前往天桥工美大厦、宣武区消防支队开展文化参观、技能学习的活动。这让我们常年埋头苦读圣贤书的大学生也有了丰富实践机会，心中激动不已。

天桥的智慧，便在于将传统文化作为根基，从娃娃抓起，从青年做起。将枯燥无味、烦琐复杂的老技艺简单化、年轻化，吸引孩子们的兴趣，抓住孩子们的心。通过组织此类的活动，让儿童对于传统文化有所接触与了解，同时慢慢培养出兴趣。将原本单线传承的文化，变为人尽皆知的艺术爱好，使文化之根能够在现代天桥开枝散叶、发展壮大。

老年文化，别样精彩

天桥街道是一个老龄化程度较高的街道，各社区的居民比例结构中老人占到了相当大的比重。因此，丰富老年人的精神生活、提高老年人的生活质量也变成了街道与社区的重大任务之一。

天桥实践团协助街道及各社区开展了一系列敬老爱老的活动。这样一方面增加了我们大学生对于老年人生活现状的了解，锻炼了同老人沟通交往的能力；另一方面也通过为老年人服务，拉近了我们同当地居民的距离，收获了自我价值感的提升。无论是天桥小区社区的“老年交谊舞汇报演出”，还是香厂路社区的“老党员活动”，抑或是天桥街道的“居民红十字急救培训”，各类活动充实着每位老人的日常生活。对于腿脚不便常年卧床的老人，我们也会经常入户走访，关心老年人的身体、心理健康，陪老人聊聊天、下下棋，聆听着他们讲述过去的故事，感受着老年人宝贵的思想财富。

这一个月，我们通过与老人的交流与相处，才发现老人们曾经经历过的精彩人生是如此宝贵。一位位老人就像一本本活的历史文化典籍，从同他们的交谈中能够领略老北京的风土人情、历史的真实写照、对待问题的辩证看法、给青年人的中肯建议……有时老人偶尔会为你哼两句老天桥的曲调，从那悠扬的旋律中感受着岁月的魅力。

友邻互爱，民风淳朴

“路不拾遗”、“夜不闭户”是我们对于邻里关系、社会治安的美好向往。天桥街道淳朴的民风、热心的居民用他们的思想与行动感染着实践团的成员。

来到社区与街道以前，从没想过居委会可以是这样一番场景：居民同居委会的成员如家人般开玩笑，居委会的大哥大姐像对待自己家的孩子一般对待着我们，居民之间热情地打招呼、唠家常，孩子出入居委会就像自己的家一般……这让我们不禁被天桥这片土地的包容性所折服。从小生活在高楼林立的城市中的当代大学生或许很久没有感受到这种远亲不如近邻的感觉了，或许原来我们的观念中，街道与居委会是一个严肃的场所，有着一群大妈级的工作人员不太容易亲近。但是从我们来到天桥、投入实习岗位的第一天，我们的旧观念就受到了冲击与颠覆。午休时间工作人员带来一个大西瓜，切好后，大家便会如家人般围坐在一起笑着享用，来往路过的居民也会在我们的招呼下，来到居委会一起分享西瓜的甘甜、人心的温暖。如此其乐融融的场景怎能不让我们感慨颇深。

转眼间，已到了离别之际，心中的不舍、牵挂仍旧有很多很多。孩子们的活泼可爱、老人们的和蔼可亲、大哥大姐的谆谆教导、天桥的风土人情依旧会带给我们回忆与思考，这段经历受用终身、刻骨铭心。

“随风潜入夜，润物细无声”。现如今，天桥文化这一汪清泉之水也已流淌在每一位天桥实践团成员的心中。我们爱你，天桥。

我怎么舍得离开天桥

何颖哲

北京下雨了，在我即将离开天桥的这一天。回想这一个月的实习生活，每天路过的小巷、德云社，那充满京腔的邻里街坊、热情的居委会大哥大姐，依然历历在目。

常记溪亭日暮，沉醉不知归路

我不知道我曾经待过的这个天桥社区居委会的小院子，被大雪覆盖后将会是什么样子，香椿树和柳树的叶子在秋天会不会掉光，深灰色的瓦檐上长着枯黄的狗尾巴草，上面莹白的雪在阳光下会发出什么样的光泽。或许那几盆花早就被郑姐搬回里屋了，张姐那只从容自在盘踞其中的猫咪“妞妞”会不会依旧在院子里悠闲踱步。

来天桥之前，我心里的北京，是奇高无比的房价，是拥堵不堪的交通，是让人心力交瘁的污染，是无穷无尽的陌生面孔。然而这一个月的实习生活，使我感受了的最真实的天桥文化，见识到了不一样的北京。留学路的胡同里白天到处是小商贩叫卖声、自行车铃声、汽车喇叭声、讨价还价声、鸽子咕咕声以及街坊间偶尔的招呼声，这些都是让人得到安然和抚慰的自然之音、温暖之音。出去走一圈儿，到处都有遛狗的大妈、和街坊聊天的大爷，以及在门口吃着饭，旁边还蹲着狗的小商贩……一切都是那么自然和谐，充实而安逸的生活气息，让人感受到高楼大厦之外的独特城区风光。

兴尽晚回舟，误入藕花深处

我眼里的天桥，是一片温暖又寒冷、狭窄又宽广的土地。天总是很高，风总是很大，灰色时滞重，蓝色时明媚，人们在这里吵吵嚷嚷，悠悠闲闲，能摸到生活的每一寸肌骨的地方。我眼里的天桥人，个个都热情坦荡，个个都大大咧咧，个个都乐于助人。郑姐请吃冰棍儿，张姐给买红茶，曹姐张罗着要给我们介绍对象，还有热心的街坊给我们指路，告诉我们哪儿有好吃的卷果。北京的这些阿姨、大爷大妈，和我不存在任何代沟，让我这样舍不得分别。还有天桥小区可爱的孩子们，才8岁就能流利背诵《木兰诗》和《口技》的宗旭，做游戏时不小心碰掉了树叶皱着眉问我“树会不会疼”的佳冀，腼腆但一直拉着我的手叫我“老师”的萱萱……我想如果不是在这里实习，我从来不会相信自己也有能力带好六个七八岁的孩子，我也不会发现孩子们的世界是那么纯洁可爱。

这个月下了很多场雨。我很喜欢雨后的天桥，每当雨停，我都会站在窗前看会儿外面的景色。这里的一切都被镀上了一层金色，一边灿烂一边凋零，一阵北风一阵落叶雨。天空高远明净，阳光暖黄透明，北京西城区的街道瓦灰色和天空的湛蓝色是我心中最能代表北京的颜色。空气里夹带的潮湿，润了有些干燥的我的脸。回忆着一个月的实习，回忆着这段充实而美好的日子，回忆着天桥社区的每一个人。猜想着在这么一个下雨的日子里，张姐又要说“终于下雨了，这天快热死人了”，郑姐总会说“我今天穿的白鞋子又要跳水了”……

争渡，争渡，惊起一滩鸥鹭

晴天时，天桥的天空被高楼大厦分割得支离破碎，还有那些无情的电线。我赶紧找了一个稍微空旷一点的地方，希望看见更美的北京的上空。半边淡黄，半边如泼淡墨，淡黄里点缀着些别致的墨点，形态各异，奇形怪状，宛如哪位大家的名作。一阵风吹过，抚过静心湖畔的柳枝，撩起我的发，拨动我的心事。远处霓虹闪烁，充斥着我的双眼，拖回视线倒不如路旁的那些昏黄的路灯。他们永远守卫着城市夜的喧嚣和宁静，濡染着黑暗里的我。突然被远处传来的排练声惊了，回眸间斑驳的树影里透着点光亮，猫着身子仔细看见了点窗户的轮廓。繁华中，沉寂了千年的梦，渐行渐远的脚步，落下的是尘土，积淀其中的是无声。

也许今年的天桥会下一场大雪，大到把一些树都折断，可是我没赶上。天桥的冬天，天桥的雪，天桥的胡同，天桥卖晚报的老爷爷，天桥的街坊邻居，天桥树下休憩的猫。我怀念天桥，就像怀念在我生命中活生生存在过又失去的时间，怀念那一去不复返的朴素而幸福的生活，怀念在这片热土上奋斗整整一个月的实习经历。

十年树木　百年树人

关于社区学院在建设学习型社区中作用的调研报告

——以天桥街道为例

姜　彤

摘要：社区教育是建立和完善终身教育体系必不可缺的基础和条件，在建立学习型社会中扮演着重要角色。社区学院是建设中国特色社会主义社会的必然产物，社区学院是开展社区教育最重要的载体，也可以说是人才培养的一种新模式。它贴近区域经济和社会发展的实际，立足社区，服务社区，满足社区居民不断增长的对各种教育的需求，有利于全民学习、终身学习的学习型社会的形成、人与社会的和谐发展。本文以北京市西城区天桥街道为例，具体阐明社区学院在建设学习型社区中所发挥的重要作用。

关键词：社区学院；学习型社区；社区教育

一、引言

随着中国现代化、国际化进程的加快，中国社区教育在促成社会成员全面发展中的积极作用得到愈加广泛的体现，并已成为推进新世纪中国社区建设的重要动力。党的十六大提出了“形成全民学习，终身学习的学习型社会，促进人的全面发展”的奋斗目标，党的十七大再次强调，到2020年要达到现代国民教育体系更加完善、终身教育体系形成的重要目标。

社区学院的兴起是我国在知识经济时代建设终身学习型社会，推进学习社会化与社会学习化双向互动的重要措施。在全民普遍参与的情况下，将会显著提升社会公民整体素质。社区学院在中国作为新兴的教育形式，还有待我们结合地区具体情况不断地认识与建设，天桥社区分院也处于社区分院蓬勃发展的潮流中，并在发展中呈现出自身的特点。

二、社区学院的界定与发展现状

社区学院是开展社区教育最重要的载体，是以区属成人高等学校为主体，整合区内电大分校、职业学校、老龄大学、成人学校以及其他教育资源组建而成的，本身不具有独立法人资格，各组成单位保留独立法人地位，相对独立办学。从我国教育体系的划分来看，社区学院总体上应该属于非全日制教育，有别于传统的学校教育体系。

社区学院的主要办学职能是面向全区居民开展高等职业教育、成人高等教育、岗位培训、继续教育和多种形式的社会文化生活教育，承担对地区、社区教育的研究、教育教学指导、课程教材开发和社区教育工作者培训等工作职能。

我国社区学院出现在20世纪90年代中后期。随着社会主义市场经济体制的建立和发展，进入新世纪，社区教育受到了教育部和地方党政部门的高度重视，社区学院建设力度不断增强，相当多的地区建立了社区学院。

目前，北京市18个区县基本建立起了社区学院、街道社区教育中心、居住社区文明市民学校三级社区教育培训模式，而建立社区学院的区县一般把社区学院定位于本区县社区教育的龙头。经过十年的探索与实践，社区学院基本具有两个主要功能：一个是学历教育的功能，举办专科层次的成人学历教育；另一个是非学历教育功能，举办形式多样的技能培训和社会文化生活讲座等。社区各种年龄和各种职业居民的教育需求，一般可以在社区学院中得到满足。社区学院已经逐渐成为发展社区教育，构建终身教育体系的重要组成部分，成为建设学习型城市和学习型社区的一支重要力量。

三、天桥街道社区学院发展基本概况

天桥街道早在1991年就成立了街道社区教育委员会，将社区教育纳入街道的一项重点工作，当时以青少年校外教育为重点。随着党的十六大提出“形成全民学习，终身学习的学习型社会，促进人的全面发展”的战略，以及落实教育部“面向21世纪教育振兴计划”的需求，2001年11月，成立了宣武社区学院天桥分院，是宣武社区学院中八个分院之一。天桥分院作为宣武社区学院八个分院之一与辖区单位签订了资源共享协议，北京育才学校成为天桥分院的办学基地。中国古代建筑博物馆、北京自然博物馆、湖广会馆、北纬路中学、徐悲鸿中学、新世纪实验小学、虎坊路幼儿园、友谊医院等10多家公共教育资源单位为天桥分院提供优秀的师资力量和现代化的教学设施。

四、天桥街道社区学院在建设学习型社区中的作用

（一）资源整合的现代办学模式，满足居民学习内容和学习方式的多样化需求

天桥分院实体由四方面资源构成：一是街道工委办事处作为投资主体的代表，处于办学的主导地位。街道机关办公大楼为分院提供学习场地和教学设施。二是以育才学校为代表的社区内资源单位，为分院提供办学场地、师资力量、学习设施和后勤支持。三是分院下属的四个研修中心，即博物馆与自我学习研修中心、健康娱乐研修中心、天桥民间工艺研修中心和中国传统文化研修中心，以整合社区优质教育资源为主，集社区教育研究、学习项目开发和招收社会生源为一体。四是分院在街道所属社区设置 8 个学区为分院的教学分部，学习载体为市民学校，学区管理者为社区居委会（图 1）。经过多年的办学实践，天桥分院逐渐形成并确定了“以街道为中心、以学校为基地、以分院为龙头、以社区为目标”的多元整合的社区教育模式。

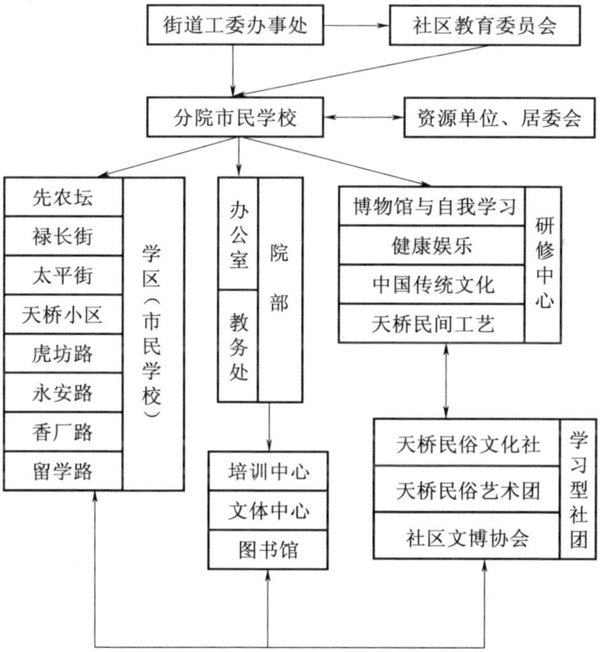

图 1　宣武社区分院天桥分院管理架构

多年来，四方资源相辅相成，不断完善，为满足居民日益增长的多样化学习需求提供了有力保障。

（二）大众化的办学理念保障广大人民群众的学习权利

天桥社区分院以“依靠社区、服务社区、促进社区发展”为办学宗旨，以居

民需求进行课程设置，以公益性为原则，以灵活开放的办学方式为特点，以学习型家庭、学习型组织、学习型社区的培育和特殊人群的教育为重点，不断扩大社区教育的覆盖面。

社区分院的成员非常广泛，年龄兼顾了低龄幼儿、少年、成年、老年四个年龄段，从1岁到80岁不等；社会层次从低保人员到高级知识分子不等，形成了社区成员广泛参与学习的局面。分院是非营利性的办学机构，任何居民都可以申请课程，参加课程需要缴纳10元左右的费用，这些费用全部用于教学设备、课堂奖品等，同时也起到维持学员学习积极性的作用。

此外，为了更好地开展教育工作，社区分院首先从调查研究入手，在三个社区发放调查问卷，了解居民对终身学习、全民学习的认识，了解群众对社区教育的需求，并在分析调查结果的基础上提出课程设置的初步设想。其次，组织召开社区教育委员会，专门讨论社区教育问题，统一思想，确定办学思路，使课程设置满足民众的多元化需求，提供包括提高个人素质，改善生存质量的课程；为求职者提供的拓宽就业渠道、培养发展能力的课程；满足居民休闲娱乐需要、丰富居民精神文化生活的休闲教育课程等。

（三）立足社区地域文化特色，以民俗文化为依托，继承和弘扬优秀传统文化

天桥是个有着深厚文化底蕴的地方，自古就有“酒旗戏鼓天桥市，多少游人不忆家”的美名。从过去到现在，天桥的特色文艺在形式上不断地流变，但始终传承天桥人特有的文艺气质和自我学习与创新改造精神。现代天桥更是依靠社区学院、市民学校推进市民的特色学习、终身学习，在街道和居民的共同努力下，逐渐形成浓厚的学习氛围和艺术气息。天桥街道社区分院立足自身特色，以老北京民俗文化为依托，寻访天桥老人及其传人，组织各种类型的社团，开展丰富多彩的民俗演出活动，成立了天桥文化发展促进协会和天桥民俗艺术团，举办了天桥民俗文化节。广泛吸纳热衷于中国传统文化、有一技之长的专业人士和广大爱好者，特别是天桥民俗文化多个门类的传人和爱好者参与打造天桥新市民文化，调动了广大社区居民参与社区学习的兴趣和投身社区活动的热情，每逢节日来临或重大活动，居民可以亲自参与。出色的表演提升了社区居民对传统文化的认同感、对社区的归属感，增强了社区的文化底蕴，也提高了生活水准和满意程度。同时也为老北京的优秀传统文化提供了一个传承与发扬的平台，让“老文化”有“新发展”，成为促进社会主义精神文明建设的重要力量。

（四）弘扬志愿精神，倡导居民自治，不断增强对“全民学习、终身学习”的理解

天桥街道社区学院在人才管理上有着其自身特色。分院重视吸引知识型人才参与社区管理，赋予他们一定的权利，推行居民自治。社区各课程班都是由志愿

者骨干负责，实现对社区知识的流动管理。同时社区分院鼓励居民成立学习小组，以营造促进学习的环境和氛围，支持和鼓励成员的学习活动，以团队的力量带动个人。居民们在自治与互助中对“全民学习、终身学习”的理念有着更进一步的理解与认识。

其中，天桥社区分院的各类课程尤其为在家赋闲的离退休老年人提供了学习机会与学习平台，在社区学院的课堂中不仅有知识技能的学习，更加注重通过终身学习的理念引导老年人健康快乐积极地生活，组织老年课堂，尽己所能进行公益活动，为社会做出自己的贡献，实现自我价值的延续与创造。

“快乐英语学习班”的创办人冯大明老师则是其中的杰出代表。每个周一和周三的上午是学习班上课的时间。参与者都是一些中老年人，但在他看来，在他的课堂上没有老奶奶老爷爷，只有精力充沛的老小孩儿们。冯老师在课堂上反复强调终身学习对于一个人的积极意义，并将终身学习的理念概括为 7 个词：即需要、信仰、时尚、奋进、奉献、团队和快乐。而他的老年学生们对此有着强烈的认同和感受，并不断通过自身的志愿服务活动将此理念广为宣传。

五、问题与展望

社区学院在我国社区教育中的发展尚处于起步阶段，天桥社区学院在天桥街道大力推动、多方资源共同配合，社区居民努力支持、积极参与下不断发展，几年来已经取得了显著成效，但仍有些问题需要各方进一步思考。

（一）扩大学员范围，使更多人参与并从中获益

天桥社区学院目前主要针对的人群是老年人、青少年及低保户群体，在职青年人的课程参与非常不充分。这与不同年龄层的发展任务相关。但社区学院的建设所面对的是全体社区居民，而非仅仅是为闲暇人群建立的休闲娱乐场所。此外，建设学习型社会则更是要求“全民学习、终身学习，促进人的全面发展”。而作为社会发展的中生代力量的中青年则更应该积极参与到社区教育与社区文化活动中来。

（二）社区学院建设应提高师资力量，增加专业教师比例

天桥社区学院的教师中有很大一部分是志愿性的，这有着其自身优势，但其更多则是以教师与学员自身娱乐为主，教学课程的稳定性、连贯性与专业性都有待提高。由此看来其教学质量并不是很高，需要进一步加强与规范。

（三）社区学院建设应加强体制性保障

社区学院发展需要明确的政策和法律保障。立法部门和政府机构应通过法律或政策，进一步规范社区学院建设，赋予社区学院正式“名分”，并在经费、人员等各方面给予稳定保障。

关于整合社区教育资源和拓展社区青少年教育新思路的调研报告

——以天桥街道为例

黄燕瑜

摘要：党的十七大报告中提出“建设全民学习、终身学习的学习型社会”。学习型社会的基础是学习型社区，随着社区建设的不断推进，社区教育已日趋彰显其重要性，社区青少年教育更是社区教育中不可或缺的部分。本文通过阐述天桥街道针对社区青少年举办的系列活动，对天桥街道社区资源利用情况和社区青少年教育思路进行经验总结，目的在于进一步整合社区教育资源，进而针对社区青少年教育资源的利用和开展思路提出建议，提升社区教育质量和效益。

关键词：社区教育资源；青少年；社区教育；新思路

一、引言

（一）研究背景

党的十七大报告中提出“建设全民学习、终身学习的学习型社会”，学习型社会的基础是学习型社区，要建设学习型社区就得做好社区教育工作。社区教育是社区建设基础性、先导性的工程。随着社区建设的不断发展，社区教育日益显现出其重要性。

教育要从娃娃抓起，社区青少年教育是社区教育中的重要组成部分，是社区建设的一项基础性工作。青少年是家庭的中心，是国家的希望，是未来经济建设和社会发展的主动力，社区青少年教育在社区建设中具有重要作用。首先，社区青少年教育是基础教育的延伸、拓展和补充，是以实践活动为重要手段的开放式的社会性教育，可以更多地发展青少年的兴趣爱好，培养青少年的社会能力，全面提高青少年的能力和素质。社区青少年教育在一定意义上是学校教育内容的进一步拓展，也是学校个性化教学和因材施教的补充和延伸。其次，社区青少年教育体系建设是构建终身教育体系的基础。社区青少年教育的不断加强和广泛开展，体现了社会、学校以及家庭在树立终身教育理念，开展形式多样的社会学习和实践活动，有利于提高社区青少年整体素质和文明程度。

开展社区青少年教育离不开一定的教育资源。开发和充分利用社区教育资源，最大限度地实现教育资源的共有、共享，是大力发展社区青少年教育的重要基础。整合社区教育资源，就是要充分挖掘社区内的有形和无形、显形和隐形教育资源进行利用和共享，使其成为社区青少年校外教育的宝贵资源。

（二）研究问题的定义

1. 社区教育

社区教育是在一定区域内，充分利用各类教育资源，开展旨在提高社区全体成员整体素质和生活质量，服务区域经济建设和社会发展的教育活动。

2. 青少年

现代心理学根据个体发展和性成熟阶段的不同特点，将青少年进一步划分为少年期和青年期，但这两个时间的期限是相对的，其中有部分交叉。人们习惯把这两个时期统称为青少年。本调研所指的社区青少年主要是社区内 6 ~ 18 岁的青少年，包括中小学生，即小学一年级到高中三年级（包括职业高中）之间的在校学生。

3. 社区教育资源

社区教育资源是指一切可供社区教育活动利用的资源，是人力、物力、财力等有形资源和政策、制度、文化等无形资源的总和。

二、天桥街道社区教育发展现状

（一）基本实现“依托天桥地区文化资源，提高社区青少年文化素养，传承传统民俗文化”的地域特色

天桥街道充分利用了天桥地区文化底蕴深厚的现状，与生活在天桥街道的青少年学生特点相结合，初步形成了与学校教育不一样的社区青少年教育方式，通过寓教于乐，让青少年们自己动手，通过实践来增长知识，而不是仅仅依靠学习理论来提高青少年的素质。现在已经形成的具有规模性的活动有天桥街道每年都会组织“快乐暑期，天桥学艺”活动，这一活动一方面很好地利用了天桥地区丰富的文化资源；另一方面也起到了传承教育作用。2006 年就以“传承天桥民俗文化争做社区阳光少年”为主题开展了暑期系列活动，将社区青少年教育与天桥的传统民俗文化相结合。如与天桥民俗工艺坊合作，教青少年学生画脸谱，同时授以社区青少年脸谱以及天桥文化发展历史。此外，天桥街道还邀请著名民间工艺美术家传授老北京民间传统技艺，与青少年共同制作毛猴。

天桥街道依托地区传统民俗文化，巧妙地将社区青少年教育与文化传承相结

合，在传承民俗文化的同时，扩展了社区青少年教育的思路。

（二）逐步建立了“一个共性，八个特性，统筹兼顾”的社区教育系统

天桥街道根据青少年时期学生的特点开展活动，八个社区在天桥街道的统筹下，积极配合，组织社区青少年参加街道举办的暑期活动。八个社区再根据自身社区青少年的不同情况，因人而异地进行社区教育。

比如天桥街道办事处文教科根据青少年特点以及以社区校外教育为出发点，以实践活动为手段，在2011年暑期就组织社区青少年学生观看环保主题电影《动物总动员》，寓教于乐。此外，还举办以“环保小卫士，低碳我先行”为主题的变废为宝手工制作展览，宣传低碳生活理念。

以天桥街道办事处组织的活动为主，八个社区根据自身社区青少年的具体情况开展社区教育。以香厂路社区为例：流动人口多是香厂路社区的特点，外加自办教育机构香厂路小学，社区学生较多。香厂路社区根据此特殊性，建立了一种基于大学生志愿者和居民志愿者整合社会资源的模式，开办“阳光课堂”，使社区流动人口孩子的学习及家庭教育问题得到关注，使学生在课余时间有地方进行课后及课余时间学习，解决学习问题。

天桥街道充分利用天桥地区共性资源，再依据八个社区独特的地区特色，根据不同社区青少年不同的情况开展社区青少年教育，使青少年学生在受到一致性的社区教育的同时，也能根据自身优势与劣势接受不同教育，促进社区青少年学生的全面发展。

（三）初步探索了“建立社区德育教育基地，搭建多方面实践平台”的社区教育模式

自20世纪80年代开始，天桥街道从抓校外教育入手，建立了七个社区德育教育基地，成为青少年社区实践和社区教育的课堂。天桥街道办事处充分挖掘社会资源和教学所需的教学场所、教学设备、图书资料等资源，为社区青少年建立社区德育教育基地。为了整合更多社区资源，为社区青少年提供更多的教育资源，天桥街道与地区单位签订社区教育资源共享协议书，将社区资源共享落到实处。例如，天桥街道社区教育委员会与武警七支队共建社区少年军校；与中华电影娱乐宫签订协议，为社区成员提供低价服务；与徐悲鸿中学协商，将学校心理咨询热线面向社区学生以及家长开放。

天桥街道办事处通过挖掘整合社区资源，发挥辖区优势，建立社区德育教育基地，不断完善基地组织建设，为社区青少年创造更优越的条件，并且将社区教育资源共享纳入协议，为社区青少年教育搭建不同的实践平台，促进社区青少年全面发展。

三、天桥街道在整合社区教育资源方面存在的社区青少年教育问题

总体来说，天桥街道对于社区教育资源已做了一定程度的挖掘与整合，形成了独特的社区青少年教育思路。但由于多种因素的限制，整合的程度还不够，这可能会对社区青少年教育工作的开展效果造成影响。通过天桥街道的一些文书资料和 2011 年暑期青少年活动来看，存在以下一些资源利用问题：

（一）社区青少年教育受到场地、设备等硬件设施方面的限制

除了充分利用了天桥辖区内的古建筑和电影院等场地资源外，天桥学艺活动的开展场地在天桥街道办事处三楼图书馆，场地空间有限，可容纳的学生数量较少。此外，图书室藏书较少，书籍也较为老旧，没有及时更新。图书室也并不是青少年活动的专场，而是社区人员共享。由此可看出，辖区内适合青少年教育活动的场地较少，且场地大小受限，这说明资金投入可能不足，社区青少年教育受到物质资源不足的限制。

（二）社区青少年教育的专职工作人员较少，人力资源较为缺乏

虽然天桥街道设立了社区教育办公室，并且八个社区都有青教主任，但是并不是专职负责青少年教育，难以提供更优质的服务。随着社会教育化的进一步发展，社区青少年教育的进一步完善，专职工作人员的缺乏可能会对社区青少年教育的全面发展带来影响，为防患于未然，减少隐患，街道应该进一步整合社区教育人力资源，从而促进社区青少年教育更好更快的发展。

（三）家庭教育资源利用程度不够充分

在教育逐渐社会化的今天，社区、学校和家庭都承担着培养青少年的任务。可见家庭教育在青少年教育发展中的重要性。也说明社区青少年教育与家庭存在密不可分的关系。依据天桥地区暑期活动的开展情况来看，在社区青少年教育中，家庭这方面的资源的利用和整合程度还不够。体现在教育活动开展中，家长的配合度以及社区与家长的交流和反馈方面的工作做得还不到位，没有与家长保持良好的互动关系，形成反馈系统。这可能会导致社区青少年教育方面的漏洞，社区与家庭教育要相结合，共同促进青少年教育的发展。

四、对策和建议

（一）“开辟专门活动场所，提供专业服务”的教育思路

街道应尽量争取在社区青少年教育方面投入资金，开辟青少年专门的活动场所，更新图书等资源为青少年提高更好的服务。此外，还可以未雨绸缪，多吸收优秀的专职社区工作者，为社区青少年教育提供更多的教育资源。

（二）“加强社区教育与家庭教育的联系，二者结合共同促进青教发展”的教育思路

社区要开展好青少年教育，就要重视家庭教育。针对街道与家庭的互动不够的情况，应加强家庭教育和社区教育之间的互动和联系，两个方面的教育接上轨，进而与学校教育三方形成合力，促进青少年的发展。比如说，社区里可以设立一个家长信箱，收集家长与青少年的互动交流中遇到的问题，家长遇到家庭教育方面的问题可以与社区青少年教育专职人员一起交流，社区人员也可以通过与家长的交流了解社区活动的效果。进而反思，为下次活动的开展做好总结，以求进步。也可以在交流中，征求家长的意见，集思广益，针对青少年心理特点，开展更好的社区教育活动。

（三）“挖掘潜在资源，增强社区认同感，加强自我教育”的教育思路

目前的社区青少年教育思路大部分是由街道或者社区组织学生参与社区教育，是一种被动等待的情况。社区并没有办法时刻组织活动，所以要让青少年保持一种自我教育的状态，这与社区认同感紧密相关。

在社区教育资源中，有一种潜在资源，包括社区受教育对象的归属感、参与感。可以深入挖掘这方面的资源，扩展新的教育思路，通过从小教育青少年，帮助社区青少年形成社区认同感和归属感，进而更好地与社区融入，与社会接轨。具体措施例如：在天桥街道广场宣传栏粘贴宣传社区的海报，让社区青少年在平时也能了解天桥地区的发展历史以及发展现状，了解天桥，与有荣焉。或者举行天桥地区文化主题的竞赛，利用天桥地区深厚的文化底蕴设计题目，通过比赛形式调动青少年参与活动的欲望，以天桥文化为载体，促进青少年对辖区文化的认同，一方面加强文化传承，另一方面加强社区认同感。通过以上思路和方式，促进青少年形成社区认同感，以内驱力推动自身发展，更好地融入社区活动，加强自我教育。

（四）加强社区青少年教育专职后备人才的培养

目前社区青少年教育专职教育人才十分缺乏，除了上文提到的并非专职人员以外，还存在着频繁辞职，或者是工作交替等现象，使负责青少年教育的人员不断变化。针对这一问题，社区可以在适当的时候，向社会公开招聘一些具有这方面能力的专职人员，或者请一些对青少年教育经验丰富的老师作为社区的青少年教育顾问，以此来提高社区在青少年教育方面的专业程度。

五、结语

总之，社区青少年教育是社区教育的重要组成部分。建立学习型街道刻不容缓。因此加强社区青少年教育更是要抓牢的部分，打好基础，才能使整个学习型

街道体系发展得更好更完善。街道要深入挖掘社区教育资源，保持开放的心态和敏锐的观察力，尽可能发现一切可以利用的物力、人力和环境资源；也要征求社区人士的建议，做到博采众长，再依据青少年学生的兴趣和发展进行社区教育，使之能与社区融入，与社会接轨，更好地促进自身健康成长，全面发展。

小学生父母亲职教育需求调查

——以北京市西城区天桥街道为例

徐文倩　于子涵　赵　婷

摘要：为了解小学生父母亲职教育需求状况及其影响因素，并对其参与亲职教育活动的动机和阻碍进行探究，本文采用问卷调查法，对北京市西城区天桥街道小学生父母进行横断面调查。结果发现：小学生父母亲职教育需求较为强烈，其中内容上教养子女的知识需求最大，方式上亲师互动需求最大。父母身份和年龄、孩子就读年级，以及家庭结构和家庭收入等，都会影响父母对亲职教育内容的需求。小学生父母参与亲职教育的动机主要是意识到“有需要”。活动信息缺乏和活动地点时间不符合需求是阻碍父母参加亲职教育的主要因素。建议今后亲职教育在政府部门、社会力量以及父母自身共同努力下，以多样化方式有针对性地进行开展。

关键词：小学生；亲职教育；需求；动机；阻碍

一、前言

家庭是社会的基本单位，是儿童身心发展的重要场所，也是与儿童关系最为密切的社会团体。家庭中的最主要成员——父母，是孩子的第一任教师，父母的教养方式及其所营造的家庭环境氛围对儿童的性格、心理、价值观、行为方式都会产生深远持久的影响。当前许多儿童、青少年问题都源于不良的家庭环境和不当的家庭教育方式。从更长远角度来看，父母的教养观念和技能的提升不仅是关乎个人、家庭的私事，更是关乎一国国民素质和民族未来的重要事业。

“亲职教育”亦称“家长教育”，指协助为人父母或将为人父母者，了解自己的职责，提供有关儿童、青少年发展的知识及正确的教育态度，以使其扮演称职父母的教育过程。有研究表明，实施亲职教育能够帮助父母获得更多社会支持，有助于父母提升教养技能。

在西方发达国家，亲职教育已有近百年历史，对该领域的研究较为深入，亲职教育实际发展模式也日益趋向成熟。美国亲职教育用“父母行为量表”来测试父母亲的家教行为和处理亲子关系的水平与能力。德国设立“双亲学校”对青少年子女的家长专门进行亲职教育。我国港澳台地区亲职教育受西方影响起步也较早。近年来，我国台湾地区对新移民家庭父母尤其是母亲的亲职教育需求研究较多。许多机构以多种方式积极推展亲职教育，如母职干部讲习班、父母管教问题座谈会、父母咨询会谈、妈妈教室，等等，颇受家长们的重视与欢迎。

相比之下，我国大陆地区亲职教育在学界研究上还不系统，在实际开展中，也常常遭遇实施范围小、受众少，内容形式单一，缺乏规范性等问题。总体来看，亲职教育在我国当前的社会发展中具有现实性和紧迫性。《中国儿童发展纲要（2011—2020）》中提出了“提升儿童家长素质，提高家庭教育水平的目标，倡导更多开展家庭教育指导和宣传实践活动，多渠道、多形式持续普及家庭教育知识，将家庭教育指导服务纳入城乡公共服务体系”。本研究对父母的亲职教育内容需求和方式需求进行了调查和评估，同时调查了影响父母参加亲职教育活动的动机和阻碍，从而为更有针对性、更具中国特色地发展我国的亲职教育探索方向，提供建议。

二、资料与方法

（一）研究对象

采用整群抽样的方法对北京市西城区天桥街道（主要是禄长街和香厂路两个社区）的小学生父母进行调查。共发放问卷 120 份，回收有效问卷 101 份，有效回收率为 84.2%。表 1 为此次调查对象的基本人口学信息。

表 1 调查对象的基本人口学信息

调查对象（小学生父母）及其家庭的基本信息			
变项	组别	人数	百分比 /%
与孩子的关系	父亲	34	34
	母亲	66	66
户籍所在地	农村	46	46.5
	城市	53	53.5
实足年龄	35 岁以下	34	34
	36 ~ 45 岁	54	54
	46 岁及以上	12	12
受教育程度	小学及以下	5	5
	中学、职高	64	64.6
	大专及以上	30	30.4

续表

变项	组别	人数	百分比 /%
家庭结构	单亲	8	8.2
	双亲	90	91.8
家庭子女数	1 位	57	59.4
	2 位	33	34.4
	3 位	6	6.2
家庭月总收入	5 000 元及以下	51	52
	5 001 ~ 12 000 元	36	36.8
	12 001 元及以上	11	11.2
亲友支持情形	常常可以获得帮助	31	32.3
	有时可以获得帮助	50	52.1
	从未获得帮助	15	15.6

（二）研究工具

“小学生父母亲职教育需求调查问卷”：该问卷主要参考了我国台湾学者张淑芬和王以仁（2004）在《原住国民小学童家长亲职教育需求之研究》中所用的问卷，并根据对调查对象和地区的前期实际考察结果修改、编制而成。本问卷由三大部分组成：第一部分是被调查者的基本人口学信息，包括父母个人、小学生个人以及家庭背景资料。第二部分是小学生父母亲职教育内容与实施方式的需求，其中内容需求分为父母角色职责与家庭管理、养育子女的知识技能以及子女与学校教育等三个维度，共 24 道题。实施方式需求分为亲师互动、大众媒体以及有系统课程学习等三个维度，共 9 道题。第三部分是影响父母参加亲职教育活动的动机与阻碍。该问卷主体设计分方法如下：采用李克特式 4 点式量表记分法，选项由“没有需要”、“有点需要”、“需要”、“非常需要”，依序给予 1、2、3、4 分，用以测量父母教育需求程度。其得分被作为判断亲职教育需求高低的依据，得分越高，需求越大；得分越低，需求越小。

（三）统计学分析

Epidata 建立数据库，运用 Excel 2007 和 SPSS 20.0 统计软件对数据进行统计分析，采用描述性统计和单因素方差分析等方法，以 $P<0.05$ 为差异有统计学意义。

三、调查结果

（一）小学生父母亲职教育内容需求状况

1. 亲职教育内容整体需求状况

由表 2 可知，小学生父母亲职教育需求愿望比较强烈，总问卷平均得分

3.059分，高于中间需求值2.5分；需求得分标准差较大，个体需求存在较大差异。小学生父母亲职教育需求三个维度的样本均值由高到低排序为：养育子女的知识技能、子女与学校教育、角色职责与家庭管理。养育子女的知识技能和子女与学校教育的相关教育、指导需求强烈，样本标准差同角色职责与家庭管理相比相对小些，有较强的需求一致性。而角色职责与家庭管理有一定需求，但得分波动性很大，个体需求差异更为明显。

表2

小学生父母亲职教育需求各维度的平均分				
亲职教育内容需求维度	题数	均值	均值排序	标准差
角色职责与家庭管理	6	2.828	3	0.974
养育子女的知识技能	10	3.154	1	0.849
子女与学校教育	8	3.113	2	0.852
总问卷平均得分	24	3.059		0.893

2. 亲职教育内容需求各维度状况

进一步细致分析每个维度中各个问题的得分。从表3可知，养育子女的知识技能需求中，小学生父母最需要了解的是“儿童心理、人格与道德发展各阶段的特质与需求”，其次是“教育子女的常见误区及危害”，再次是“儿童生理发展各阶段的特质与需求”。从表4可知，在子女与学校教育需求中，小学生父母最想了解的是“如何培养孩子良好的学习习惯和学习能力”，其次是了解“与子女升学有关的信息和对子女升学的辅导”，再次是了解“亲师沟通的途径与方法”。

表3

养育子女的知识技能			
题目	均值	次序	标准差
1. 了解儿童生理发展各阶段的特质与需求	3.22	3	0.782
2. 了解儿童心理、人格与道德发展各阶段的特质与需求	3.32	1	0.824
3. 了解教育子女的基本方法和原则	3.14	6	0.793
4. 了解教育孩子的常见误区及危害	3.23	2	0.8
5. 了解如何做好孩子的榜样	3.11	8	0.895
6. 了解奖惩子女的适当方式与管教态度对子女的影响	3.13	7	0.892
7. 如何指导性教育	3.01	10	0.908
8. 了解如何指导子女结交同性和异性朋友	3.03	9	0.907
9. 了解并预防孩子的偏差行为	3.15	5	0.838
10. 了解如何保护孩子的安全并对孩子进行安全教育	3.21	4	0.833

表 4

子女与学校教育			
题目	均值	标准差	次序
1. 了解父母对子女学校教育的权利与义务	2.98	0.877	6
2. 了解如何培养孩子良好的学习习惯和学习能力	3.26	0.863	1
3. 了解如何正确看待孩子的学校表现	3.04	0.797	5
4. 了解如何预防和应对孩子厌学和恐学问题	3.11	0.931	4
5. 了解亲师沟通的途径和方法	3.13	0.815	3
6. 了解如何在教育子女问题上与学校配合	2.97	0.845	7
7. 了解与子女升学有关的信息	3.21	0.846	2
8. 了解如何进行子女升学辅导	3.21	0.819	2

（二）小学生父母亲职教育方法需求状况

由表 5 可知，小学生父母对亲职教育实施方式需求的三个维度的样本平均值由高到低分别是："亲师互动——个别教养问题探讨"、"大众媒体——提供一般亲职信息"、"有系统的团体课程"。其中亲师互动探讨个别教养问题需求最高，其样本标准差在这三个维度中也最小，需求一致性较强。而有系统的团体课程均分只有 2.472 分，不及需求中间值 2.5 分，需求较弱。

表 5

小学生父母亲职教育实施方式需求各维度均分			
亲职教育实施方式需求	均值	均值排序	标准差
亲师互动——个别教养问题探讨	2.697	1	0.935
大众媒体——提供一般亲职信息	2.626	2	0.943
有系统的团体课程	2.472	3	1.001

进一步对亲职教育实施方式需求各维度进行分析，由表 6 可知，在各项亲职教育实施方式中，父母最需要的实施方式是"与教师面对面请教或电话访谈"，其次是"参加由教师主持的座谈会、家长会或家长经验交流会"，再次是"听教育专家的演讲、讲座"。而"参加系统的亲职教育培训课程"、"参加父母效能训练"以及"参加父母小团体或读书会"三项有系统的团体课程培训，平均分分列倒数后三位，且未达中间值 2.5 分，说明小学生父母对有系统的团体课程学习需求较弱；而从标准差来看，有系统团体课程学习得分波动很大，个体需求也存在较大差异。

表 6

亲职教育实施方式各维度均分			
亲职教育实施方式各维度	均值	标准差	次序
1. 与教师面对面请教或电话访谈	2.81	0.94	1
2. 参加由专人负责的教育咨询专线或会谈	2.54	0.989	6
3. 参加由教师主持的座谈会、家长会或家长经验交流会	2.74	0.86	2
4. 通过计算机网络获取亲职教育的资讯、网络课程	2.6	0.938	5
5. 阅读亲职教育书籍刊物或观看有关节目、光盘	2.61	0.925	4
6. 听教育专家的演讲、讲座	2.67	0.974	3
7. 参加系统的亲职教育培训课程	2.49	0.955	7
8. 参加父母效能训练	2.47	1.056	8
9. 参加父母小团体或读书会	2.45	1	9

（三）单因素方差分析

本文以亲职教育需求内容的 3 个维度为因变量，分别与如下三个维度共 10 个自变量做单因素方差分析，再对存在显著差异的自变量作两两均值比较。这些自变量分别为：①父母个人因素，即填表人与孩子的关系（父亲、母亲），户籍（农村、城市），父母年龄（35 岁及以下、36 ~ 45 岁、46 岁及以上），父母受教育程度（初中及以下、高中中专技校、大专大学、研究生及以上）；②孩子个人因素，即性别（男孩、女孩），年级（1 ~ 3 年级，4 ~ 6 年级）；③家庭背景因素，即家庭结构（单亲、双亲），家庭月总收入（5 000 元及以下、5 001 ~ 12 000 元、12 001 及以上），教养上的支持情形（常常可以获得帮助、有时可以获得帮助、从未获得帮助）。结果见表 7 至表 11。

表 7

填表人与孩子的关系与亲职教育需求			
亲职教育需求的维度	样本均值		*P* 值
	父亲	母亲	
角色职责与家庭管理的知识	2.761	2.858	0.277 826 702
养育子女的知识技能	3.04	3.198	0.008 113 205*
子女与学校教育	2.967	3.17	0.002 396 799*

表 8

填表人年龄与亲职教育需求				
	样本均值			*P* 值
亲职教育需求的维度	35 岁及以下	36 ~ 45 岁	46 岁及以上	
角色职责与家庭管理的知识	2.73	2.793	3.258	0.000 493 249*
养育子女的知识技能	3.015	3.135	3.6	1.65E–09*
子女与学校教育	2.831	3.217	3.466	4.91E–12*

表 9

孩子年级与父母亲职教育需求			
亲职教育需求各维度	年级		*P* 值
亲职教育需求的维度	1 ~ 3 年级	4 ~ 6 年级	
角色职责与家庭管理的知识	2.642	3.019	7.01E–06*
养育子女的知识技能	3.03	3.281	8.77E–06*
子女与学校教育	2.936	3.294	1.47E–08*

表 10

家庭结构与亲职教育需求			
	家庭结构		*P* 值
亲职教育需求的维度	单亲	双亲	
角色职责与家庭管理的知识	2.333	2.867	0.000 655 34*
养育子女的知识技能	2.843	3.171	0.001 834 225*
子女与学校教育	3	3.112	0.346 428 542

表 11

家庭月总收入与亲职教育需求				
	样本均值			*P* 值
亲职教育需求的维度	5 000 元及以下	5 001 ~ 12 000 元	12 001 元及以上	
角色职责与家庭管理的知识	2.962	2.634	2.909	0.000 916 791*
养育子女的知识技能	3.202	3.008	3.373	6.14E–05*
子女与学校教育	3.182	2.99	3.159	0.014 042 622*

1. 父母个人因素与亲职教育需求

父母个人因素与亲职教育需求的关系，可从表 7 和表 8 反映出来。从表 7 可知填表人与孩子的关系在两个维度（养育子女的知识技能和子女与学校教育）有显著差异，具体表现为：在养育子女的知识技能维度，F=7.039>F0.05（1,908）=3.852；在子女与学校教育维度，F=9.283>F0.05（1,726）=3.854。母亲在这两个亲职教育内容上的需求显著高于父亲。

从表 8 可以看出，父母的年龄在亲职教育内容的所有三个维度（角色职责与家庭管理、养育子女的知识技能以及子女与学校教育）都有显著差异，具体表现为在角色职责与家庭管理维度上，F=7.722>F0.05（2,543）=3.012；在养育子女的知识技能维度上，F=20.681>F0.05（2,907）=3.006；在子女与学校教育维度上，F=26.997>F0.05（2,725）=3.008。46 岁及以上的小学生父母对亲职教育所有的三个维度上的需求都显著高于其他两个年龄段，其中在子女与学校教育上，46 岁及以上的父母同其他年龄段父母需求差异尤为显著。

2. 孩子个人因素与亲职教育需求

表 9 反映了孩子所在年级对父母亲职教育需求的影响。本文在统计数据时，将孩子就读年级划分为低年级组，1 ~ 3 年级；高年级组，4 ~ 6 年级。可以看到在亲职教育内容的所有三个维度（角色职责与家庭管理、养育子女的知识技能以及子女与学校教育）都有显著差异。具体表现为在角色职责与家庭管理维度上，F=20.592>F0.05（1,538）=3.859；在养育子女的知识技能维度，F=19.992>F0.05（1,898）=3.852；在子女与学校教育维度，F=32.839>F0.05（1,718）=3.854。其中孩子就读 4 ~ 6 年级的父母在子女与学校教育需求上较大；且与孩子就读 1 ~ 3 年级的父母相比，该项目上需求差异最为明显。

3. 家庭背景因素与亲职教育需求

家庭背景因素与亲职教育需求的关系可由表 10 和表 11 看出。由表 10 可以看出，家庭结构因素在两个维度（角色职责与家庭管理的知识、养育子女的知识技能）有显著影响。具体表现为：在角色职责与家庭管理的知识上，F=11.748>F0.05（1,544）=3.859；在养育子女的知识技能维度，F=9.766>F0.05（1,908）=3.852。其中在角色职责与家庭管理上，单亲家庭与双亲家庭需求差异最大。

由表 11 可看出，不同家庭月总收入的父母在亲职教育内容需求的所有三个维度上均有显著性差异。具体表现为在角色职责与家庭管理维度上，F=7.086>F0.05（1,543）=3.012；在养育子女的知识技能维度，F=9.803>F0.05（1,907）=3.006；在子女与学校教育维度，F=4.291>F0.05（1,725）=3.008。其中在养育子女的知识技能上，三个不同收入层次家庭父母的需求差异最为显著，月总收入在 12 001 元及以上的家庭父母需求明显高于其他两个收入层次的父母。

（四）影响父母参与亲职教育活动的动机与阻碍

由表 12 可知，小学生父母参加亲职教育主要动机，选择频率由高到低排名依次是：觉得有需要、增加亲职知识、增进家庭幸福、觉得有兴趣、增进身心健康以及舒解家庭压力。其中“觉得有需要”（71%）和“增加亲职知识”（64%）是父母参加亲职教育的最主要动机，而且这两项动机的选择频率远高于其他参加亲职教育的原因。

表 12

小学生父母参加亲职教育的动机			
父母参加亲职教育的动机	频率	百分比 /%	次序
1. 觉得有需要	71	71	1
2. 觉得有兴趣	34	34	4
3. 增加亲职知识	64	64	2
4. 好奇心驱使	3	3	9
5. 为了调节身心	9	9	8
6. 为了打发时间	2	2	10
7. 为了扩展人际关系	14	14	7
8. 舒解家庭压力	21	21	6
9. 增进身心健康	31	31	5
10. 朋友配偶或子女的鼓励	9	9	8
11. 为了增进家庭幸福	37	37	3
12. 追求自我满足	2	2	10

表 13 对影响小学生父母参加亲职教育的阻碍进行了分析。可以看到，阻碍父母参加亲职教育的主要因素有：不知道有哪些机构可以提供服务（52%），做家务、照顾家人或上班没有时间精力参加（46%），活动地点不合适（如太远、环境不适应）（34%），不知道活动相关讯息（31%），以及从未参加过类似活动（31%）。这些阻碍可以概括为亲职教育活动信息缺乏，教育开展时间无法协调，开展地点不够合宜，以及父母对亲职教育活动了解和参与缺乏进一步造成的阻碍。极少父母由于对亲职教育缺乏兴趣或觉得自己能力足以教育孩子而不愿或不能参加亲职教育。

四、讨论

（一）小学生父母亲职教育内容需求状况分析

此次调查数据结果显示，北京市西城区天桥街道小学生父母亲职教育需求总体较为迫切，且需求内容各个维度得分都高于中间值，表明其需求范围广泛、内容繁多。这与杨亚利（2011），马亚婷、陈晶琦等（2012）的研究结果类似。

从各个维度进一步分析来看，父母角色职责与家庭管理需求维度，相较其他两个维度而言，父母亲职教育需求稍弱些，而且需求波动大，个体差异性大。这说明不同个人背景的父母，对自身和家庭因素施加给孩子影响的认识存在较大差异，部分父母比较重视提升自身素质、改善家庭环境以促进孩子健康成长和发展，也有部分父母未能充分认识到父母自身和家庭因素对孩子成长的重要作用。因此，在今后亲职教育开展中，注重引导父母对自身素质能力的关注，帮助父母认清自己的角色职责，改善家庭管理。

表 13

影响小学生父母参加亲职教育的阻碍			
影响小学生父母参加亲职教育的阻碍	频率	百分比 /%	次序
1. 不知道有哪些机构可以提供服务	52	52	1
2. 不知道活动相关讯息	41	41	3
3. 做家务、照顾家人或上班没有时间精力参加	46	46	2
4. 活动时间与父母作息时间无法配合	31	31	5
5. 活动地点不合适（如太远、环境不适应）	34	34	4
6. 健康状况不佳	6	6	8
7. 对活动主持者素质或活动方式不满意	8	8	7
8. 参加活动费用太高	21	21	6
9. 活动内容不符合当前的需求，对孩子实际帮助不大	16	16	6
10. 对亲职教育活动没有兴趣	3	3	10
11. 从未参加过类似活动	31	31	5
12. 没有人做伴	6	6	8
13. 家人不支持	2	2	11
14. 不习惯在外人面前谈论家里的事	4	4	9
15. 觉得自己的知识能力足以教育好孩子，不用再接受亲职教育	2	2	11

在养育子女的知识技能需求维度上，父母对儿童心理、人格与道德发展各阶段的特质与需求的了解需求最大，而对了解如何对孩子进行性教育需求最小。小学阶段是孩子是非观念、道德品质培养的重要时期，父母在如何了解孩子的心理需求、培养孩子的良好品行等方面需要更多的指导和帮助。而小学生生理特点决定该阶段孩子性知识方面的具体指导需求较少，加上我国传统文化中对性往往“羞于启齿”，对子女的性教育往往被父母所“忽略”和“跳过”，因此父母对小学生如何进行性教育需求较弱。

在子女与学校教育维度上，首先，父母对了解如何培养孩子良好的学习习惯和学习能力需求最为迫切。这与马亚婷，陈晶琦等（2012）的研究结果——发现所测的亲职教育内容需求度最高的是“培养孩子的学习能力”一致。其次，小学生父母对升学有关的信息和辅导知识需求也很大，可能与当前父母对孩子学业期望高、升学压力大有关。

（二）小学生父母亲职教育实施方法需求分析

盖晓松，王海英（2006）总结说电视和图书等大众媒体仍是目前家长家庭教育知识的主要来源。但此次调查发现，父母需求最强烈的亲职教育实施方式是亲师互动。尤其是以老师为主体的“与教师面谈或电话访谈”以及“家长会”。可能由于大众媒体大都只能提供一般亲职教育信息，缺乏针对性，难以对症下药解决实际问题；而亲师互动往往可以就个别教养问题和教师探讨，向经验丰富、对孩子较为了解的教师请教，针对性更强，方便快捷、成本低，能够及时发现和解决孩子成长和教育中的问题，因而需求较大。

另外，小学生父母在有系统的团体课程学习中需求较弱，这一现象需要引起重视。在亲职教育有近百年发展历史、已建立起较完善亲职教育体系的西方发达国家，它们多十分重视有系统的亲职教育课程培训，如英国空中大学提供家庭教育课程，美国父母有效管教方法研讨班形式的PET父母效能训练、PAT家长会等，在我国亲职教育发展较好的港台地区，团体课程培训也是父母需求较大的一种教育方式。而在我国大陆地区，系统的团体课程学习之所以需求较少，一方面与“团体课程”在普通民众中的了解度较低有关，很多父母不清楚团体培训的形式和效果；另一方面，有系统的团体课程培训，往往是一个长期、定期的学习过程，需要投入大量的时间、精力和金钱，而且其效果并非“问题解决式”的立竿见影，小学生父母当前所学很多时候很难解决当下问题。问题解决取向的父母，可能确实没有足够资源用来投入系统学习，也可能因为预见不到长远益处，而不愿选择有系统的团体课程培训。

（三）小学生父母亲职教育需求的影响因素分析

1. 父母个人因素

本调查显示，填表人的身份和年龄对父母亲职教育需求有显著影响。母亲在三个维度上的亲职教育需求都高于父亲，说明母亲作为小学生的主要照顾者和填表人，更希望在教养孩子、管理家庭方面获得指导和帮助，而父亲多“主外”，可能对亲职教育关注较少，也很少能真正参加亲职教育。年龄在 46 岁及以上的父母在各项亲职教育需求上都高于其他两个年龄段，其中 35 岁及以下和 46 岁及以上的父母更关注教养子女方面的知识技能，而 36 ~ 45 岁的父母则对子女与学校教育更关心。因此，亲职教育开展可针对不同年龄段父母的不同需求有所侧重地开展。

2. 小学生个人因素

孩子就读年级不同父母的亲职教育需求也存在差异。其中低年级（1 ~ 3 年级）小学生父母在教养子女方面更需指导；高年级（4 ~ 6 年级）小学生父母在子女与学校教育方面更希望得到帮助。而孩子就读年级高低与父母年龄（及其对应的子女数、子女年龄）可能存在一定联系，在需求上有趋向一致的迹象。

3. 家庭背景因素

调查数据显示，双亲家庭的父母在亲职教育内容的三个维度上需求均显著高于单亲家庭的父母。但单亲家庭结构并不完整，主要负责养育子女的父亲或母亲一方较同等社会经济地位的双亲家庭而言，生活压力一般较大。因此在教养子女、管理家庭方面，单亲家长所遇到的问题可能更多，更需要社会的帮助和支持，其实际亲职教育需求并不会少。此外，单亲家庭父亲或母亲对角色职责与家庭管理维度的需求程度不及中间值，需求较弱，可能与其单亲背景相关。因此亲职教育在针对单亲家庭父母开展时，要注重对其角色职责认知和家庭管理技能的指导和培训。

家庭收入对亲职教育需求也有显著性影响，其中家庭月总收入在 5 000 元及以下和在 12 001 元及以上的父母在亲职教育内容三个维度上，相对于月总收入 5 001 到 12 000 之间的父母而言，需求更高些。这与马亚婷，陈晶琦（2012）“家庭经济状况一般的父母亲职技能需求更高”的结论不同。可能原因在于对经济状况较好、一般及较差不同等级的划分标准不同。

五、结论

此次调查发现，从总体上看，北京市西城区天桥街道小学生父母亲职教育需求是较为强烈和广泛的。在亲职教育需求的三个维度上，教养子女的知识需求最大，其次是子女与学校的相关信息，需求较少但实际非常重要的是父母角色职责认知和家庭管理技能。

影响天桥街道小学生父母亲职教育内容需求的因素较多，包括父母个人因素中的身份和年龄，孩子个人因素中的就读年级，以及家庭背景因素中的家庭结构和家庭收入等，都会影响父母对亲职教育内容的需求。

在亲职教育实施方式三个维度上，小学生父母对亲师互动需求最大，其次是大众媒体提供一般亲职信息，有系统的团体课程培训目前需求虽然最弱，但可作为今后亲职教育规范化、系统化开展的发展方向。

小学生父母参与亲职教育的动机主要是意识到有需要，希望通过接受教育增加亲职知识，增进家庭幸福。而影响父母参加亲职教育的阻碍主要有三个方面：一是亲职教育活动开展的相关信息缺乏；二是活动开展的地点时间不符合父母需求；三是从未参加过亲职教育活动，进一步阻碍了父母了解和接触这类教育。

六、建议

（一）明确各级政府在亲职教育中的职责，逐步建立亲职教育服务体系

教育乃一国之本、国家大计，作为教育的一个重要组成部分，亲职教育同样需要政府的重视。政府应该发挥社会事业主持者的作用，明确各级政府部门在亲职教育中的职责，强化行政制度、政策对亲职教育开展的保障和支持，逐步建立亲职教育服务体系，鼓励父母接受亲职教育。

（二）鼓励社会力量的参与和社会媒体的宣传

大陆地区亲职教育发展还处于不规范、较零散的状态，父母接受家长培训不足，由此带来的家庭教育问题比较突出。因此，除了需要政府政策支持外，还需要社会力量的参与。如鼓励社会机构组织专业教育人员的培训，兴办规范化、高质量的亲职教育；鼓励社会媒体对亲职教育的大力宣传，让普通民众尤其是父母认识到参加亲职教育的重要性，以及亲职教育活动开展的相关信息。

（三）开展有针对性的亲职教育内容

影响亲职教育需求的因素众多，不同因素主导下的父母教育需求不同。当前亲职教育开展的一个重要问题就是缺乏针对性，“所有父母接受同样的教育内容，不能各取所需”，无法满足当前需求。因此，今后亲职教育要有针对性地展开，实现“家教超市”模式，让父母能根据需要自行选择接受何种亲职教育。比如针对不同父母因素、不同孩子特点、不同家庭背景开展相应的亲职教育活动。

（四）开发多样化的亲职教育实施方式

影响父母参加亲职教育的重要阻碍之一是亲职教育开展的时间地点与“父母方便”之间难以调和，因此亲职教育若能以多样化方式开展，父母在参与时间和地点选择上会有更多空间。比如，在社区定期邀请专家或教师开展亲职教育讲

座，或者在每个街道或社区服务站设立专职亲职教育咨询员或指导者，及时为父母教养子女、管理家庭提供指导、解答疑难。即使是目前需求较弱的有系统的团体课程培训，也可以借鉴国外成熟的模式，从小范围慢慢推广开来。

（五）父母不断提升自身素质，更新亲职观念

亲职教育是以父母为主体的成人教育，需要父母不断更新亲职观念，认识到为人父母亦是一门学问，只有不断学习提高自身素质才能胜任，才能帮助孩子健康成长、顺利发展，实现家庭和谐幸福。

七、结语

“百年大计，教育为本”，亲职教育是学校教育以外的重要环节，在现代社会的教育发展中起到越来越重要的作用。小学生所处的年龄阶段，更是人格培养、精神塑造的重要阶段，更加需要父母在其成长的过程中进行正确的教育和引导。在本次调研过后，我们希望在政府部门、社会力量以及父母自身共同努力下，亲职教育能够以多样化方式有针对性地开展，帮助孩子幸福快乐地成长，成为国家的栋梁之材。

“过渡型社区”下流动人口子女的社区融入现状研究

——以北京市天桥街道香厂路社区为例

蔡宣书　赵灵冉　周雅洁

摘要：随着工业化和城市化的快速推进，中国流动人口不断增加。在此背景下，“过渡型社区”应运而生。近几年来，流动人口携带自己的子女进入社区生活的情况不断增加。在此背景下，香厂路社区开展有关活动为流动人口子女更好融入社区而服务。本小组成员利用暑期在香厂路社区实习的机会，为探究流动人口子女社区融入的现状，采用自填式问卷和参与观察的方法在香厂路社区深入开展调研，并根据问卷所收集的定量资料及平时组织参加活动所收集的定性资料在宏观和微观层面提出建议。

关键词：过渡型社区；流动人口子女；社区融入

一、研究背景

改革开放以来，伴随着工业化和城市化的进程持续加速，中国流动人口在不断增加。2010 年第六次人口普查数据显示，北京市外来流动人口为 704.5 万人，外来人口在常住人口的比重由 2000 年的 18.9% 提高到 35.9%。在这些流动人口分布集中或者聚居的地方，形成了一种既不同于农村社区又不同于城市社区的“过渡型社区”。

“过渡型社区”是在城镇化快速推进背景下，城郊农村土地被大量征用而纳入城市范围成为城中村或者失地农民集中安置点。这些外来进京的流动人口在城市中从事着各行各业的工作，同时他们大多数还携带着其子女到社区长期定居生活。但他们很多人没能获得北京本地户籍，其子女的生活、教育和社区融入成为一个亟待解决的社会问题。其中社区融入通过社区为流动人口及其子女提供社会服务，能够促进他们的社会融入，同时对流动人口子女的健康成长有着重要意义。

笔者在北京市天桥街道香厂路社区居委会担任社区主任助理期间得知，香厂路社区有一个主要由流动人口经营的农贸市场，所以有流动人口来往及定居。社区现在的常住人口由本地人和外来流动人口组成，其中流动人口约占社区总人口的35%，使香厂路社区成为一个较为典型的流动人口聚居区。由于大多数流动人口收入较低，加之没有本地户籍而受到购房限制，导致很多人选择租房，所以居住及生活条件简陋，同时居住的危房较多。在20世纪，北京市进行大规模的城市建设，使香厂路社区所在的天桥街道附近的土地被大规模地征用为城市用地，使香厂路社区形成“城中村”景观。因此在此笔者判断香厂路社区为“过渡型社区”。

由于香厂路社区大多数流动人口白天外出上班和务工，导致他们的子女在家无人照料。作为从外省来的受不同文化影响的孩子，这些流动人口子女如何融入社区生活成为笔者本次研究关注的焦点。社区融入在个人层面表现为个人的身份认同感和归属感，在宏观层面则表现为社区中各个群体的融合程度。香厂路社区居委会为了帮助流动人口子女更好地适应社区，创办了“阳光课堂”这一活动项目。此项目主要是通过社区组织举办活动，如请老师教授书法绘画、组织儿童游戏或看电影等，将流动人口子女集中管理照顾，是一个解决流动人口子女问题很好的尝试。“过渡型社区”流动人口的子女作为弱势群体，了解他们社区融入的现状，对于帮助他们更好地融入社区、更好地适应社区生活具有积极作用。

二、研究方法

（一）研究对象

本研究小组的研究对象为长期居住在香厂路社区的非京籍流动人口子女，这些流动人口子女的年龄大致在6 ~ 14岁，基本是小学生。

（二）研究方法

本文主要采取问卷法和参与观察法。

通过向研究对象发放问卷来获得研究对象对社区融入方面的有关定量信息与资料。在对研究对象的获得方面，本研究小组主要采取方便抽样方式来取得样本。

通过组织研究对象参加某些活动，在活动中获得对研究对象的某些定性资料。

（三）研究工具

本文采用自编的流动人口子女社区融入情况调查问卷，对流动人口子女社区融入基本情况进行调查，包括年级、家庭结构、心理融入、经济融入等方面。本研究的内部一致性系数是0.701。

三、研究假设

本文研究假设如下：

（1）流动人口子女的社区融入影响因素有客观和主观两方面的限制。

（2）研究对象在社区融入的不同维度将会表现出显著性差异。

四、调查结果分析

本研究小组对香厂路社区 72 名流动人口子女开展问卷调查，共收回有效问卷 62 份。

（一）被调查样本的基本结构

1. 年龄

调查对象的平均年龄为 *AVG*=9.67 岁，其中最大值（*Max*）为 14 岁，最小值（*Min*）为 6 岁。

2. 年级

接受实习小组调研的对象中，小学五年级的占最大比例，为 33.33%；其次为一年级的，占总体的 26.67%；四年级的占总体的 13.33%；二年级的占总体的 10%；三年级和六年级分别占总体的 6.667%（图 1）。

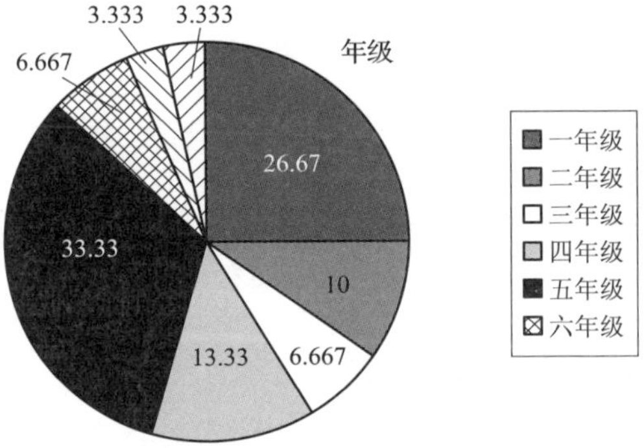

图 1　年级构成饼状图

3. 家庭成员构成

接受实习小组调研的对象中，核心家庭占总体比例为 70.97%，非核心家庭占总体比例为 29.03%。由此可见，流动人口子女多生活在家庭结构完整的家庭中（图 2）。

4. 家庭生活条件

在接受调研的群体中，45.16% 的同学认为自己家庭生活条件一般，25.81% 的同学认为家庭生活条件非常好，25.81% 的同学认为自己家庭生活条件比较好；还有 3.22% 的同学认为自己家庭生活条件不太好（图 3）。

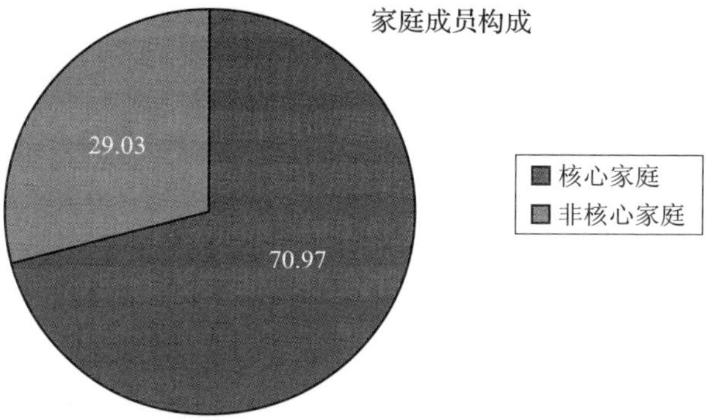

图 2　家庭成员构成饼状图

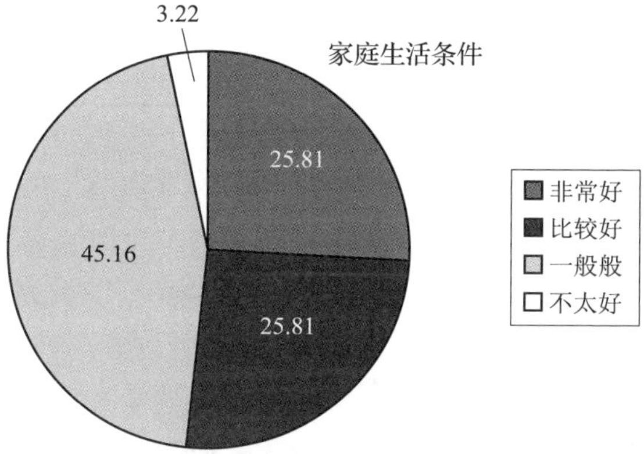

图 3　家庭生活条件饼状图

接受实习小组调研的对象中，占总体最大比例 45.16% 的被试认为自己的家庭条件一般，而在于当地同学家庭条件的比较中，67.74% 的被试认为自己的家庭条件跟他们差不多（图 4）。

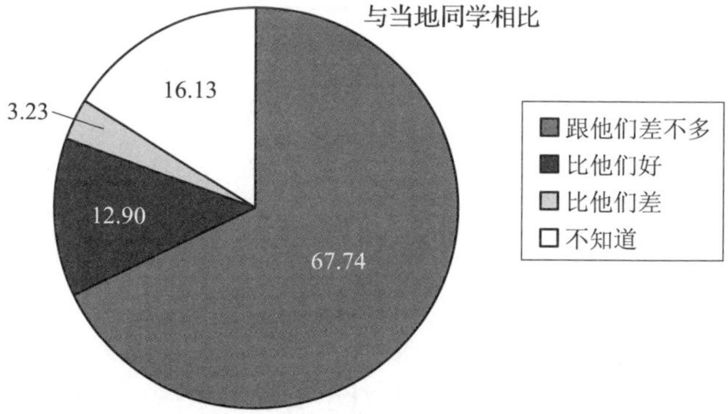

图 4　与当地同学相比饼状图

（二）流动人口子女的人口统计学变量的统计结果

1. 不同年级流动人口子女社区融入情况的差异比较（表 1）

表 1　不同年级流动人口子女社区融入情况差异分析

项目	低年级（$M \pm SD$）	高年级（$M \pm SD$）	T
社区参与	31.80 ± 4.54	32.04 ± 3.79	0.36*
社区交往	3.25 ± 1.29	4.39 ± 1.50	0.39*
经济融入	28.60 ± 6.20	29.37 ± 5.98	0.36*
文化融入	4.25 ± 0.97	3.11 ± 0.58	3.93*
心理融入	1.33 ± 0.65	1.50 ± 0.51	0.00
社区融入	12.17 ± 2.08	12.28 ± 2.52	0.83

$^*P < 0.05$

以年级为自变量，以《流动人口子女社区融入问卷》为因变量，进行独立样本 T 检验。不同年级流动人口子女的社区融入情况没有显著差异，但是不同年级的流动人口子女的社区参与、社区交往、经济融入、文化融入情况均存在显著差异。

2. 不同生活时间流动人口子女在社区融入上的差异比较（表 2）

表 2　不同生活时间流动人口子女社区融入情况差异分析

项目	1 年及 1 年以下（$M \pm SD$）	1 年以上到 5 年（$M \pm SD$）	5 年以上（$M \pm SD$）	F
社区参与	2.1 ± 0.99	1.8 ± 0.72	2.0 ± 0.76	0.31
社区交往	2.1 ± 0.98	1.8 ± 0.72	2.0 ± 0.76	5.75*
经济融入	4.0 ± 1.27	4.0 ± 1.51	4.0 ± 1.69	0.00
文化融入	3.5 ± 1.04	3.5 ± 0.82	3.5 ± 1.07	0.00
心理融入	1.5 ± 0.55	1.3 ± 0.48	1.3 ± 0.52	0.31
社区融入	13.7 ± 2.79	11.8 ± 2.20	12.0 ± 2.20	0.76

$^*P < 0.05$

以生活时间长短为自变量，以《流动人口子女社区融入问卷》为因变量，进行方差分析。不同生活时间长短流动人口子女的社区融入情况没有显著差异，但是不同生活时间长短的流动人口子女的社区交往情况存在显著差异。

3. 流动人口子女社区融入的相关分析（表3、图5～图8）

表3 流动人口子女社区融入相关系数表

维度	社区参与	社区交往	年级
心理融入	0.64***	0.07	0.19
文化融入	0.37*	–0.10	–0.44*
经济融入	–0.03	0.09	0.37*
社区融入	0.53**	0.64**	0.17

*$P < 0.05$

**$P < 0.01$

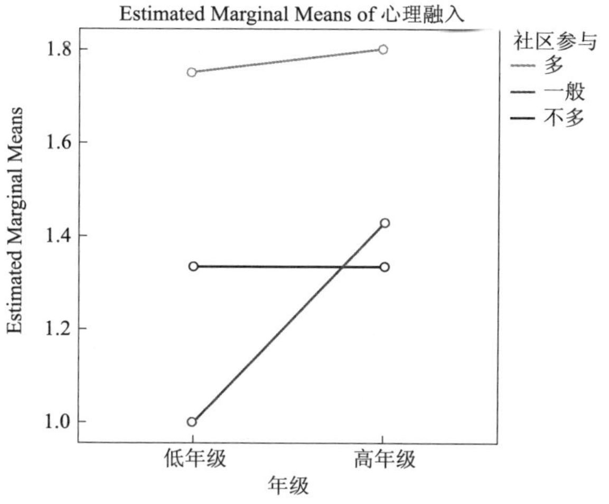

图5 心理融入维度、社区参与、年级相关图

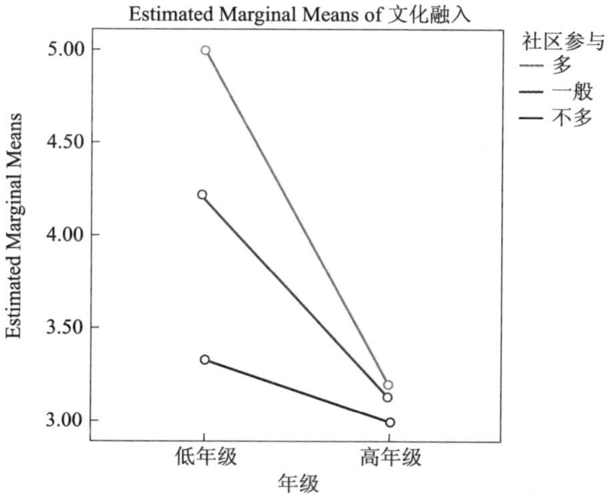

图6 文化融入维度、社区参与、年级相关图

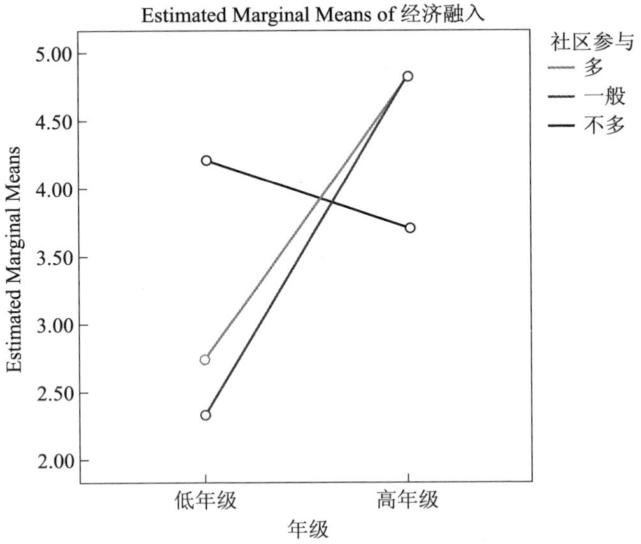

图 7　经济融入维度、社区参与、年级相关图

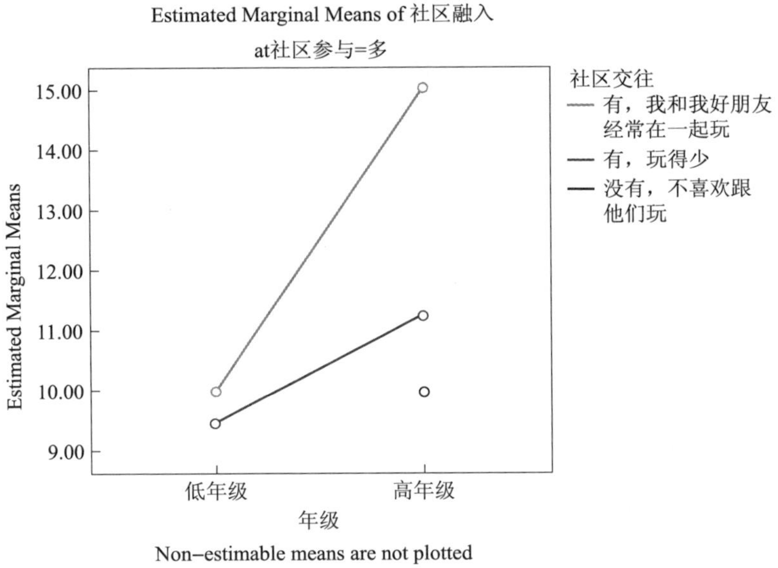

图 8　社区融入维度、社区参与、年级相关图

由表 3 可知，社区参与程度与心理融入、文化融入、社区融入都存在显著正相关，社区交往程度和社区融入存在显著正相关，年级与文化融入呈显著负相关，与经济融入呈显著正相关，但对于总体的社区融入来说，相关性不显著（图 9 ~ 图 10）。

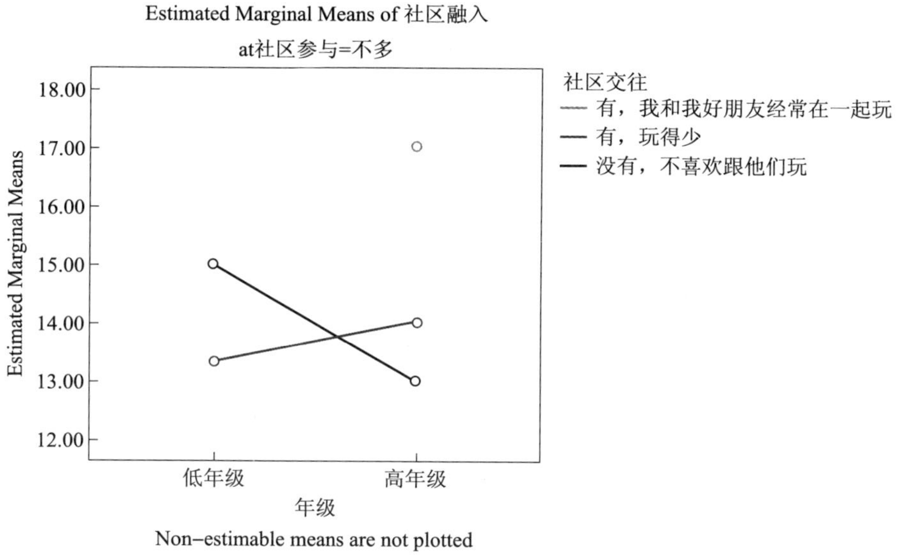

图 9　在社区参与情况不多的情况下社区融入情况

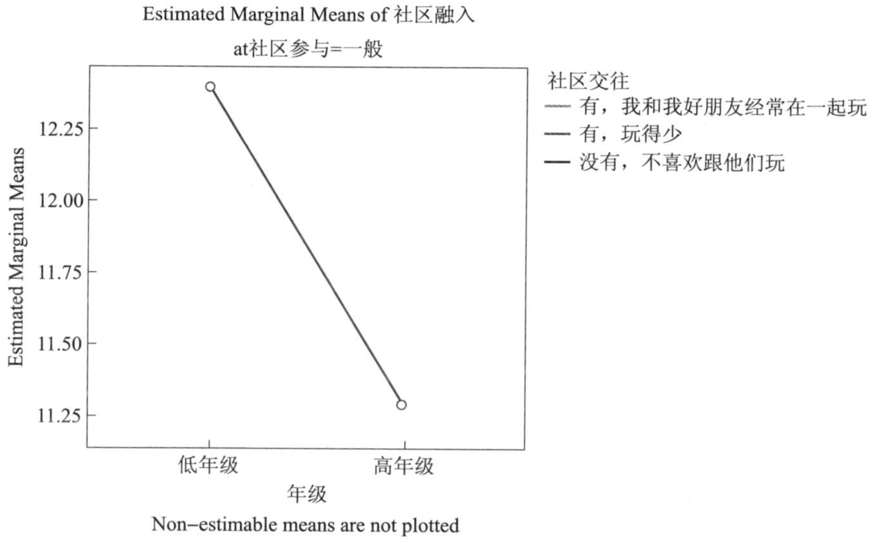

图 10　在社区参与情况一般的情况下社区融入情况

4. 社区参与程度、社区交往、受教育程度对社区融入的影响分析

表 4 显示，社区参与与社区融入的某些维度具有显著性正相关，社区交往与社区融入具有显著性正相关，受教育程度与社区融入具有显著性负相关。为了进一步探究社区参与程度、社区交往、受教育程度对社区融入的影响，本研究以对它们进行回归分析。

表 4　社区参与程度、社区交往、受教育程度对社区融入的回归分析

预测变量	因变量	R^2_{ad}	β	F	t
社区参与	心理融入	0.06	0.22	2.98	1.73**
	文化融入	0.14	0.44	4.66*	2.16**
	社区融入	0.28	1.56	11.15*	3.34*
社区交往	社区融入	0.08	0.99	2.43	1.56**
年级	文化融入	0.19	−0.21	6.53*	−2.56**
	经济融入	0.14	0.29	4.49*	2.12**

$*P < 0.05$

$**P < 0.01$

表 4 显示，社区参与、社区交往、年级均进入社区融入某些维度的方程，这一方程分别体现为 Y_1=0.22X_1+0.98，Y_2=0.44X_1+2.66，Y_2=−0.21X_3+4.31，Y_3=0.29X_3+2.90，Y_4=0.99X_2+4.60，Y_4=1.56X_2+9.08（X_1、X_2、X_3 分别表示社区参与、社区交往、受教育程度，Y_1、Y_2、Y_3、Y_4 分别表示心理融入、文化融入、经济融入、社区融入。）

五、讨论及建议

（一）影响流动人口子女社区融入程度的因素

在对问卷数据进行结果分析过程中，本文根据社区融入的各个不同研究维度及社区融入与年级、居住时间长短、经济条件这几个变量进行相关性分析，据此相关性分析可推断年级、居住时间长短和经济条件、社区参与和社区交往是影响流动人口子女社区融入程度的五个重要因素。

1. 年级

根据对问卷数据进行分析可得，高年级与低年级的同学在社区参与、社区交往、经济融入、文化融入上都存在显著差异。因此，所受教育的程度不同，社区融入的程度也会有所不同。由上述数据分析，67.74% 的被试认为自己的家庭条件和当地同学差不多，得知大部分的流动人口子女在家庭生活条件方面没有明显的相对剥夺感，因此，年级越高，经济融入越高，这是因为随着受教育程度的提高，相对剥夺感变弱了。而年级越高，心理融入的程度越低是因为高年级的一些孩子参加社区活动的频率不如低年级。

2. 居住时间长短

研究结果显示，流动人口子女的社区参与程度与在该社区生活时间长短有着密不可分的联系。在社区生活时间越长，越容易融入社区生活中去。因为生活时

间越长掌握的信息也就越多，在处理生活各类事件当中也就越得心应手。而对于正在接受教育阶段的流动人口子女来说，居住时间越长，对社区活动了解得也会越多，对社区环境的熟悉也会增加对社区活动参与的积极性。

3. 经济条件

经济在某种程度上决定了流动人口家庭所拥有的资源与社会地位。经济条件好的流动人口家庭会为子女的发展谋求到更好的机会与平台，这样的机会与平台有利于其子女融入所在社区的生活与学习中去。同时，家庭的经济条件也会影响孩子的心理健康。

4. 社区参与

流动人口子女越多地参加社区活动，他们就越能感受到心理上的融入和文化上的融入，从而促进社区融入。

5. 社区交往

由上述数据分析可知，在社区更多地与同辈群体交往，社区融入程度越高。

（二）建议

1. 宏观：完善社区融入政策制度，促进流动人口家庭生活条件改善

家庭为流动人口子女提供的是各种最初级的资源，整个家庭生活条件得到改善自然会促进该家庭成员在该社区内社会地位的获得，从而促进流动人口子女社区融入度的提高。对此，政府需要完善相关社区融入政策，而社区需要落实该政策，积极进行网格化建设，提供多项服务，如：

（1）推进户籍制度改革，创造公平环境。

政府推进户籍制度改革，不但要打破身份壁垒，还要改革与户籍挂钩的相关制度，如各项福利保险制度，保障流动人口合法权益。特别是在流动人口受教育方面，要尽力促进教育公平。

（2）建设网格化管理模式，提供就业服务信息。

社区管理网格化管理模式要形成，需要依托数字化的信息系统平台，对于外来流动人口而言，在人口信息模块专门为他们归档，全面收集他们的求职信息，及时实现就业信息共享，健全反馈机制，一旦收到流动人口关于拖欠工资等信息反馈，联系有关劳动部门处理。这样，有利于解决流动人口最关注的劳动问题，促进流动人口家庭生活条件的改善。

2. 微观：针对性开展社区活动，促进社区参与和交往

社区活动越多举办，流动人口子女社区融入程度越高，根据调研小组同学的实习经验所得，在香厂路社区已有针对流动人口子女所举办的比较有特色的活动，即“阳光课堂”活动。“阳光课堂”会请来一些老师教授学生书法、绘画或其他内容，或者组织学生看电影、参观博物馆、玩游戏等各类活动。这些活动内

容较为丰富，也在许多学生当中较受欢迎，反响较好。比如，开学即将读五年级的小王同学表示自己从“阳光课堂”活动举办以来每周都来参加，至今已有四年。

但是，在小组同学调研的过程中也发现了许多问题，活动的开展缺乏针对性和系统性。

（1）从流动人口子女的真正需求出发举办活动。

调研小组了解到，流动人口子女内部构成成分有较大差异。

首先是籍贯不同，他们来自全国各地，但有一部分是从出生便在北京生活的，有一部分来北京生活的时间不长。不同地方有着不同的人文环境和自然环境，因此，给流动人口子女塑造了不同的成长环境，对其人格特质、情感需求等方面会有着差异性的影响。

其次是受教育的程度不同，虽说小组所调查的流动人口子女已设定为小学生，但调查结果显示，不同年级的小学生在文化融入等研究维度上存在着负相关性：高年级的一些孩子参加社区活动的频率不如低年级，因此比低年级的子女更难接受过渡型社区中的文化和心理融入。

再次是家庭结构成分不同。据调查结果显示，与流动人口子女常年生活在一起的家庭成员主要是父母，但也有很大一部分是与爷爷奶奶哥哥姐姐等成员一同生活。家庭结构对流动人口子女的家庭环境会有着较重要的影响，而从发展心理学的角度来看，家庭环境对一个人的人格、情感需求等会产生深远的影响。

既然流动人口子女内部的构成成分存在各方面的差异，那么其心理及物质需求也会有着较大不同，这个时候，就需要考虑他们的这些特性，了解不同籍贯、年级、家庭结构的孩子们关于举办活动真切的需求，再以他们的需求为切入点，有针对性地策划社区活动，才能使社区活动取得更大的效果，使他们更多地参与到社区中，拥有更强的社区归属感。

（2）开展过程需加强系统性。

调研小组在实习过程中发现，虽说从结果上来看，是成功举办了一次又一次的活动，但是在举办活动的整个流程中，还有很多步骤需要优化。

社区活动的确较多，活动类型较为丰富，但较多时候活动却未能做好细节工作，没能兼顾流动人口子女心理方面的感受，最终导致社会活动质量不高，不利于流动人口子女进一步参与。

前期来说，要加大对社区活动的宣传力度，提高在流动人口子女中的知名度。

依旧有许多学生并不知道“阳光课堂”活动，也很少参加社区举办的有关活动。尤其是那些在香厂路社区生活时间较短的学生。因此，社区应着力通过各种途径加大对有关活动的宣传力度，使更多流动人口的子女了解到这些活动内容，提高他们参与活动的积极性。

开展活动的选取上，据小组成员观察，可以说比较散乱，对此建议实现系统的整合，比如说这一个假期的活动，不应想起什么办什么，而是有短期或长期的规划，举办一系列相互之间有关联的活动，而且，有一个系统而具体的目标，有助于参与活动的流动人口子女提高自我效能感。

开展活动的广度和深度都可以不断扩展，对流动人口子女的家长，要有意识地通过活动建立一定的沟通交流机制，比如在合适的时间进行一次以多个流动人口子女家庭为单位的座谈会，我们都知道他们平时很忙，没有过多时间照料子女，但偶尔的一次活动如果前期宣传和奖励制度足够好，相信他们也是愿意参加的。

活动开展的最后，要建立比较合理有效的奖励机制，据小组成员的观察，关于“阳光课堂”其实是有不错的经费支持的，但其中存在一些不必要的浪费，奖品的设置方面不够具有吸引力，这样就不利于更好地吸引流动人口子女们前来参加。

社区举办活动是一个不断持续的过程，生活在社区中的流动人口子女最有发言权，如果流动人口及其子女都能积极参与到社区活动中，一起合作进行社区建设，那么社区融入度的提高指日可待。

3. 针对社区工作人员

（1）要更加积极主动地与流动人口子女交流，了解他们的现状与需求。

流动人口子女很多时候由于对社区不太熟悉，缺乏安全感与认同感，所以很有可能会较少参加社区活动，导致其最终更加难以融入社区，和其他社区小朋友建立关系，也使社区工作人员更难以了解他们的现状与实际需求。

这就需要社区工作人员更加积极主动地与流动人口子女交流，如通过上门到访，创造机会与流动人口子女交流，同时，社区工作人员的积极主动，很多时候能够带动小朋友积极的情绪，能够帮助流动人口子女建立亲密感与社区认同感，为后面更好地开展针对性工作与活动奠定基础。

（2）更加重视流动人口子女的心理需求，促进其健康成长。

流动子女人口很多时候身处较为复杂的环境，内心一般比当地的小朋友更加敏感，也更容易受到伤害。而很多情况下，社区工作人员更多考虑的是活动的顺利开展，导致在举办活动的过程中没能顾及他们的心理需求，如有些流动人口子女为了提高自己的存在感就非常积极地参加各个社区活动，但社区工作人员为了活动整体的参与度，就刻意相对减少这些小朋友的参与频次；或有些流动人口子女比较害羞，活动参与度不高，社区工作人员很多时候有没能注意到，这些都导致流动人口子女的心理需求不能得到很好的满足。

社区工作人员在开展活动的过程中要更加重视流动人口子女的心理需求，提高自己的心理敏感性，能够理解流动人口子女的各种心理需求，然后根据这些需求运用科学的方法给予回应，尽可能地满足他们，促进他们心理的健康成长。

我国社区教育的现状及问题研究

——以天桥街道香厂路社区为例

池 艺 黄攀佳 隋 溪 王绍宇

一、引言

进入 21 世纪，人类向全球化、知识经济化、网络信息化、人性化时代迈进，持续不断地学习成为人类生存发展的重要途径。以地域为依托的社区凝聚着时代的文化、科技、环境等多种元素，可以更便捷地获得社会知识，显示出社区教育的强大生命力。社区教育是构建终身教育体系的理想途径，可以满足基本的学习需求，与学校教育系统、网络教育系统、行业教育系统相互补充，相互支撑。

基于上述认识，加上香厂路社区具有特色的社区教育活动，我们小组试图研究和调查香厂路的社区教育现状。本次实践通过文献法、访谈法等方法，对香厂路社区的社区教育进行充分的了解，旨在分析现状，剖析问题，提出建议。

二、研究背景

（一）发展历史

我国社区教育起步于 20 世纪 80 年代初期，它是在国家实行改革开放后，总结原有学校教育、家庭教育、社会教育相结合经验的基础上，借鉴国外社区教育的经验，从国内不同地域的实际出发，通过试点逐步发展起来的。全国社区教育可分三类：一类是以一所学校为中心，联结所在社区的部分工厂、事业单位与政府部门共同组成的社区教育委员会。二类是以社区为中心，由街道办事处或区级政府牵头，社区教育机构等企业单位共同参与组建的。三类是以工业区或农业县为地域的社区教育，旨在加强企业、农村未来劳动者素质的培养和社区文化建设。

进入 20 世纪 90 年代后，社区教育组织自觉认识到社区教育持续稳定发展的重要作用，进一步加强了制度建设，各级社区教育管理机构所制定的“章程”、

"暂行规定"等纷纷出台。如《上海市社区教育工作暂行规定(草案)》、《天津市河西区教育工作条例(试行)》,为社区教育走上规范化道路奠定了初步的基础。

随着社会主义市场经济体制的建立,我国工业化、城市化进程明显加快,社区教育正在不断发展并逐步走向成熟。一方面,社区居民逐渐认识到社区教育的价值,产生了一定的参与要求。另一方面,城市在发展过程中出现了许多需要解决的问题,如不断膨胀的城市人口、农村剩余劳动力不断涌入城市,形成流动人口浪潮;21 世纪,我国大部分城市将进入老龄化社会,人口老化日益严重;不合理的城市布局与窘迫的生存环境;人际关系的隔阂与淡化;等等。对此仅仅依赖以协调管理为特性的社区组织形式以及学校教育来解决上述社会问题是远远不够的。国际国内社区教育实践经验已清楚地表明,只有实施面向社区成员,以促进人的发展为原则的各种各样的社区教育,才能满足和解决人们各种各样的教育需求和社会问题。

(二)现状

近日,教育部等九部门联合印发了《关于进一步推进社区教育发展的意见》。据介绍,该文件是近年来我国多部门联合印发的第一个关于推进社区教育发展的指导性文件。文件指出:"社区教育是我国教育事业的重要组成部分,是社区建设的重要内容。进一步推进社区教育发展要以促进全民终身学习、形成学习型社会为目标,以提高国民思想道德素质、科学文化素质、健康素质和职业技能为宗旨,以建立健全社区教育制度为着力点,统筹发展城乡社区教育。"

据了解,该文件还明确了我国社区教育发展的 5 项任务,即"提高服务重点人群的能力"、"丰富社区教育的内容和形式"、"整合社区教育资源"、"加强社区教育基础能力建设"和"提升社区教育内涵"。其中,重点人群涵盖了老年、青少年、失地农民、农民工、农村居民、残疾人等。未来,社区教育将通过整合学校资源、社区资源、社会资源,推进供给结构性改革,更好地满足社区百姓多样化的学习需求。

三、社区教育概念

许多学者认为,社区教育一词的出现可追溯到 20 世纪初,最早由德威提出,而早在 19 世纪中叶,北欧国家就自觉地产生了社区教育实践。近两百年来,社区教育在一些发达国家中渐渐发展并走向成熟。

在世界联系越发紧密的潮流下,各国研究者也试图从更全面的角度来说明社区教育的内涵,其中具有代表性的观点有:

马丁从教育公平性角度去解释社区教育,他所认为的社区教育是更侧重于弱势人群的教育，具有公平的补偿性，更是人生存和价值体现的手段。

哈格雷斯从教育与社会关系角度来诠释社区及教育，他认为“社区教育是各种资源的整合，是一种开放和公平性的教育，需要社会各种力量的支持和参与”。

弗莱彻从社区教育的载体互惠的方面，来解释社区教育：应该把社区教育放入社区环境中，以学校为教育的连接点，为各种年龄的人提供教育服务，而且两者又是相互开放的。

虽各国研究者观点侧重不同，社区教育可概括为“社会化的教育、教育资源整合的过程和服务大众的教育”。

2006年，我国国家标准化管理委员会也对社区教育进行定义：社区教育是在社区中开发、利用各种教育资源，以社区全体成员为对象，开展旨在提高成员素质和生活质量，促进成员的全面发展和社区可持续发展的教育活动。

四、国内外文献综述

广义来看，社区教育融合了社会上各种有形、无形的教育资源，通过课程的形式，来影响社区居民的社会行为，以促进居民身心发展和社会协调进步。

北欧社区教育发展起源早，成果丰富，对香厂路社区教育发展有相当的借鉴作用。北欧社区教育注重教育人文精神，引导人们形成正确的价值观，尤其以爱国和民主教育为主。结合香厂路社区的社区教育现状，按照教育对象的年龄划分，提出两点北欧社区教育的先进经验：

（一）社区幼儿教育

政府认为幼儿时期是人一生成长和发展的关键时期，也是政府最为关注的教育对象，于是投入大量资金于幼儿教育。社区幼儿教育以“社区日间照顾中心”为主要形式展开，将幼儿学习与活动相融合，是其最大特点。比如搭积木、舞蹈、制作道具、绘画、郊游、观看电影、游戏等。这些活动帮助培养幼儿合作能力与社会技能，提高语言表达能力，认识自然等。社区幼儿教育内容十分广泛，包括安全教育、责任和交往能力、环保教育、基本技能等，对于培养其情感和创造力十分重要。

（二）社区初级教育

北欧国家重视初级教育，将教育和福利紧密结合。社区内有各种学习班、活动中心、儿童特长学校，所有的教育资源都免费开放，对青少年有很大吸引力。在社区的支持下，青少年活跃于各种校内外活动，发展身心的多样性，包括心理健康、文艺活动、体育娱乐、社会劳动和特殊教育等。

五、访谈分析

研究小组利用滚雪球调查法，寻找到参加过或正在参加“阳光课堂”的孩子，对他们进行访谈，并通过他们找到其他参加课堂的孩子。以下是访谈报告部分和问题分析。

（一）访谈人数及分钟数

代码	性别	年级或职业	时长 / 分钟
M1	男	四年级	8
F1	女	六年级	6
M2	男	五年级	7
F2	女	社区教育负责人	25
M3	男	一年级	3
F3	女	六年级	7
F4	女	六年级	2

（二）典型白描

（1）M1 目前就读香厂路小学四年级，外来流动人口。从幼儿园大班开始参加香厂路社区的阳光课堂，并于去年停止参加，具体原因未透漏。谈到“阳光课堂”的课程设置时，他表示自己最不喜欢的是英语课，因为感觉英语课课程设置较难。班上的孩子年级水平不同，所以课程内容无法真正符合需求。所以 M1 在英语课上大多数会选择睡觉、趴桌子，或和其他人聊天。M1 表示，课堂上有的同学甚至在签到之后直接离开教室。M1 最喜欢的课程是手工课，在手工课上，M1 可以利用黏土制作自己喜欢的小雕塑，觉得十分有意思，所以手工课他从不会缺席。

（2）F1 目前是香厂路小学六年级毕业生，外来流动人口。在小学期间参加社区的“阳光课堂”。不太能接受的是英语课，原因是英语课的教授内容比较简单，对于六年级的学生来说无法吸收到知识。最喜欢的也是手工课，即剪纸和手工黏土课，并向我们展示了她的部分手工剪纸作品。

（3）F4 没有参加“阳光课堂”，询问原因后得知，F4 并非香厂路小学学生，所以周五下午的课程与阳光课堂冲突，因此才从没有参加过社区的这一项社区教育活动，类似 F4 这种情况的孩子有一部分。

（三）资料分析

课堂成立的初始目的是为社区中流动人口子女服务，解决家长的后顾之忧。

其一，大多外来人口长时间在外工作，没有精力照看孩子的学习教育；其二，很多家长没有足够的意识和能力去培养孩子。

根据现在“阳光课堂”的负责人说，“阳光课堂”五年前由社区的一位陈姓老人创立。老人发现社区附近流动商贩的孩子在周五放学后的空余时间常在街上闲逛，因为家长需要做生意的缘故常常疏于管理，所以老人创办这一课堂，自己联系老师，每周五下午为这群孩子上课，一是保证孩子的安全，二是可以培养兴趣，增长知识。

阳光课堂开办至今已有六年。

经过访谈分析，我小组发现香厂路社区的阳光课堂存在以下问题：

1. 资源有限，包括教师资源和资金

经过了解，“阳光课堂”的老师来源不统一，有的是香厂路小学的任课老师，有的是社区的文体爱好者，还有的是创始人先生自己联系的志愿者，但是老师也并不固定，由于是义务教学，所以老师的流动性较大，以至于会出现一些课程无法开展的情况。

M2：“我最喜欢的是手工课，但是后来剪纸老师不来了，好像是因为调走了。”

访谈者：“那后来有什么其他的课程替代吗？”

M2：“没有，之后就一直这几种课了。”

其次资金方面，没有固定的资金支持，一切教学工具及其涉及费用都是老师自己承担，或是由陈先生承担。

2. 课堂管理层不固定，责任划分不清

我小组调查期间正值学生暑假，小区的“阳光课堂”在暑假并没有活动，且通过社区负责人了解到，创始人陈先生也外出旅游，所以相关具体信息无从询问。只能通过阳光课堂的负责人刘女士进行进一步的了解，刘女士表示，自己刚刚接手阳光课堂的管理一年多，具体将会管理多长时间，以及未来将会由何人接替都还没有计划。

对于责任问题，学生的安全问题由谁负责，社区教育是否具备安全职能等问题，在香厂路社区的阳光课堂中都没有明确的说明。

3. 部分课堂内容无吸引力

在走访参加阳光课堂的孩子后，我们了解到，对于部分课程，如英语课，孩子们的评价比较不统一，由于是多个年级一起上课，所以六年级的孩子觉得比较简单，没有吸引力，但对于低年级的孩子来说就很吃力，且英语课在小学的课程中已有设置，往往趣味性不高，所以有些孩子如果发现某一周是英语课，就会有签到后早退或旷课的情况，但由于上课是自愿原则，所以老师往往不会过多干预，但这样一来孩子的安全责任就很难说清。

M4：“有好多人一看到今天上的是英语课，签一个到就走了，老师就说下次不让他们再来了。”

访谈者：“英语课你们可以听懂吗？”

F1：“听不懂……”

访谈者：“那怎么办呢？”

F1：“趴桌子或者和别人说话。”

访谈者：“你为什么不太喜欢英语课？”

M2：“太简单了，好多都学过。”

（四）访谈总结

经过访谈，发现香厂路“阳光课堂”在社区青少年儿童中有一定影响度，部分课程受到他们的欢迎，但社区仍需要在教育资源、教育管理和教育内容方面加强完善和发展。

六、总结及建议

香厂路社区虽囿于资源短缺的种种限制，“阳光课堂”却已坚持了六年，可见社区教育确实为社区青少年儿童的发展和社区协调起了极大的正面作用。但社区教育资源短缺，普及力度小，尚未发挥其完全作用。

结合文献分析与香厂路社区教育的现状，在此提出一些建议，供以参考：

（1）挖掘各种社会资源，给予社区教育更多可能性。比如加大与社会组织（基金会、社工机构等）的联系，获取免费的教师、场地资源；再如充分发挥社区居民的才能，形成居民团体“自教育”的形式，同时加强居民联系，促进社区和谐。

（2）建立完善的社区教育内容体系，扩大课程范围，适应各个年龄段的青少年儿童发展。社区教育内容应注意贴近人们生活，注重实用性，重视传统文化的继承与创新，同时兼顾推陈出新，强调居民素质培养和社区的可持续发展。

（3）提高课程的吸引力，增加老师们与青少年的交流，增加社区教育的效用。只有以社区教育的对象为中心，量身打造适合各年龄段居民发展的课程，才能使社区教育更加深入人心，最大限度地发挥它的作用。

（4）扩大规模，一方面加大推广力度，吸收更多适龄儿童；另一方面，针对其他年龄段的社区居民开展更多形式的社区课堂。

（5）提高社区工作人员的管理水平，形成有力、高效的社区教育管理层，让社区工作人员注重自身发展的同时，一心一意为居民和社区服务。

（6）政府提高政策宣传力度，并给予基层组织更多的经济、行政支持。结合福利政策、终身国民教育体系建设等，提供社区更多环境和人力资源，支持社区教育才能在更高的起点上发挥出更大的作用。

含饴弄孙　颐养天年

北京市老年人口幸福感调查

——以西城区天桥街道为例

郑　悦　陈小露　张进贤

摘要：目的：更客观、全面地了解老年人的生存状况，探索提高老年人幸福感的途径。方法：以北京市西城区天桥街道为调查地点，采用随机抽样方法，发放心理需求调查问卷以及《纽芬兰纪念大学幸福度量表（MUNSH）》，在问卷发放的同时对老人进行访谈，共发放问卷100份、访谈6人，问卷收回80份，其中有效问卷75份。结果：不同性别、年龄段老人幸福感状况不具有明显一致性，从调查样本平均得分来看，男性幸福感总体优于女性，特别是在适应能力方面，不同年龄段的女性心理状况波动较大；经济因素、健康状况、职业状况等因素影响老年人自我幸福感评价。结论：根据所回收的问卷数据，利用回归分析等分析方法我们得出老年人由于生理、心理功能的变化，尤其是离退休、丧偶、空巢等情况使社会地位、人际交往范围发生了重大变化，影响幸福感水平。

关键词：老年人；幸福感；影响因素

一、引言

幸福感是人们以社会经济、文化背景和价值取向为基础，对自己的身体状况、心理功能、社会能力以及个人综合状态的一种感觉体验。老年人幸福感是其对健康、生活状况乃至生存质量的自我评价和期望，在客观健康水平不断提高和主观健康观念更新的背景下，老年人幸福感是反映老年人生存质量的一个重要指标。为了解当前老年人生活状况和幸福感水平，本文对北京市西城区天桥街道老年人的幸福感指数及其影响因素进行了探讨。

二、研究问题与内容

（一）研究问题

1. 不同年龄段、性别、不同收入、不同教育程度等背景下老人的自我幸福感评价；

2. 老年人对社区生活的需求；

3. 老年人对生活条件的满意度。

（二）研究假设

1. 不同年龄段、不同性别老人的幸福感指数差异明显，年龄与幸福感指数呈负相关，女性幸福感指数高于男性；

2. 不同年龄段、不同收入、不同教育程度等背景下老人的自我幸福感评价存在差异，收入、教育程度与幸福感呈正相关；

3. 大多数老年人对生活条件满意。

三、研究过程与方法

（一）研究方法

问卷：我们以北京市西城区天桥街道为调查地点，采用随机抽样法对 8 个社区 100 名老年人进行问卷调查，同时我们的调查问卷来自自编心理需求调查问卷以及《纽芬兰纪念大学幸福度量表（MUNSH）》。通过实地试测后修改形成最终问卷。本次调查共发放问卷 100 份，收回 80 份，其中有效问卷 75 份。

访谈：共访谈 6 人。

文献研究：主要参考并研究了张静平等人《贫困地区老年人幸福感指数及其影响因素》、董林沛等人《农村地区老人幸福感调查及构建农村养老体系建议——以湖南澧县为例》。

（二）研究过程

在指导老师的帮助下，我们团队与天桥街道妇联合作来完成调查。我们以北京市西城区天桥街道为调查地点，采用随机抽样法对 8 个社区 100 名老年人进行问卷调查，同时我们的调查问卷来自自编心理需求调查问卷以及《纽芬兰纪念大学幸福度量表（MUNSH）》。通过实地试测后修改形成最终问卷。本次调查共发放问卷 100 份，收回 80 份，其中有效问卷 75 份。之后采用 SPSS 软件对问卷内容进行整理分析，同时从两个维度幸福感指数和对社区及社会生活条件的反应来解读老年幸福感状况。此外，由于 MUNSH 对幸福度测定的效度和信度较高，具有较好内部一致性和最大的时间稳定性，MUNSH 作为老人精神卫生状况的恒定的间接指标已为许多国家广泛应用。MUNSH 的理论结构是情感平衡理论，这一理论把幸福理解为两种对立而同样重要的，此独立的情感之间的平衡，即正性情感与负性情感之间的平衡，正性情感增加一个人幸福度，负性情感降低一个人的幸福度，总的幸福度是两者之间平衡的结果。

（三）研究开展的过程记录

1. 过程

（1）参考相关文献。

（2）设计初步问卷。

（3）实地试测问卷。

（4）修改形成最终问卷。

（5）随机抽样。

（6）正式入户调查及访问。

（7）收集分析所得问卷。

（8）参考相关研究。

（9）得出最终结论并提出相关建议撰写调研报告。

2. 调查工具

我们的问卷根据北京理工大学人文学院编制的《北京市老年人心理健康及需求状况调查》问卷改编，在《纽芬兰纪念大学幸福度量表（MUNSH）》的基础上通过宏观与微观的需求定义，从认知功能、情绪、自我评价、人际交往、社会适应能力等方面入手设计。问卷分为两个部分：第一部分是“基本信息及需求状况”，重点了解老人的基本信息，包括职业、学历、婚姻情况、收入、身体健康、自理情况、对社区的需求及社会生活条件的满意度等。第二部分为《纽芬兰纪念大学幸福度量表（MUNSH）》。由于 MUNSH 对幸福度测定的效度和信度较高，具有较好内部一致性和最大的时间稳定性，MUNSH 作为老人精神卫生状况的恒定的间接指标已被许多国家广泛应用。MUNSH 的理论结构是情感平衡理论，这一理论把幸福理解为两种对立而同样重要的，此独立的情感之间的平衡，即正性情感与负性情感之间的平衡，正性情感增加一个人幸福度，负性情感降低一个人的幸福度，总的幸福度是两者之间平衡的结果。MUNSH 由 24 个条目组，10 个条目反映正性和负性情感，其中 5 个条目反映正性情感（PA），5 个条目反映负性情感（NA），14 个条目反映正性和负性体验，其中 7 个条目反映正性体验（PE），另外 7 个条目反映负性体验（NE）。

四、研究的独特性、创新性

本研究的研究方法是问卷调查和访谈相结合。我们希望采用定量（问卷）和定性（访谈）研究相结合的方法，深入研究老年幸福感问题；研究和反映新时期社会的需求。我们的问卷在《纽芬兰纪念大学幸福度量表（MUNSH）》的基础上通过宏观与微观的需求定义，从认知功能、情绪、自我评价、人际交往、社会适应能力等方面入手设计，更加科学、更加全面；关注弱势群体的幸福感指数，从社区、社会角度为提高其幸福感水平出谋划策。

五、研究结果分析与讨论

（一）不同年龄段、性别、不同收入、不同教育程度等背景下老人的自我幸福感评价

MUNSH 的理论结构是情感平衡理论，这一理论把幸福理解为两种对立而同样重要的，彼此独立的情感之间的平衡，即正性情感与负性情感之间的平衡，正性情感增加一个人的幸福度，负性情感降低一个人的幸福度，总的幸福度是两者之间平衡的结果。MUNSH 有 24 个条目组，10 个条目反映正性和负性情感，其中 5 个条目反映正性情感（PA），5 个条目反映负性情感（NA），14 个条目反映正性和负性体验，其中 7 个条目反映正性体验（PE），另外 7 个条目反映负性体验（NE）。总的幸福度 =PA-NA+PE-NE

这也是我们分析数据的方向，此外各维度的得分计算我们参考了该量表的数模（以下数据由《纽芬兰纪念大学幸福度量表（MUNSH）》调查所得）。

1. 总体评价

本次研究对象 75 人，幸福感强的 28 人，占全部研究对象的 37.3%；感到不幸福的 8 人，占 10.67%。正性情感与体验得分远大于负性情感与体验得分，表明样本老人总的说来幸福、满意。

2. 性别对幸福感的影响

通过统计可以清晰地发现，在所调查的区域，男女幸福感并无显著差异，且男性幸福感略高于女性（图 1）。

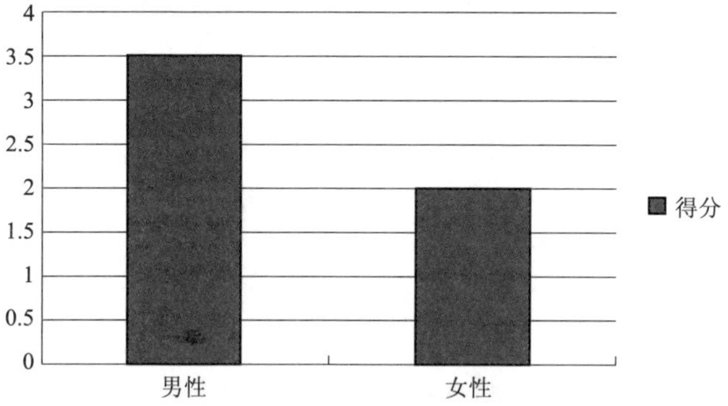

图 1　性别对幸福感的影响

3. 配偶的存在与否对幸福度的影响

通过调查可以看出，配偶健在的老人明显要比配偶死亡的老人生活幸福。特别是在负性情感和负性体验方面，配偶健在老人的统计数据明显很低。由此可以

说明，配偶健在的老人在各方面由于有老伴的照顾，感到精神上比较充实，生活上比较满足，这是最好的证明（图 2 和图 3）。

4. 年龄对幸福感的影响

老人对于生活要求相对年轻人较低。无论是哪一个年龄阶段的人，对生活都充满了向往。相对来说，年纪大的老人对生活更看得开，面对死亡更加坦然。因此数据说明了，年龄在一定范围内，对衣食皆有保障的老人们的影响并不是很大（图 4）。

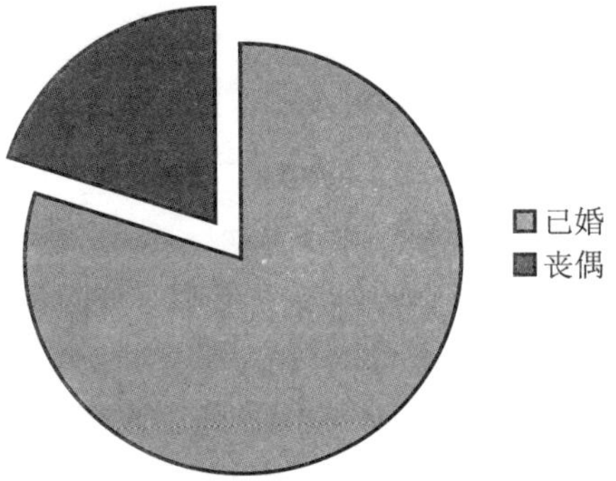

图 2　配偶的存在与否对幸福感的影响（1）

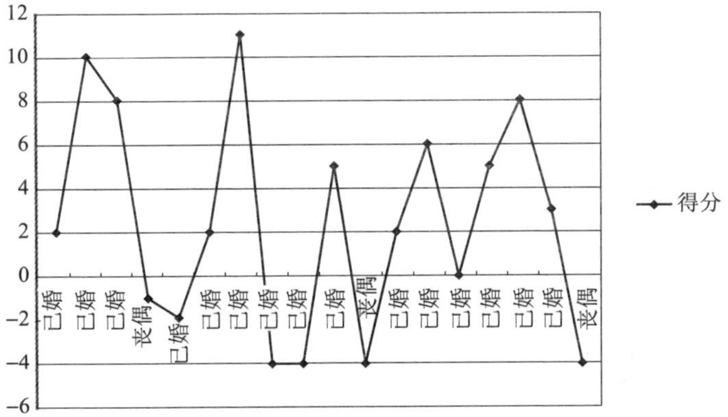

图 3　配偶的存在与否对幸福感的影响（2）

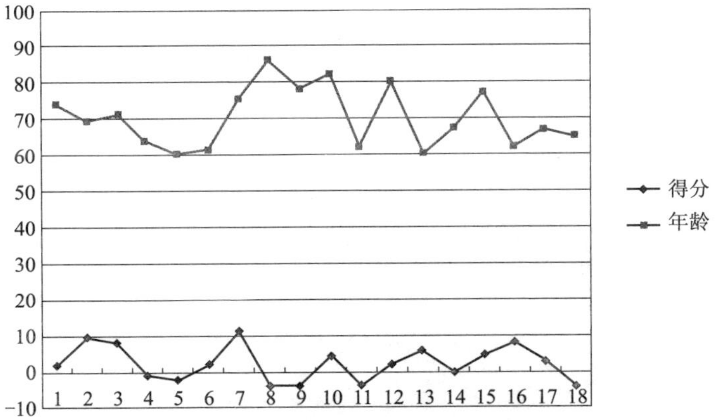

图 4　年龄对幸福感的影响

5. 经济条件对幸福感的影响

图 5 显示，调查对象中，收入越高，自我幸福感评价越高。

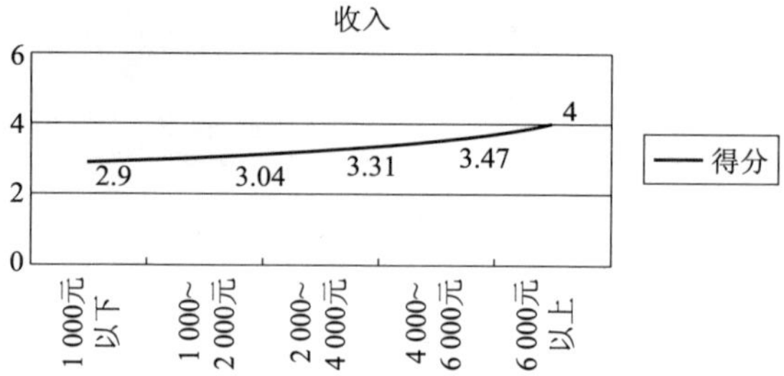

图 5 经济条件对幸福感的影响

原因及对策分析：

经济因素与物质条件密切相关，收入高低影响物质生活水平。收入高的老年人养老生活水平相对较高；相反，收入低的老年人每月花销剩余少，所能享受的服务也少，自我幸福感评价也相对较低。

对策：国家可以适当提高老年人的养老金等收入来源，或给予部分物质补助；社区可以多给老年人提供诸如油、米等物质补助；子女也应当相应地提高老年人生活费的比例，努力提高老年人收入，改善物质条件，增强自我幸福感。

6. 退休前有无固定职业对幸福感的影响

退休前无固定职业的老年人自我幸福感评价比有固定职业的老年人强（图 6）。

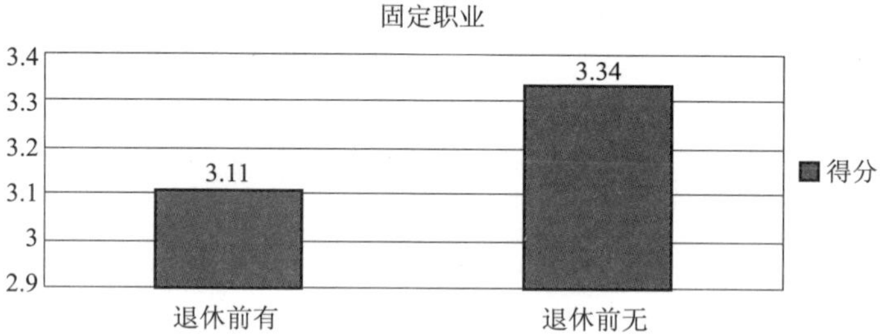

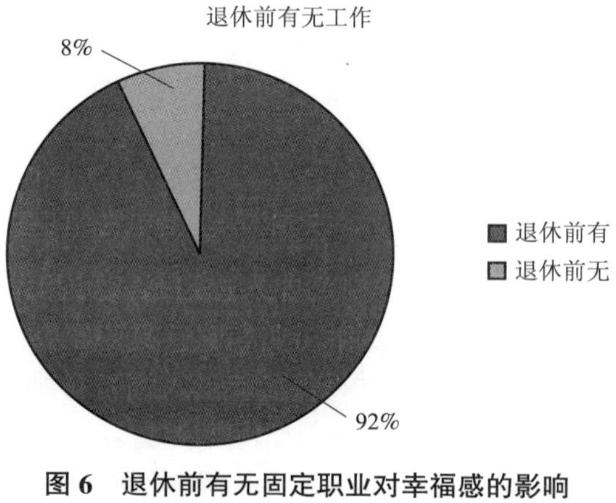

图 6 退休前有无固定职业对幸福感的影响

原因推论：退休前无固定职业的老年人自我幸福感评价强于退休前有固定职业的老年人，可能因为退休前有固定职业的老年人在经历退休后经济、社交、心理等各个方面都有很大变化，比如朋友圈子变小、空余时间增加等，而这些变化对退休前没有固定职业的老年人没有那么明显。

对策：社区开展相应的讲座、户外活动等丰富老年人生活，加强对退休老年人的心理疏导，家人与朋友多多关心退休老年人，用心体会、理解老年人退休后的各种变化。

（二）老人对社区生活的需求

1. 老年人对社区期待的分析（见表1）

表1　老年人对社区的期待

比较而言，您更希望社区给予老年人：	人数 / 人
日常照顾	35
精神关怀	58
物质支持	40
社区环境	30

图7显示，在调查对象中，77.3% 的老年人更希望社区给予老年人精神关怀，0.4% 的老年人更希望社区给予老年人更好的社区环境，46.67% 的老年人更希望社区给予老年人日常照顾，53.3% 的老年人更希望社区给予老年人物质支持。

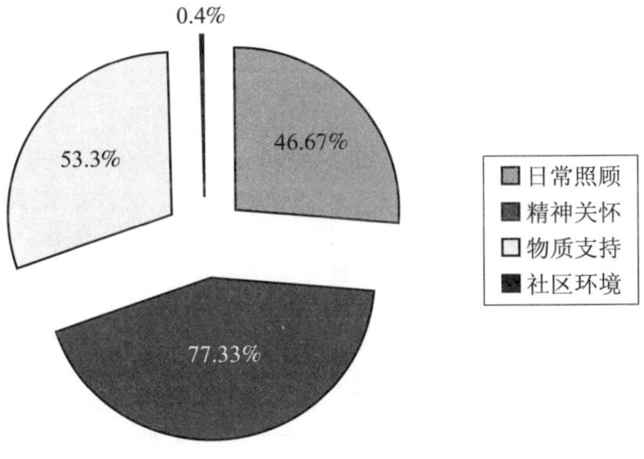

图7　老年人对社区的期待

原因与对策分析：

原因：随着年龄的增长，老年人越来越关注自己的精神世界，对精神的追求也越来越多，因此较多老年人更希望社区提供精神关怀，而社区环境也是老年人很重视的，他们希望生活在一个更加美好的社区环境中。

对策：（1）精神关怀：社区可以举办相应的文体活动，加强老年志愿者队伍建设，以丰富老年人的业余生活、努力丰富老年人的精神世界；家人可以多花时间陪伴老年人，带老年人进行户外活动或者旅行，陪老年人聊天以真正了解老年人的精神需求等；

（2）社区环境：社区应当努力改善老年人的社区环境，大力加强社区内健身基础设施、无障碍设施的建设，保持良好社区卫生环境、良好文明风气等；

（3）日常照顾：社区可以建立专门的上门志愿服务队，招募志愿者入户提供为老人买菜、做饭、打扫、洗衣等日常照顾服务；

（4）物质支持：社区可以给相对经济条件较差的老年人家庭送去油、米等日常用品，表达社区对老年人的关心。

2. 关于社区举办老人活动老人是否会主动参与其中的数据分析

图 8 显示，27.78% 的老人会主动参与社区举办的有关老年人的活动，72.23% 的老年人不会主动参与社区主办的老年人活动。

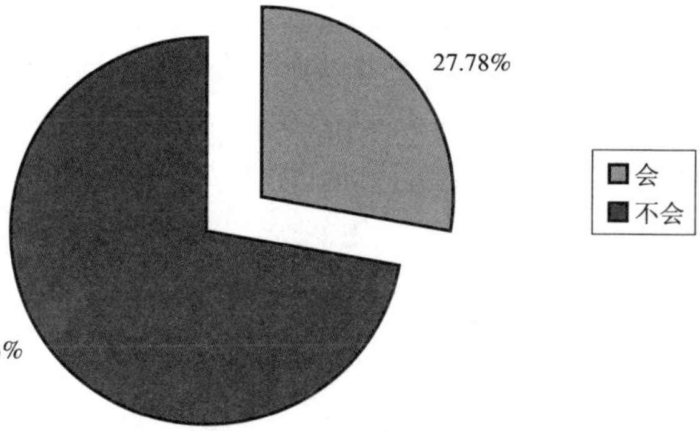

图 8　老人参加社区活动的情况

3. 老年人对生活条件的满意度

根据表 2 分析可得，老人对社区交通优惠政策较为满意，对于社区目前的住房条件较为不满意。

表 2　老年人对生活条件的满意度

您对下列调查项目的满意度		非常满意	比较满意	一般	不满意	很不满意
交通	老人交通优惠政策					
	出行方便满意度					
	公交让座满意度					
	公交人员服务态度					

续表

您对下列调查项目的满意度		非常满意	比较满意	一般	不满意	很不满意
生活环境	周边环境状况（绿化、整洁等）					
	社区治安					
	社区人员服务					
	社区基础设施（健身器材等）					
	老年活动中心					
社会保障	医疗保险（如没有医保跳过此题）					
	药价					
	看病方便满意度					
	医护人员态度					
	医院治疗能力与水平					
	当前物价					
	目前住房条件					
	政府对老年人关心状况					
	社会尊重关心老年人					

六、结论、建议

总体来说，拥有亲情和理解，是当代老年人幸福感的深刻内涵。从社会学角度讲，人是社会的人，他的一切情感、行为与社会及他人有着直接的联系。老年人由于生理、心理功能的变化，尤其是退休后社会地位发生了重大变化，很容易产生“老而无用”的感觉，现在世界各国都认为老年人参与社会活动对保证老龄社会的可持续发展与提高老年生活质量是必不可少的。我们建议社区、家庭应有针对性地关注不同年龄段、不同性别老年群体的生活状态。

经济因素、职业状况等因素影响老年人自我幸福感评价。国家可以适当提高老年人的养老金等收入来源，并且适当给予补助；社区可以多给老年人提供些诸如油、米等物质补助；子女可以相应地提高老年人生活费的比例，努力提高老年人收入，增强自我幸福感评价。社区多多加强对健身基础设施的建设，让老年人有机会锻炼身体；加强无障碍设施的建设，方便不能自理的老年人的出入与活动。同时开展相应的讲座、户外活动等加强对退休老年人的心理疏导，家人要多加陪伴不能自理的老年人以及退休老年人，注意老年人的身体和心理变化。

另一方面，如果社会和社区在老人适应方面有所改进，增加人文关怀，使老人习惯社区生活，增强社会生活条件的满意度，也将大大提高老年人口幸福感。

关于"智慧社区"老年知识分子服务社会的调查

葛　爽　李丹钰　贾　亮　傅方圆

摘要：先农坛社区是一个高龄社区，社区居民中47%左右的人口为60岁以上的老龄人口；是一个高知社区，社区居民中具有大学学历的人口占70%左右，其中还包括10位中国科学院和中国工程院院士，300余人具有副研究员以上职称；是一个高科技社区，医科院药物研究所、生物技术研究所等单位都坐落于此。本文以先农坛社区为例，通过一系列的走访及调查分析，总结出"智慧社区"老年知识分子人力资源配置的现状：参与度不够；知识分子未发挥出其优势和特长；老年知识分子缺少发挥余热的平台。基于调查分析，我们分别从四个方面提出对策和建议，希望为"智慧社区"老年知识分子人力资源配置最大化做出贡献。

关键词："智慧社区"；老年知识分子；人力资源配置

一、研究问题与内容

（一）课题简介

名称：关于"智慧社区"老年知识分子服务社会的调查

参与人员：葛爽、李丹钰、贾亮、傅方圆

地点：北京市西城区天桥街道先农坛社区

实践时间：2015.7.7—2015.7.31

（二）研究背景

先农坛社区地处北京市西城区天桥街道的东南角，辖区面积约0.46平方公里，常住居民1 816户，约有4 721人。可以说，先农坛社区是一个高龄社区，社区居民中60岁以上老龄人口占总人口的47%左右；它也是一个高知社区，社区居民中有70%以上具有大学以上学历，包括10位中国科学院和中国工程院院士，300余人具有副研究员以上职称；它还是一个高科技社区，医科院药物研究所、生物技术研究所等单位全都坐落于此。

二、研究过程与方法综述

（一）研究过程

1. 实践主要内容与形式

搜集并阅读相关文献，初步了解社区居民人力资源配置及先农坛社区背景。

深入街道、社区、机关等，通过发放问卷、访谈、观察等方法，了解社区居民服务社会现状及对老年知识分子从事社会服务的想法、意见和建议等。

将所获得的材料电话联系咨询相关专业人员，进一步获得相关信息分析处理的灵感和科学的指导。

2. 各实践阶段及人员分工

准备阶段：

制订实践方案：李丹钰

查阅文献：贾亮、傅方圆

问卷设计：葛爽

路线制定：葛爽

物资准备：葛爽、李丹钰、贾亮、傅方圆

调查阶段：

拍照、摄像：李丹钰、傅方圆

访谈、填写问卷、观察：葛爽、李丹钰、贾亮、傅方圆

分析阶段：

资料整合：葛爽、李丹钰、贾亮、傅方圆

图表制作：葛爽

资料分析与数据处理：葛爽、李丹钰、贾亮、傅方圆

总结阶段：

调研报告撰写：葛爽、李丹钰、贾亮、傅方圆

通讯：傅方圆

3. 日程安排

7.10—7.13

制订方案，查找资料，了解相关背景资料，与先农坛社区居委会工作人员沟通，取得进入社区进行调查的许可，做好充分的准备工作。

7.13—7.14

走访先农坛社区，了解社区居民服务社会现状等。

7.15—7.17

发放、填写、收集问卷，了解居民对于老年知识分子从事社会服务的看法及

态度。

7.18—7.21

根据问卷数据与结果，进一步制定访谈提纲并与相关人员进行访谈。

7.22—7.24

整理、分析资料及处理数据，推断“智慧社区”老年知识分子人力资源配置的不合理情况，为老年知识分子人力资源配置最大化提出建议。

7.25—7.26

咨询相关专业人员，了解所提建议的可行性、科学性，进一步完善结果；

7.27—7.31

撰写调研报告、团队通讯。

4. 可行性分析

筹备情况：

（1）在准备之初先行与街道办事处、社区居委会取得联系，获得许可，调查前两天再次确认；对方案中不合理的地方不断进行改善；

（2）根据实际情况，及时调整人员分工；

（3）多次检查物资准备情况，做好安全保护措施。

安全预案：

突发事件	应对措施
社区居民拒绝采访	耐心讲明调查缘由，出示介绍信
小分队成员无时间参与	及时调整人员分工
突遇暴雨等恶劣天气	提前准备雨具，实在难以进行时及时调整时间

（二）研究方法

在本次调查研究中，我们采取了资料查询、实地考察、问卷调查和深入访谈等调查方法。

资料查询法。我们先从中国知网、万方数据等网站获取相关资料，初步了解社区居民人力资源配置及先农坛社区背景。

实地考察法。在先农坛社区居委会青教主任朱主任的带领下，我们参观了社区居委会及其活动室、居民区。

问卷调查法。获取相应的资料后，我们设计制作了调查问卷。在进行试发放以后，我们调整了有关问卷的内容，并大量复印问卷。我们在调查对象所在的先农坛社区将问卷发放给社区老年知识分子，并力求达到性别比例大致相同，从而让我们得到的结果更具有广泛性与代表性。

访谈法。主要是对积极参与社区服务的相关人员的访问，有针对性地提出问题，并实时记录，以便我们从相关人员的视角来看待问题，从而多方面地分析比较。

三、关于“智慧社区”老年知识分子服务社会的调查结果分析

（一）问卷统计

共有 14 份问卷：

（性别）男 6 人、女 8 人。

（年龄）50 ~ 59 岁 3 人，60 ~ 69 岁 5 人，70 ~ 79 岁 5 人，80 ~ 89 岁 1 人。

（文化）初中 4 人，高中 3 人，大专及以上 7 人。

（现在的职业状态）离 / 退休 14 人。

（离 / 退休前或现在的工作）工人 6 人，干部 4 人，教师 1 人，科研人员 2 人，其他 1 人。

（目前养老形式）居家养老 14 人。

（是否参与服务社会）是 11 人，否 3 人。

（平均每月服务社会的频率）一次及以下 3 人，两次 0 人，三次 7 人，四次及以上 4 人。

（服务社会的方式）多选。从事打扫等简单社区服务 5 人，从事打扫等简单社区服务和参与社会公共管理 1 人，从事打扫等简单社区服务和参与社会公共管理和科研创新社会服务 1 人，从事打扫等简单社区服务和参与社会公共管理和腰鼓队 1 人，健身 1 人，法律服务 1 人，普及绿植绿化基本知识 1 人，其他 3 人。

（希望从事的社会服务方式）多选。从事打扫等简单社区服务 5 人，从事打扫等简单社区服务和参与社会公共管理 1 人，从事打扫等简单社区服务和参与社会公共管理和科研创新社会服务 1 人，科研创新社会服务 1 人，法律服务 1 人，文体健身 1 人，讲课板报 1 人，其他 2 人。

（从事的服务社会工作过程中是否发挥了自己特长或职业经验）是 11 人，否 3 人。

（从事社会服务的目的）多选。提升自我价值 1 人，提升自我价值和回报社会 4 人，回报社会 2 人，提升自我价值和回报社会和觉得在家无聊 1 人，提升自我价值和觉得在家无聊 1 人，觉得在家无聊 1 人，看别人从事我也想从事 1 人，提升自我价值和回报社会和看别人从事我也想从事 1 人，其他 2 人。

（是否在从事社会服务的过程中达到自己的目的）是 10 人，否 4 人。

（觉得从事服务社会工作是否对社会有意义）是 11 人，否 3 人。

（对老年知识分子从事社会服务有什么想法，意见或建议）①非常支持，但是由于身体原因无法参加。②支持，由于个人原因没有参与服务。③发挥自己特长，促进社会和谐，健身为民。④充分发挥他们的作用，发挥余热。⑤建议：多给群众居民讲解哲学、道德、科普等课程。⑥发挥余热。⑦社区服务

提升档次，做实事解决实际问题。⑧希望有关部门重视老年人才，积极创造条件为老年人才发挥余热造福人民与社会。

（不从事社会服务理由）没时间 1 人（照顾老人），身体条件不允许 2 人，其他 11 人。

（对老年知识分子从事社会服务有什么想法、意见或建议）①服务社会，发挥特长。②把知识贡献给社会，发挥他们的作用。③社区是每个人退休后所依赖的服务舞台，尽量提升每个人在退休后的生活质量，和谐平稳的社区能提高每位居民的安逸指数，从而达到真正社会服务的目的。④充分发挥老年知识分子的智力及作用是有关部门工作的重中之重。因此建议在调查所在区域（社区）老年知识分子队伍现状的基础上，应积极利用社区这个平台，创造各种机会以居民群众易接受的方式方法让这些老年知识分子发挥其作用，尽所其力造福人民群众与社会。

（二）"智慧社区"老年知识分子人力资源配置的现状

1. 参与度不够

从问卷结果中可以看出，大专及以上的高学历老人每月参与社区服务的频率在一次及以下的占 1/3，两次的占 1/5，三次的占 1/5，四次及以上的占 4/15。从数据中可以看出，老年知识分子服务社会的参与度不够（图 1）。

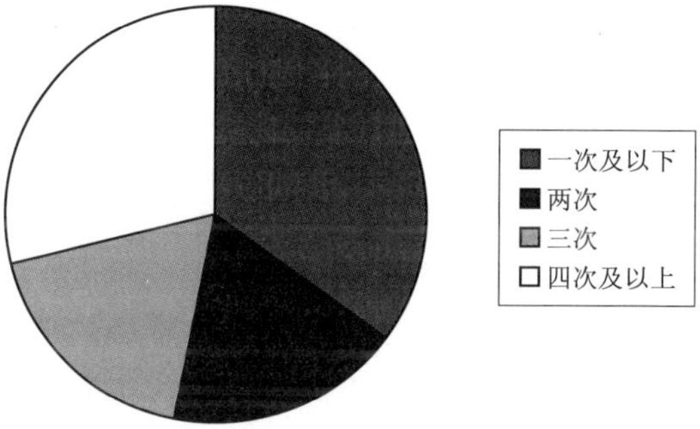

图 1

2. 知识分子未发挥出其优势和特长

在服务社区每月一次及以下的高学历老人中，在被问到服务社区过程中是否发挥了自己的优势和特长时，100% 的老年人竟然都填了"否"。在对他们的采访中我们发现，这些老年人普遍认为自己现在服务社区仅局限在打扫等简单的工作上，他们的知识甚至是自己的科研成果并没有发挥作用（图 2）。

3. 老年知识分子缺少发挥余热的平台

在采访中我们了解到，很多老年人很有回报社会、服务社会的热情，但是社区或社会却不能提供给他们相应的平台去发挥余热。

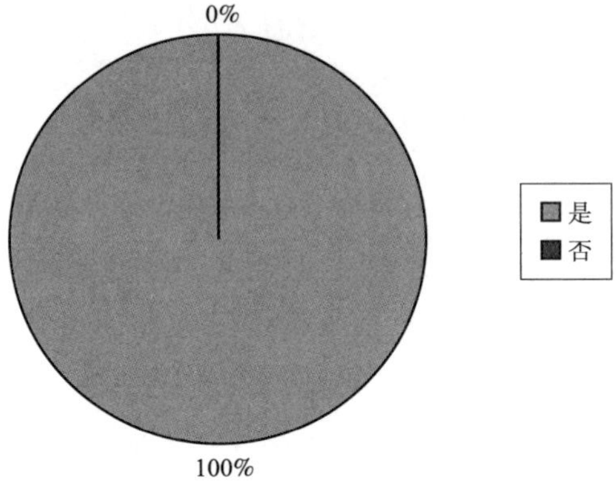

图 2

四、“智慧社区”老年知识分子人力资源配置最大化建议分析

（一）加强沟通宣传

社区应加强与老年知识分子之间的沟通交流。年纪较大的退休知识分子由于身体等原因虽不能参与实践性的社会服务活动，但是可以通过传授、讲座等方式将他的研究成果传授给大家，帮助大家普及知识和解决问题。就先农坛实际情况来说，药研所、动物研究所退休的教授、工作人员很多，可以开些健康养生课堂，把自己的科研成果分享给大家解决健康问题。老年人和社区之间应该相互了解，经常沟通，才能提高老年知识分子的参与度。

（二）老年人力资源配置最大化

社区应根据老年人自身的意愿、特长、学历等方面将老年人划分成不同小组，有的小组负责授课，有的负责宣传，有的负责卫生等。将每个人都安排到合理的位置上，让每个人都发挥最大效用，实现人力资源配置最大化，才能防止出现老年人因无法发挥自己优势而参与度不高的现象，也能防止人力资源的浪费。

（三）创建老年知识分子服务社会平台

成立老年人志愿者协会，扩大老年人服务的范围，将社区服务扩大为社会的服务，使老年人的服务不光局限于社区。这就需要社区与社会志愿群体、组织团体等联系，寻找可用的平台与机会。

（四）为老年知识分子解决后顾之忧

有些老年知识分子因为家庭原因而不能参与社会活动，社区应及时为他们解决家庭纠纷等问题，不仅可以提高社会整体的幸福指数，还可以提高老年知识分子服务社会的参与度。

城市社区为老服务的需求现状及影响因素分析

——以北京市西城区永安路社区为例

陈晨 余萍 程荟 康达

摘要：中国的人口结构已经步入老龄化，老年人绝对数量的增加、相对比重的提升使得老年人的生活保障问题越来越重要。本文以北京市西城区永安路社区为例，通过实地走访、问卷调查，研究现阶段我国城市为老服务的需求现状，并尝试分析当前需求的影响因素，为改善我国老年人生活现状，提升社区为老服务水平提出相应建议。

关键词：为老服务需求；影响因素

一、引言

随着经济社会发展和科学技术水平的不断提高，加上人们家庭规模的缩小和思想观念的转变，世界已逐渐呈现老龄化趋势，并且面临着日趋扩大的老年人需求。我国作为世界人口、经济大国，人口的迅速老龄化带来了未富先老、未备而老和孤独终老的严重问题，分别代表着我国老年人所面临的生活贫困、养老无助、制度缺乏。在这种背景下，仅仅依靠财政收入中的养老基金无法维持日益庞大的老年人口数量和逐渐增加的老年人物质文化需求，传统的家庭养老也无法普及千家万户，这就要求城市社区和社会机构承担部分养老责任，建设就近的养老服务机构，提供医疗服务、生活照料、文娱服务以满足老年人各项需求。

研究老年人为老服务需求可以根据老年人的具体意愿和实际情况，为老年人制定切实可行的社区为老服务措施和项目。此外，根据城市社区老年人为老服务需求，与其对养老方式的选择建立联系，可以更有针对性地面向不同基本情况的老人为其提供不同层次的为老服务。北京市西城区天桥街道永安路社区人口基数较大，常住人口 3 000 余人，其中 90 岁以上老年人 20 余人；80 岁以上老年人 200 余人；60 岁以上老年人 1 500 余人；老年人口占社区常住人口的 50% 以上，具有一定的代表性。基于对永安路社区老人入户调查，通过对老年人各项需求的交叉分析，对需求影响因素计量回归分析，寻找社区为老服务工作的方向，从而类比推广到北京市目前社区为老服务需求现状和社区养老机构建设情况及未来需求。

二、文献综述

随着中国老年人口的增多，社会经济的不断发展，思想观念的不断转变，养老已经从家庭扩展到社会，需要长期接受养老服务的老人的比重也是不断地增加。预计到 2020 年，北京市的老年人口将达到 346.69 万人，占总人口的比例将提高到 22.36%（陆杰华）。面临着经济不够发达的情况下提前到来的、速度如此快、规模如此大的人口老龄化态势，如何妥善处理好养老问题已成为当务之急。它不仅关系到家庭代际的和谐幸福，而且也关系到社区乃至整个社会的和谐与稳定。众所周知，养老分为家庭养老和社会化养老。社会化养老又分为机构养老和社区养老，家庭养老作为中国传统的养老方式，随着家庭平均规模的缩小，老年人数在家庭中的比重日益增加，家庭养老功能逐渐减弱。机构养老也由于受经济状况和传统观念的制约，发展阻碍重重。而社区养老是指老人居住在家里，由社区通过科学的组织管理，向社区内的老人提供社会化服务，以实现养老目标的养老方式。伴随着社会的变迁，社会化的养老越来越受到重视，学者们对社会化养老方式的研究也更深入了。

已有较多的文献尝试研究为老服务需求，但大多都是基于地区性的调查数据。以城市老年人养老现状为基础，以养老服务供需矛盾为切入点，围绕北京市城市老年人需求完善养老服务体系（王晓蕾，2014），也有很多文献以农村为例，分析农村老年人居家养老服务需求的主要表现及其特征，研究影响农村老年人居家养老服务需求的主要影响因素（张国平，2014）。这些研究为我们了解为老服务的需求提供了资料，但是研究的区域性较强，由于经济水平和文化传统的不同，研究结果不可推广至全国，无法全面了解为老服务的实际市场需求。另一方面是，大多数的学者结合我国的具体国情和社会现实，探讨了更多可能影响居家养老服务需求的因素。比如，在中国的传统观念里，子女一定要赡养父母，家庭关系就可能是影响老人选择居家养老的重要因素，也是研究者们选择的焦点之一。当然，也有学者根据当下的实际情况，开始关注社区养老的发展。《国务院关于印发中国老龄事业发展“十二五”规划通知》指出，要“建立以居家为基础、社区为依托、机构为支撑的养老服务体系，居家养老和社区养老服务网络基本健全”，突出社区在养老服务提供上的重要作用（王琼，2016）。针对这一问题的研究，学者们得出的结论是：社区目前所提供的养老服务与老人实际需要的服务项目在供需之间存在着一定差距，老年人对社区养老服务的满意度不高（王佳琳，康华，左敏，2014）。

学术界对养老服务需求及其影响因素的研究，主要通过对老年人进行问卷调查或利用现有的实地数据和统计数据进行分析。2014 年，以重庆市渝中地区为例，发放 180 份问卷。调查显示，有 20.6% 的老年人不知道自己所在的小区是否有养老服务中心，有 53.5% 的老年人仍然倾向于传统家庭养老模式（王佳琳，2014）。这样的选择与我国的传统文化观念相关，也与当下的经济状况有一定的关系，但也有现在的老年人选择居家社区养老，随着经济发展和社会变迁，传统的家庭养老模式难以为继，未来将以社区居家养老为主，这也意味着社区居家养老服务有着广阔的市场前景（王琼，2016）。

总览文献反映出，我国目前刚步入老龄化时间不长，养老服务体系不健全，养老机构的发展遇到阻碍，社区居家养老也处于发展阶段，依然需要在鼓励家庭养老持续发展的基础上，不断地推进社区居家养老模式的发展。政府一定要在对国情和民情有准确判断的前提下，思路清楚地制定养老服务政策。一定要先掌握老年人的实际需求、需求重点和需求顺序，再决定如何发展机构养老、社区养老和家庭养老，使三种养老形式相互补充，共同发展（王晓蕾，2014）。

三、研究过程与方法

（一）数据来源

本文在进行为老服务需求现状及影响因素分析时所采用的数据均为第一手数据，来源于问卷调查和实地走访获得，问卷调查采用实物问卷和网络问卷同步发放。调查时间为 2016 年 7 月至 8 月，调查地点以集中老年人较多的北京市西城区永安路社区为主，调查对象采用随机抽样调查法，随机选取永安路社区和天桥街道办事处下共 2 个社区 60 余户家庭共计 90 余位老人进行调查；且调查对象老人的年龄控制在 60 周岁以上。调查内容涵盖老人的基本情况和老人的需求状况两大方面。考虑到部分老人的年龄、身体健康状况和文化程度的限制，多数问卷是由“为老服务需求调查研究”课题组成员通过访谈，记录老人真实回答话语得到的数据。调查共发放问卷 102 份，回收 93 份，其中有效问卷 91 份，有效问卷回收率接近 100%。

（二）研究方法

本文的研究方法主要是文献查阅和实证分析。我国的学者对老年人为老服务需求方面研究较多，体现在两个方面：首先是研究领域的宽泛，其次是研究方法的繁多。对相关文献的梳理十分必要，借鉴经典文献、发现问题所在，尝试弥补现阶段该领域研究细节的缺失与不足。另外，在对文献梳理归纳分析的基础上，本文运用 SPSS20.0 软件，对问卷体现的样本数据进行描述性统计和二元 Logistic 回归分析，试探究城市社区为老服务需求的现状、影响因素及影响程度，进而试分析北京市当前城市社区家庭养老、居家养老和机构养老做法中的优势与不足，为未来老年人生活保障献计献策。

四、社区为老服务需求现状分析

（一）城市老年人基本情况分析

1. 性别比例

本次调查的60岁以上的老年人中，男性被调查者有33人，占被调查者人数的比例为36.3%；女性被调查者58人，占被调查者人数的比例为63.7%。这与全国老年人口的性别结构比例有一定的差距，但是调查结果真实有效，具有实际意义（图1）。

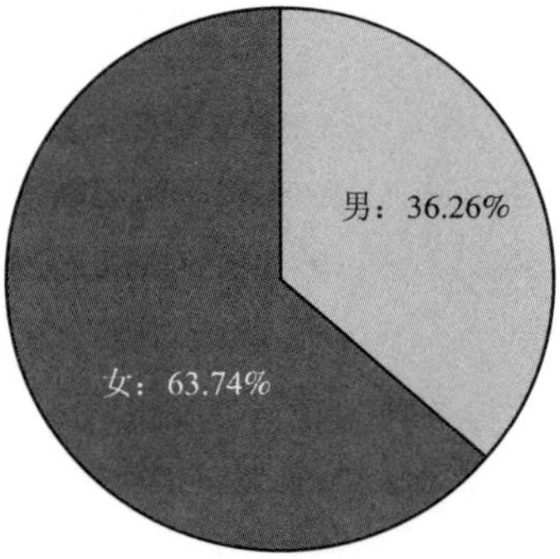

图1 性别比例

2. 年龄结构

此次调查问卷设计的年龄为连续变量，分为组距为5的5个年龄组，其中60～65岁年龄段有34人，占调查人数的37.36%；66～70岁年龄段的有18人，占调查人数的19.78%；71～75岁年龄段的有17人，占调查人数的18.68%，76～80岁年龄段的有12人，占调查人数的13.19%；80岁以上年龄段的有10人，占调查人数的10.99%；通过调查发现，老年人较为密集的区间是60～70岁，年龄结构以低龄和中龄老年人为主，但是80岁以上老年人口有所增长，说明老龄化程增长趋势（图2）。

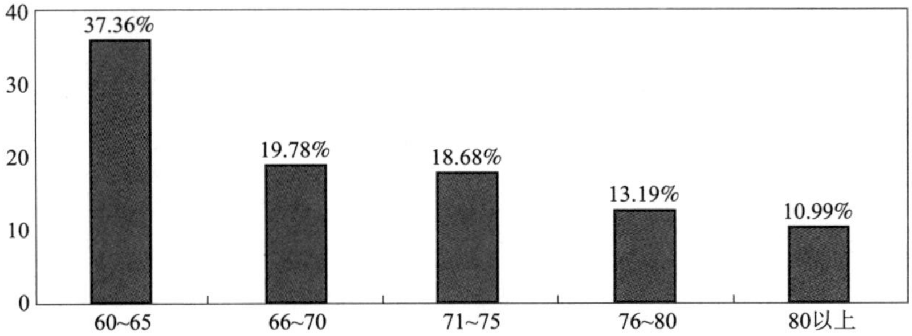

图2 年龄结构

3. 文化程度

本次调查将老年群体的文化水平分为5个阶段：小学以下、小学、初中、高中、大专以上，其中小学以下的有6人，占样本总数的6.59%；小学学历的有10人，占样本总数的10.99%；初中学历的有28人，占样本总数的30.77%；高中学历的有35人，占样本总数的38.46%；大专以上的有12人，占样本总数的13.19%。可以看出，城市中老年人文化水平较高，受教育水平较好（图3）。

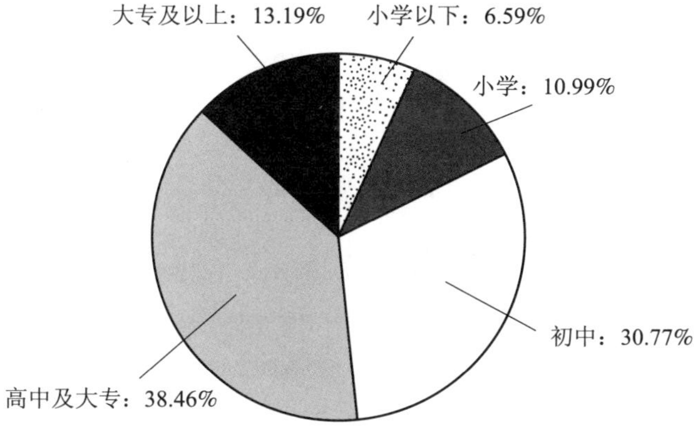

图 3　文化程度

4. 收入水平

本次调查以被访老年人与配偶的共同月收入表示老年人的收入水平，划分为 1 000 元以下；1 001 ~ 2 000 元；2 001 ~ 3 000 元；3 001 ~ 4 000 元；4 001 ~ 5 000 元；5 001 元以上六个等级。调查显示，老年人的家庭收入水平大多数集中在 2 000 元以上，日常生活需要基本上可以满足，其中收入为 2 001 ~ 3 000 元的 2 人，占样本总数的 2.2%；收入在 3 001 ~ 4 000 元的 49 人，占样本总数的 53.85%；在收入来源方面，城市中大多数老年人依靠退休金作为收入来源，所占比例为 53.8%，有 29.7% 的老年人会从子女处得到赡养费，有 14.3% 的老年人的收入来自于国家及政府的补贴，2.2% 的老年人有劳动收入（图 4）。

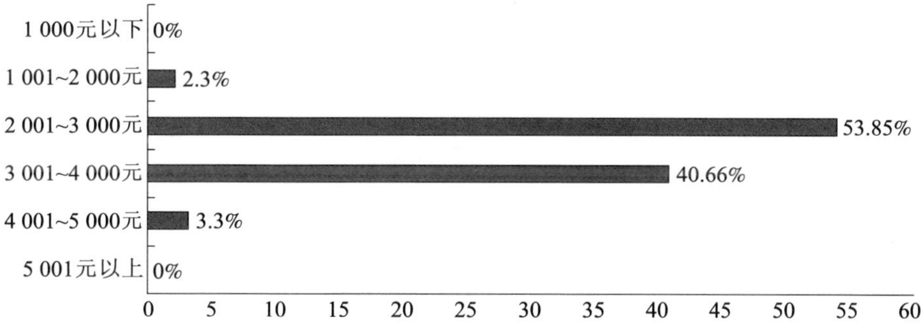

图 4　收入水平

5. 居住状况

从居住情况看，本次调查的老年人中，独居的人数占样本总数的 37.36%，与子女或者配偶居住的人数占样本总数的 56.04%，与配偶和子女居住的人数占总数的 6.59%。从调查结果可以看出，随着经济发展和生活方式的改变，“空巢老人”数量日益增长（图 5）。

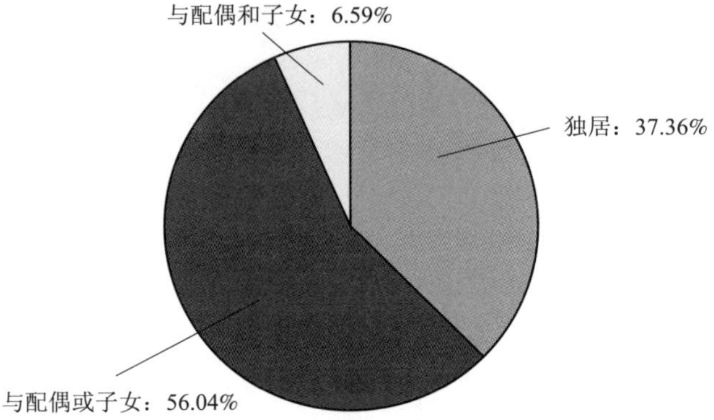

图 5 居住状况

6. 婚姻及子女状况

本次调查的老年人中，婚姻完整的较多，占样本总数的 69.23%，单身占 13.19%，丧偶的占 17.58%（图 6）。再从子女数量上来看，无子女，一个子女，两个子女，三个及更多的子女，分别占样本数量的 8.79%、46.15%、32.97%、12.09%（图 7）。

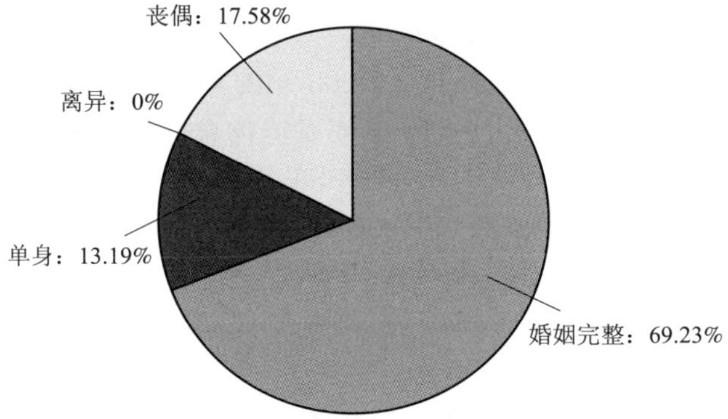

图 6 婚姻状况

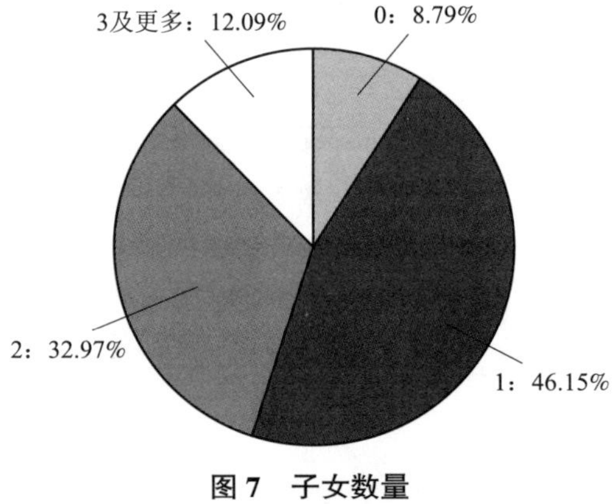

图 7 子女数量

（二）社区老年人为老服务需求分析

1. 医疗保健需求

在被调查的老年人中，38.46% 的老年人表示身体健康状况一般，16.48% 的老年人是长期患病，身体健康状况很差，需要人照顾、陪同的老人。而根据调查结果显示，有 57.14% 的老年人都是自己去，无人陪同。有 28.57% 的老年人是老伴儿陪同，有 14.29% 的老年人是由子女陪同看病。根据调查可知，老年人需要社区提供老年人的服务项目，问卷设计中包含了“上门看病、老年人服务热线、康复治疗、就医陪同”四个方面，而四个方面的需求比例分别为 34.07%、37.36%、38.46%、39.56%，其中就医陪同所占比例较高，但整体差距不大（表 1）。

表 1　老年人服务项目（多选）

服务项目	频数	百分比 /%	排序
上门看病	31	34.07	4
老年人热线服务	34	37.36	3
康复治疗	35	38.46	2
就医陪同	36	39.56	1

随着年龄增长，体质的减弱，老人需要去医院就诊的概率就增加，加之北京人口众多，交通拥堵，挂号难等一系列的问题，更是增加了老年人看病的难度。调查数据显示，不论是身体健康还是患病的老年人，有 71.43% 的老年人选择居家养老，可能是由于随着年龄的增长，老人自理能力的下降，老年人都渴望在一个自己熟悉的地方，在家人的照顾之下养老。但是随着社会的发展，思想观念的转变，社区居家养老作为一种新的养老方式逐渐被大众所接受，调查显示有 26.37% 的老年人愿意选择这种养老方式。而社区照料作为家庭照料的补充，成为很多发达国家普遍倡导的一种养老形式。社区的日常照料应当包括上门做家务、网上购物指导、健身指导、银行业务咨询、代办缴费、送饭等一系列的服务项目，但是由于我国社区居家养老服务起步较晚、服务内容不全面，根据此次调查显示，社区提供的日常照料服务包括就医乘车指导、健身指导、代办缴费三个部分，但是 65.9% 的老年人表示最近一年他们未曾接受过这样的服务，只限于听说有此类项目。还有 30% 的老年人不知道社区有这样的服务项目。同时，他们也对社区养老服务项目有自己的看法，依据调查显示，老年人对就医乘车指导（34.07%）、代办缴费（32.97%）、健身指导（28.57%）、陪同看病（27.47%）这四项的需求较高（表 2）。

表 2 老年人的对社区服务需求（多选）

服务项目频数百分比排序			
上门做家务	20	21.98	5
网上购物指导	8	8.79	8
健身指导	26	28.57	3
陪同看病	25	27.47	4
代办缴费	30	32.97	2
送饭或者外卖	6	6.59	9
就医、乘车指导	31	34.07	1
银行业务咨询	14	15.38	7
旅游咨询	18	19.78	6

2. 精神文化需求

老年人退休以后，生活的重心有所转移，心里难免会有不平衡感，失落感、焦虑感。这时老人不仅有物质需求，更重要的是满足精神上的需求。本次的调查将老年人的日常文化活动分为九个部分，包括看电视或听广播、体育锻炼，棋牌娱乐、散步、读书看报、逛公园、旅游、种花养宠物、书画或者唱歌跳舞。调查结果显示，在被调查者中，看电视听广播是老年人精神文化的重要组成部分，其次是散步，这两者的比例远远高于读书看报。但也有 45.05% 的老年人把读书看报作为必不可少的文娱活动，发扬“学到老活到老的精神”，在社区的积极倡导下，越来越多的老人开始学习书法以及唱歌跳舞等一些文娱活动，在这些文娱活动中，既收获知识也与其他老年人有更多的情感交流（表 3）。

（三）需求分析结论

老年人养老服务需求种类多样，我们的调查根据收集到的有效信息将老年人养老服务需求分为：医疗保健需求、精神文化需求，养老机构需求。医疗保健需求是由于老年人的身体状况的变化产生的一种需求。精神文化需求是在老年人满足基本的身体健康的状况下，追求更高的生活质量的一种文化类需求。随着社会的进步和发展，新式的社区居家养老方式为老人所接受，对居家养老的态度也发生了转变，几种养老模式相互支持、相互连接，共同构成了养老服务需求。

表 3 老年人精神文化需求

文化项目频率百分比排序			
电视或听广播	70	76.92	1
体育锻炼	39	42.86	5

续表

文化项目频率百分比排序			
棋牌娱乐	1	1.1	9
散步	68	74.73	2
读书看报	41	45.05	4
逛公园	48	52.75	3
旅游	17	18.68	8
种花养宠物	35	38.46	6
书画或者唱歌跳舞	32	35.16	7

综合分析，我们发现，永安路社区的老年人对养老的需求重点有所不同，多数的老年人依旧倾向于家庭养老，他们大多数有自己的退休金作为收入的来源，身体状况良好，生活能够自理，对养老的要求只是需要简单的照顾关心和精神文化的需求。而面对空巢问题的老人们，要满足精神慰藉，社区是一个重要的活动场所，但是由于社区宣传的缺失，仍旧有很多人对社区提供的养老服务项目不了解甚至全然不知，但老人们对社区居家养老还是提出了自己的想法，可见他们对社区居家养老的期待。

五、社区为老服务需求影响因素的回归分析

（一）变量的选择及确定

借鉴国内外的研究结果，以社区为老服务需求为因变量，包括医疗保健需求与精神文化需求两个方面。其中以医疗保健需求为因变量时选取性别、年龄、居住情况和子女状况为自变量；以文化娱乐需求为因变量时选取性别、年龄、受教育状况和子女状况为自变量。各变量定义赋值后如下：

*X*1 年龄：1=“60–65 岁”，2=“66–70 岁”，3=“71–75 岁”，4=“76–80 岁”，5=“80 岁以上”

*X*2 性别：1=“男性”，0=“女性”

*X*3 教育程度：1=“小学以下”，2=“小学”，3=“初中”，4=“高中及大专”，5=“大专以上”

*X*4 居住情况：1=“独居”，2=“与配偶或子女”，3=“与配偶和子女”

*X*5 子女状况：1=“无子女”，2=“1–2 个”，3=“3 及以上”

*Y*1 医疗保健需求：1=“需要”，0=“不需要”，医疗保健需求程度由身体健康状况决定，身体状况越差认为医疗保健需求越强，以此来划分，认为身体状况

一般以下为需要。

$Y2$ 精神文化需求（与 $Y1$ 医疗保健需求分级一致），精神文化需求程度由参与文娱活动项目数确定，参与文娱活动越多认为精神文化需求程度越高，以此划分，认为参与社区文娱活动 3 项以上为需要。

（二）Logistic 回归模型分析结论

为进一步检验各解释变量对城市社区为老服务需求影响因素的具体程度，故引入二分类 Logistic 模型。本文采用社会统计分析软件 SPSS20.0 对第一手问卷数据进行 Logistic 回归分析，采用最大似然估计法对回归参数进行估计。从整体回归的结果可看出各模型总体显著性水平较高。具体回归结果如下：

1. 医疗保健需求与各解释变量的回归分析

模型系数综合检验表：模型：卡方 =34.009，P=0.000<0.01，按 α=0.05 水准，认为自变量 $X1$ 年龄、$X2$ 性别、$X4$ 居住情况、$X5$ 子女状况与因变量 $Y1$ 医疗保健需求的 Logistic 回归方程有统计学意义。结果见表 4。

表 4 模型系数的综合检验

		卡方	df	Sig.
步骤 1	步骤	34.009	4	.000
	块	34.009	4	.000
	模型	34.009	4	.000

模型汇总表：Cox & Snell R 方和 Nagelkerke R 方是回归方程的拟合优度检验，类似于 R 方统计量，其数值大小反映了方程对被解释变量变异解释的程度。本例中，Cox & Snell R 方和 Nagelkerke R 方大小分别为 0.611 和 0.815，均大于 60%，认为对被解释变量变异解释较好。结果见表 5。

表 5 模型汇总

步骤	–2 对数似然值	Cox & Snell R 方	Nagelkerke R 方
1	15.897a	0.611	0.815

在步骤 1 中输入的变量：$X1$ 年龄，$X2$ 性别，$X4$ 居住情况，$X5$ 子女状况.

方程中的变量表：城市为老服务需求中的医疗保健需求与相关自变量的回归总体较显著，其中与年龄、子女状况两个自变量之间呈现显著关系，性别、居住情况则不够显著。回归系数中，年龄的回归系数为正值，性别、居住情况和子女状况系数为负值，说明从年龄来看，年龄越高对医疗保健需求越大；从性别来看，女性较男性对医疗保健需求较大；从居住方式来看，独居较和子女或配偶居住的老年人对医疗保健需求更大；从子女状况来看，老人子女越多，对医疗保健需求越小。从显著性水平来看，年龄的影响最为显著，年龄在其他条件一定的情况下，老年人年龄每上升一个单位，对医疗保健需求的可能性会增加 1.6 倍；子女数量次之，子女数量每上升一个数量，对医疗保健需求将会降低 37.2%（见表 6）。

表 6 方程中的变量

		B	S.E,	Wals	df	Sig.	Exp（B）
步骤 1a	*X*1 年龄	2.924	1.120	6.810	1	0.002	1.608
	*X*2 性别	−2.554	1.923	1.764	1	0.184	0.078
	*X*4 居住情况	−1.325	1.266	1.095	1	0.195	0.266
	*X*5 子女状况	−0.988	1.797	0.302	1	0.004	0.372
	常量	−1.942	4.183	0.215	1	0.642	0.143

四因素（*X*1、*X*2、*X*4、*X*5）所建立的 Logistic 回归方程如下：

Y=Exp（−1.942+2.924*$X1$−2.554*$X2$−1.325*$X4$−0.988*$X5$）/（1+Exp（−1.942+2.924*$X1$−2.554*$X2$−1.325*$X4$−0.988*$X5$））

2. 文化娱乐需求与各解释变量的回归分析

模型系数综合检验表：模型：卡方 =24.682，P=0.000<0.01，按 α=0.05 水准，认为自变量 *X*1 年龄、*X*2 性别、*X*3 教育程度、*X*5 子女状况与因变量 *Y*2 精神文化需求的 Logistic 回归方程有统计学意义。结果见表 7。

表 7 模型系数的综合检验

		卡方	df	Sig.
步骤 1	步骤	24.682	4	.000
	块	24.682	4	.000
	模型	24.682	4	.000

模型汇总表：Cox & Snell R 方和 Nagelkerke R 方是回归方程的拟合优度检验，类似于 R 方统计量，其数值大小反映了方程对被解释变量变异解释的程度。本例中，Cox & Snell R 方和 Nagelkerke R 方大小分别为 0.596 和 0.664，接近和大于 60%，认为对被解释变量变异解释较好。结果见表 8。

表 8 模型汇总

步骤	−2 对数似然值	Cox & Snell R 方	Nagelkerke R 方
1	24.779a	0.596	0.664

方程中的变量表：城市为老服务需求中的精神文化需求与相关自变量的回归总体检验较显著，其中与教育程度、子女状况两个自变量之间呈显著关系，显著性水平 P 值分别为 0.009、0.034；年龄、性别相对较为不显著。在回归系数中，年龄的回归系数为负值，性别、教育程度和子女状况系数为负值，说明从年龄来看，年龄越高对文化娱乐需求越小；从性别来看，女性较男性对文化娱乐需求较小；从教育程度来看，受教育程度越高对文化娱乐方面的需求越大；从子女状况来看，老人子女越多对文化娱乐需求越大。从显著性水平来看，受教育程度的影响最为显著，受教育程度在其他条件一定的情况下，老年人受教育程度每上升一个单位，对文化娱乐需求的可能性会增加 4.5 倍；子女数量次之，子女数量每上升一个数量，对文化娱乐需求将会增加 9.7 倍（见表 9）。

表 9　方程中的变量

		B	S.E,	Wals	df	Sig.	Exp（B）
步骤 1a	*X*1 年龄	−0.715	0.422	2.864	1	0.091	0.489
	*X*2 性别	2.003	1.223	2.683	1	0.101	7.409
	*X*3 教育程度	1.507	0.575	6.864	1	0.009	4.513
	*X*5 子女状况	2.981	1.410	4.471	1	0.034	9.707
	常量	−10.162	4.184	5.899	1	0.015	0.000

在步骤 1 中输入的变量：*X*1 年龄，*X*2 性别，*X*3 教育程度，*X*5 子女状况.

四因素（*X*1、*X*2、*X*3、*X*5）所建立的 Logistic 回归方程如下：

Y=Exp（−10.162−0.715*$X1$+2.003*$X2$+1.507*$X3$+2.981*$X5$）/（1+Exp（−10.162−0.715*$X1$+2.003*$X2$+1.507*$X3$+2.981*$X5$）

六、政策与建议

地处天桥街道的永安路社区是楼房与平房混杂社区，常住人口 3 000 余人，其中 90 岁以上老年人 20 余人；80 岁以上老年人 200 余人；60 岁以上老年人 1 500 余人；老年人的人口数占社区常住人口 50% 以上。社区残疾人还有 212 人。近年来，在北京市西城区大力提倡为老服务体系建设下，永安路社区积极配合，取得了一定的成效。城市为老服务对社会结构的变革、社会治安的稳定有着重要意义，因此，我国面对日益老龄化的年龄结构时，需要发挥社区、社会组织、社工三方力量，有针对性地面对不同为老服务需求的老人，提供完善的服务。因此，社区在养老体系发挥主导作用时应加强并改进以下方面的工作：

（一）联合政府社会社区各方力量，资源合理配置

为老服务的建设与提供，服务体系的建立与完善离不开政府，政府的资金、场地、人才、技术等各项资本都对其发展有着重要作用。与此同时，在政府的大力支持和引导下，还需要社会组织、地方社区和专业社工人才的密切配合，只有形成互补联动的工作关系，为老服务才能真正走向寻常百姓家，资源才得以充分配置。在永安路社区，我们了解到在社区党委的带领下，一些社工机构和专业社工人才（例如常青藤可持续发展研究所）被吸引接纳，积极为社区老人服务；一些社会机构和志愿者机构（例如宣武中医医院、沙宣美发、先锋助老服务队）主动为老人们提供家政、咨询、生活照料、上门看病等为老服务。

（二）调节社会为老服务供求关系，资源充分利用

社会为老服务建设的宗旨是为老年人服务，因此其供给量必须考虑其需求量。既不可供小于求，也不能供过于求，而供求平衡是最佳状态，也使资源被充分利用。在永安路社区的实地调研中我们发现，部分老年人对于社区中提供的各项为老服务项目和设施并不是非常了解，他们没有主动探寻但有着相当大的需求，这也从侧面反映了当下的城市社区对于为老服务设施的提供缺乏宣传，使老年人没有享受到应有的服务，资源也被闲置，没有充分利用。

（三）面向老龄群体针对性提供服务，照顾特殊群体

在对老年人为老服务需求影响因素的调查研究中，我们通过走访和发放问卷发现很大部分老人比较倾向家庭养老，对于社区居家养老不太了解或者不太关注。说明社区为老服务工作并没有全面覆盖，可能只覆盖到了小部分群体。所以在今后的工作开展上，要注意因地制宜、因材施教，面对不同的老龄群体，他们的医疗保健需求和精神文化需求不甚相同，所以要有不同的为老服务措施及方案，切不可一概而论，统一标准。此外，要根据老年人的真实想法和切身利益为其服务，在养老方式上，具体是家庭养老、社区居家养老还是养老院养老，须征求老人及家人意见后才能做决定，不可强加于人，否则提供为老服务只会适得其反。

授人玫瑰　手留余香

天桥城市志愿者工作的完善和发展

聂思聪

2008年8月8日，北京迎来了期盼已久的奥林匹克运动盛会，这是中国历史上首次承办奥运会。作为东道主，这无疑是令首都北京乃至全国人民都感到骄傲的一件大事。同时，也为中国青年创造了新的历史机遇，构建了新的实践舞台，提供了新的发展空间。北京为承办一届“历史上最出色的奥运会”而不懈的努力奋斗，这也意味着奥运会需要更多的青年志愿者，在更大的范围，更广的领域内为筹备有关奥运会的各项事业进行无偿工作。

北京奥运会志愿者包括：赛会志愿者、城市志愿者、社会志愿者、迎奥运志愿者、奥组委前期志愿者等。其中，城市志愿者是指在北京奥运会、残奥会举办期间在城市志愿服务工作中，有固定或特定服务岗位的志愿服务人员，不包括赛会志愿者，同时也区别于社会志愿者。招募人员为40万至50万。城市志愿者以其服务范围的广泛性和自主性而被喻为是一篇美丽的散文，与之相对的是，因工作严谨性高而被喻为记叙文的赛会志愿者和因层次广而被喻为议论文的社会志愿者。

笔者于2008年7月14日至2008年8月22日到北京宣武区天桥街道团工委进行挂职实习，以社区主任助理的身份，积极投入到天桥地区奥运城市志愿者的工作中去，对天桥地区四个城市志愿者服务站点的运行和管理情况有了一定了解和切身体会。

一、天桥街道城市志愿者的发展概况

（一）前期招募与队伍建设

北京奥运会城市志愿者需满足以下六个基本条件：

（1）自愿参加北京奥运会城市志愿者工作；

（2）1994年6月30日（含）前出生，身体健康（未满十八周岁的报名申请人需经法定代理人同意）；

（3）遵守中国法律法规；

（4）能够参加赛前培训及相关活动；

（5）能够在北京奥运会、残奥会期间提供3个工作班次（含）以上的服务；

（6）具备北京奥运会城市志愿服务岗位必需的知识和技能。

天桥街道城市志愿者于 2007 年 9 月开始招募，报名者主要来源于社会、学校、政府机关、企事业单位等，截至 2007 年 12 月 26 日为止，共招募、登记青年志愿者 160 名。天桥街道奥运城市志愿者服务总队组建了 8 支“天桥城市志愿服务分队”，共发放各类宣传资料 9 000 余份，组织 265 次、221 名志愿者开展北京奥运城市志愿服务活动，为群众提供语言翻译、应急救助、奥运知识、民俗展示、义务指路等志愿服务。天桥街道奥运城市志愿者服务总队以较好的姿态迎接北京奥运会的到来，为奥运会期间各项工作的顺利开展奠定了良好基础。

天桥街道建立了具有天桥特色的奥运城市志愿者队伍，它由一支志愿服务总队和八支志愿服务分队组成。团队采用多种协调联络方式，包括天桥志愿者博客、QQ 群、飞信平台、电子邮件、登记档案表等。天桥街道奥运城市志愿者服务总队是 2007 年 9 月在共青团宣武区委及天桥街道领导下成立的，主要负责宣武区天桥街道管辖的奥运城市志愿者招募，组织及日常的志愿服务活动。在活动的过程中，受天桥街道团工委领导，并根据团区委的指示开展志愿服务活动，为天桥地区提供志愿服务。

（1）天桥街道奥运城市志愿者服务总队的人员结构为：

总队长：李飞天桥街道团工委书记

分队长：宋晓成

分队副队长：郭阳

后勤保障：于静

法务专员：刘浩

（2）天桥街道奥运城市志愿者服务总队原则为：

a. 敬业原则

b. 团结原则

c. 文明原则

d. 勤俭原则

e. 环境原则

（二）志愿服务相关制度的建立和完善

组织和管理天桥街道奥运城市志愿者的工作人员经过一段时间的摸索和实践，在前期招募结束和队伍建设基本成型之后，认真思考和总结，制定了各种志愿服务的相关制度，以保证在奥运会、残奥会期间的志愿工作能够顺利开展。这些制度大体包括服务规范、服务流程、服务总队规章制度、特色活动、工作细则等。下面笔者将择机对《天桥奥运城市志愿者服务规范》作简要介绍。

天桥城市志愿者服务规范共分为七大部分，分别是：站点服务规范，物资发放规范，应急规范，培训制度，协调、联络制度，奖惩制度以及附则。其中比较重要的是站点服务规范中的志愿者岗位职责，具体内容如下：

1. 站长：负责当日站点的开启、关闭及在服务中出现的各种问题（具体职责参见《天桥志愿者站点服务流程图》）。

2. 五名城市志愿者根据分工不同，职责如下：

（1）信息咨询服务（information service）。

负责信息咨询的志愿者要熟练掌握奥运知识，奥运会赛会、城市志愿者通用政策等奥运信息，熟悉北京、天桥的历史人文景观等城市信息，还要对所在站点的周边情况有所了解，用最生动的语言向社会公众介绍北京和天桥，用最准确的语言回答服务对象提出的各种问题，展现城市志愿者的风采。

（2）语言翻译服务（language service）。

负责语言翻译的志愿者要了解涉外礼仪，尊重外国友人的风俗与禁忌，尽量做到翻译的内容准确、精练、到位。

（3）应急服务（emergency service）。

负责应急服务的志愿者要经过应急急救培训等相关培训，并熟练掌握医疗用品及其他应急物品的使用。负责应急服务的志愿者遇受伤、疾病等意外情况时，及时判断伤病情况，按照应急预案的相应要求做出处理。在使用医药箱，为社会公众提供的一般性的医疗服务时，一定要事先征得当事人同意。

（4）其他便民服务

在做好以上三项奥运城市志愿者基本工作的同时，配合天桥大队组织、策划的站点活动进行其他的便民服务。

（三）站点分布以及各自发展特色

北京市宣武区天桥街道共分布有四个城市志愿者服务站点，它们分别是：市民广场站点、友谊医院站点、如家酒店站点以及普法广场站点。四个站点与古色古香的天桥相应和，这四个站点也分别有自己的不同的特色。下面笔者简要介绍一下它们各自的特点：

1. 市民广场站点：该站点位于天桥比较开阔的市民广场地带，其后有代表老北京天桥杂耍艺人的“八大怪”，还有代表着传统工艺文化的民俗工艺坊。故借此优势，该站点可以大力宣传天桥地区的民俗文化。

2. 友谊医院站点：该站点与友谊医院只有百米之隔，而来到这里服务的志愿者也有许多人是友谊医院的员工。因此，该站点能够以一定优势更好地开展医疗方面的应急救助服务。

3. 普法广场站点：普法广场站点虽名为广场，但实际上并没有广场，只是位于一处十字路口。为了能够使自己的服务更有特色，该站点便致力于“普法”

二字，积极进行法律方面的宣传。

4. 如家酒店站点：该站点附近有许多外国人居住，这就注定在这里服务的志愿者必须有较高的语言翻译能力。也由此注定这个站点的特色就是更胜一筹的语言翻译服务。

二、天桥奥运城市志愿者动态调查

为了对志愿者工作做进一步深入调查，随时掌握志愿者的相关情况，及时发现、反馈和解决服务过程中所出现的各种问题，笔者除到站点实地体验外，还利用工作的便利，在志愿者中开展问卷调查，以及对志愿者进行跟踪采访，收集了丰富的材料。

三、存在的不足和解决方式探讨

参加工作一个半月以来，笔者对志愿者的各项工作均有了初步的了解和充分的体会，进而也有了一些自己的思考，下面将针对与笔者工作密切相关的几个方面提出一些本人认为还有待改进和完善的地方，难免有肤浅之处，还望读者谅解。

（一）对城市志愿者的宣传力度不够

1. 设立城市志愿者是北京奥运会的首创之举，所以大众普遍对其不够熟悉。虽说也有很多关于城市志愿者的专题网站、报纸，但还是少为群众所接触。

2. 奥运城市志愿者的赞助商为中国移动，故在其赞助的志愿者制服和“蓝立方”上都有明显的中国移动标志，而中国移动又为大众所熟知，故经常出现有过往路人到站点来购买手机充值卡或询问相关业务的场景。直到志愿者为其作出说明，路人方才知晓真相。

当然，新事物的出现和被大众所接受，确实需要一个过程，过程中会遇见一些困难，只要我们认真对待，积极处理都能及时作出改变，完善新事物。

建议：加大对城市志愿者的宣传力度，提高对城市志愿者的重视程度，通过电视、广播、报纸等多种媒体平台，以纪录短片、公益广告等多种形式进行宣传，积极营造志愿服务文化氛围。

（二）培训知识缺乏，落实困难

天桥街道奥运城市志愿者的组成结构在奥运会期间可大致分为两个部分，一是与高校学生的对接，二是从社会招募的志愿人员。周一至周五由首都师范大学召集本校学生志愿者到站点进行服务，周六日则由社招的志愿者进行服务。对于学校的志愿者来说，他们报名后，由学校统一安排接受相关的培训。但这种培训并没有实质有效的内容，并且也并不是针对天桥地区具体情况的专门培训。所以，由于志愿者均来自北京不同地区，对天桥的交通、饮食、购物、娱乐等状况不甚了解，在第一次上岗时进入服务状态缓慢，在很多情况下，不能为路人提供及时周到的服务，以致出现当路人询问一个简单的公交车站时，都不能为其正确指出的尴尬局面。此外，在突发事件和紧急情况处理方面的培训也只是点到为止，志愿者只是略有所闻，并不能很好掌握，在真正需要着手处理时，他们往往不够沉着冷静。

建议：学生志愿者由学校统一组织接受切实有效的培训，包括对天桥地区具体情况的介绍，处理突发紧急事件的演习等。如果组织大规模的培训不便，那么就对所有的站长进行培训。还可以在排班制度上有所改进。改变每天换一批志愿者的现有制度，可以调动一批已经有过站岗服务经验的志愿者与第一次上岗的志愿者同时进行志愿服务，这样就会减少初来乍到的迷茫性。同时，还可以制作局部地图展板，为志愿者和路人查询提供一定的便利。

（三）街道与高校的配合不够默契，人力资源利用率较低

奥运会期间，天桥地区的四个站点同时开放，并由街道派人每天早晨九点开启四个站点，而负责这项工作的只有一个人。由于四个站点在地理位置上相隔较远，这就决定了同一个人不可能在同一时间开启四个站点。这样就免不了有的站点提前开启，有的站点滞后开启。而通常，最后一个站点开启往往都要等到九点半方可。这样就会让等待的志愿者在情绪上焦躁不安，同时也不符合规定的时间要求。由于街道的人力物力资源有限，在这个问题上也有很大的无奈。但从高校的角度来说，完全可以帮助解决这一问题。

建议：对于学校来说，基本是每个站点由几个院系包揽，那么在站点开启的问题上，学院完全可以在自己内部交接钥匙，每早由站岗同学开启站点，免去不必要的等待。

（四）站点物资配备滞后，难以满足需求

通常情况下，城市志愿者服务站点的物资由团区委和街道团工委按照志愿者和社会的需求统一发放。对于志愿者来说，由于志愿服务工作的辛苦，在很大程度上需要一定的物质保障。除了必备的水、饭等外，在炎热的天气下还需要扇子，纸巾等物资。但由于类似物资均是在奥运会即将结束的时候才下发到站点，所以之前已经站过岗的志愿者就不能享受到。对于路人来说，他们所需要的各种公交地铁线路图也不能及时地印刷下发。很多人都会向志愿者索要公交路线图，但由于没有这方面的物资，志愿者也只能爱莫能助。

建议：提高工作效率，及时发现和解决问题。在周例会上总结的问题应尽快上报。已到位的物资，街道团工委应尽快下发到站点。同时，应加强对站点物资的管理，批量物资应存放在团工委，由团工委有计划地发放到各站点，减少站点

物资的堆积。

（五）午饭及微笑贴使用上的浪费

按照团区委的统一规定，宣武区各站点每天中午都会接收十份午饭，而站点每天大约只有七到八人站岗服务，所以基本每天都会有剩余的饭菜。虽然说一个站点只剩一个盒饭，天桥街道加起来也只剩四盒，但宣武区所有站点加起来剩余量也是一个不小的数目了。

微笑贴则是由团区委统一发放的粘贴标志。由于涉及赞助商的利益，上岗服务的志愿者必须用微笑贴将衣服和腰包上的志愿者标志遮盖住。而微笑贴又是一次性使用的印刷品，必须随时补充数量以备使用。我们知道，在财政收支方面，无论事情大小，都要做到精打细算为好，钱要花在刀刃上。

也许有很多人会认为这是个毫无意义的顾虑，也许会不在乎这一点点钱。但正所谓积少成多，在整个社会倡导节约意识先行的大背景下，在回收用纸、限塑令推广的时代要求下，我们更应该重视这些细小的事情，做勤俭节约的好公民。

建议：关于午饭的问题，可为送饭单位也提供一份排班表，由其根据人数送饭，而关于微笑贴的问题，团区委完全可以制作可以重复使用的标牌，下发到各个站点，每日上岗志愿者轮番佩戴即可，这样既可以达到遮盖要求也可以减少纸质的浪费。

四、结语

奥运会从 2008 年 8 月 8 日开始至 8 月 24 日结束，前后共历时十六天，其间的各项赛事工作能够顺利展开并出色完成，在很大程度上离不开志愿者的大量参与和积极配合。城市志愿者的工作可以说十分辛苦，炎热的天气和相关物资的缺乏给志愿者带来很大不便。但无论是怎样的困难，都不能阻却志愿者们的服务热情。他们真正做到了“奉献、友爱、互助、进步”，他们以微笑的姿态忙碌在北京的各个街头，为市民群众和前来观看北京奥运会的各国友人提供力所能及和热情周到的服务，赢得众多好评。与此同时，志愿者们在实践中也提升了自己的综合素质，提高了自己多方面的能力。

对于我本人来说，这次的实践着实开阔了自己的眼界，结交了更多的朋友，也同样拓展了自己的综合素质。相信这段美好的经历我将铭记终生。

奥运会即将结束，可以说我们基本实现了自己的诺言，我们举办了一届历史上最出色的奥运会。这种全民参与，全民安保，全民奉献的奥运会让我感动，让我自豪，我为自己是一个中国人而感到骄傲。

关于残疾人在社区的志愿服务现状与前景展望的调研报告

——以天桥小区社区为例

李思杭　王　雪

摘要：残疾人通过社区享受了国家的多项社会保障政策，接收到来自社区的帮助和支援。他们亦积极参加社区志愿服务活动，为社会贡献力量。本调研从残疾人成为参与志愿服务主体的角度出发，用深入访谈的方法，分析了当前残疾人参加志愿服务的现状及存在问题，并在此基础上讨论出以残助残、“走进去、引出来”、参与式服务、无障碍环境建设等完善社区残疾人参加志愿活动的模式。

关键词：残疾人；志愿服务；以残助残；价值实现

一、引言

在我国，残疾人是指在心理、生理、人体结构上，某种组织、功能丧失或者不正常，全部或者部分丧失以正常方式从事某种活动能力的人。世界上大约有10% 的人口，即六亿五千万是残疾人，他们是世界上最大的少数群体。他们通常物质生活拮据、精神压力大、社会适应性差、承受能力脆弱，被认为是当前我国社会公共服务的主要受体。但同时，残疾人通过社区民主参与和福利保障的平台，自愿献出个人时间和力量，成为积极参与志愿服务的主体，对提高自身生活质量和推动社会和谐发展产生特殊的意义。

二、研究方法

就目前而言，天桥小区社区共有 270 位残疾人，在社会生活中由于身体缺陷常被视为弱势群体，通常存在大量的社会服务需求。从天桥小区社区来探究，我们可以看到残疾人的教育水平在初高中所占的比重最大，有少部分人也在往高学历方向发展。劳动年龄段的残疾人有 80% 正在就业，其他处于老年阶段的残疾人也都已退休养老，生活贫困的残疾人也能够领到相关的社区保障金。如今，残疾人无论是在素质、生活自主自理上，都在不断进步，他们也希望能够通过帮助别人、社会贡献自己的力量，创造自我价值。现在残疾人正在社区志愿者之家逐步活跃，成为志愿服务行业的新生代力量。

为了了解残疾人在社区的志愿服务现状，我们亲自走访天桥小区，对七位残疾人进行访谈。

三、研究结果

（一）基本情况分析

1. 群体基本状况

访谈对象的年龄集中在 49 ~ 55 岁，还有一位 29 岁。他们的学历都在初高中以上，其中一位是大专生。有 2 位肢体残疾，2 位视力残疾，1 位多重残疾，2 位听力残疾。其中，3 位退休，2 位待业，2 位就业。整体来说，乐于参加志愿者服务活动的人群素质较高，年龄偏大。

2. 对志愿服务的理解

大家对志愿服务热情都很高，不计酬劳、义务地去帮助别人，以心换心，并从服务中体现自我价值，提升自我修养，并且要具备一定的素质和技能。

3. 获取志愿活动信息的途径

大部分人都通过社区居委会的电话通知而获得志愿服务活动的信息，在社区办公地点第一时间就能得知活动信息，有人在社区宣传栏上也会看到这些信息。获得志愿服务信息的途径是比较窄的，社区是根据上级的通知来办活动，属于比较被动的服务形式，没有切实根据居民需求来展开服务。

4. 参加志愿服务活动的类型

比赛类：乒乓球比赛、象棋比赛；

文娱类：志愿者庆祝会表演、轮椅舞蹈队表演、合唱队表演、时装队表演；

公益类：到残疾人家中送温暖活动、打扫卫生、执勤、扶助残疾人、做向导；

讲座类：法律讲座、文体卫生讲座；

活动的种类相对比较单调，活动具有浓厚的行政色彩，服务的活动缺乏自主性和创造性。

5. 参加志愿服务活动后的感受

在参加活动后，他们都觉得很快乐，在帮助别人同时自己有一种成就感和自豪感。残疾人不仅仅需要社会去提供支持和帮助，也需要自我价值得到体现。要创造更多的平台，让他们的才能得到发挥，实现作为人的价值。

6. 参加志愿服务过程中遇到的困难

志愿活动宣传不够广泛；器械不足，轮椅不够，残疾人活动不便；场地少，无法在社区为他们专门提供一个场所活动。群众的意识中，对残疾人看法还是不公平。有的需求对于残疾人来说是难以提供的，服务对象不接受志愿者的好心和帮助。

残疾人在社会上被施以“特殊”的眼光、待遇，同时也被限制享受很多权利。在志愿服务活动方面，他们乐于展示自我，也需要社区加大宣传力度，让更多的人理解“志愿服务”，更放心地去接受服务。此外，考虑到残疾人身体的缺陷，应该为他们准备一些器械器材，辅助他们完成活动，并且为他们量体裁衣安排志愿活动内容，方便他们参与。

7. 对于残疾人在社区的志愿服务活动的建议和期望

多数的访谈对象认为志愿服务要更广泛和深入，让更多人可以享受到，并且可以组织一个固定的团队进行定点定时的服务，希望志愿服务活动的主动性可以提高，而不仅仅停留在行政化和形式主义的送温暖活动中。公益类活动、义卖活动可以再扩展一些。社区可以成立残疾人旅游俱乐部，举办近郊的活动。残疾人的创造力和积极性是难能可贵的，这也说明通过社区志愿服务，他们净化心灵、提高自我，进一步掌握了适应现代社会的知识和技能，在奉献爱心、救助他人的同时，也改善了自己与社会的关系，获得了更多的认可和肯定。

（二）残疾人在社区志愿服务存在的问题

1. 社区居民缺乏认知

残疾人在志愿服务中所遇到的困难包括社区居民并不认可，也并不去接受这种无偿的服务，广大社区居民对于志愿者和志愿活动的了解主要还停留在“听说”的层次，缺乏对志愿服务的认可。社区未把志愿工作推向深入开展，进行广泛的宣传。

2. 资金缺乏，辅助器具不足

残疾人的身体存在缺陷，不能像健全人一样活动自如，参加志愿服务活动，存在困难。而社区资源贫乏，资金不足，没有给他们提供相应的辅助用具，便于他们参与活动。此外，社区场地极少，不能够给这些志愿者充足的空间进行活动。像提示盲道、轮椅通道、无障碍厕所在社区难得可以发现。

3. 志愿服务的内容局限

在形式上的送温暖活动和打扫卫生等，不能满足社区居民的实际需要。比如测血压的活动，一些行动不便的老人或者是残疾人便无法前往社区居委会进行测量，他们享受不到这种义务服务。社区也没有根据残疾人的实际情况为他们开展一些可以让他们展示自我才华的活动，仅仅停留在以行政单位通知来执行任务阶段，缺乏开展服务的主动性和创造性。

4. 志愿服务缺乏专业培训和管理模式

在采访中，我们了解到社区通常有志愿服务的活动就电话通知志愿者直接参与活动，这就有可变性和随意性。志愿工作具有无偿性和公益性，同时也要求有组织性和专业化的服务。对于残疾人群体来说，他们整体的文化素质相对偏低，更需要专门化的培训和指导，才能更好地服务大众。此外，社区的志愿服务团队缺乏管理，大家参与的随机性较强，没有形成一种模式或者说组织，这会为残疾人开展社区志愿服务创造障碍，是居民未能接受服务的一个原因。

四、讨论

本研究针对有意向参与志愿服务或已成为社会志愿者的残疾人群体，参与服务活动现状进行探究，从侧面讨论服务活动可借鉴的发展方向以及前景模式。

（一）经典模式

在社区工作以及残联工作中，要针对残疾类型设计相应的活动。虽然在力度方面不能够全面满足大众，但社区工作人员的真诚服务以及残疾人志愿者的热情奉献将环保实践、棋牌比赛、知识讲座和“送温暖”等活动延续至今，并使社区居民得以收获，在日后的生活中，依旧可以在原有基础上进行创新。

（二）创新模式

1. 活动方面

活动，是为活而动。那些被认为是社会服务的主要对象和受体的生活困难的残疾人士，在社区公共事务和志愿服务的参与方面并不是消极的客体，而恰恰是积极的主体，他们无论是在参与意愿、参与时间还是参与评价方面都高于普通居民。在对志愿服务活动的期望访谈中，总结如下：

（1）以残助残。

相比较而言，残疾人能够直接感受到作为残疾人的艰难。如果我们充分利用各种资源，重点支持一些由残疾人创办的企业，或重点支持一些有创意、技术、懂经营的残疾人举办活动或社会组织，或者帮助这些企业实现向福利企业转变，很有可能探索出既能保证残疾人生活又能丰富精神文化的新路子。比如残疾人社区养老机构，一方面可以解决实际问题，另一方面在社区，离家近，更加充满温情。再比如残疾人爱心工厂，可考虑每一位残疾人士的可工作程度，可以让残疾人为社会做点贡献，这也是为自己创造价值的过程。成果可以进行义卖活动，无论有没有盈余，这都会是一种尝试。

（2）“走进去、引出来”。

残疾人志愿者纷纷表示，能够出来参加活动以及能够为大家提供服务的残疾人或许已经不是我们志愿服务需要关注的主要对象，更需要社会以及公众关爱的是那些走不出家门，同时渴望看到真正自然和社会的残疾人士。“走进去”，走进家门，将爱心和信心真正带入残疾人生活；“引出来”，走出家门，不分你我他，踏入已经敞开心胸迎接大家的社会。比如心理辅导，志愿服务需要以心换心，长期在家的人可能会封闭自己，想要出去看看大自然，却不能出去，甚至可能害怕出去。互相建立良好的关系就是以精神关怀为基础的，时不时地串串门，为他们量量血压、讲讲新鲜事儿，让他们对自己对他人都有信心。再比如残疾人旅游俱乐部，举办近郊的活动，帮助残疾人走出家门，走到真正的大自然中。

（3）参与式服务。

参与式服务是现代社会服务的基本模式和原则，可以使服务者在与服务对象的互动中充分了解服务对象的真实需要，从而根据需要为其提供有效的服务。参与式服务也是使服务对象同时转化为服务资源的途径。残疾人志愿者和残疾人们都能够通过活动对自身自立自强得到肯定和发展，同时通过助人自助的方式，使服务对象自身的社会适应能力开发和增强。比如残疾人表演队，可以让残疾人们用自己最阳光的心去感染大家，让更多的人加入其中。

（4）特色文化。

志愿服务不是千篇一律的定式服务，而是需要因地制宜、因人而异。以北京的天桥为例，是众所周知的文化的孕育地，服务对象是当地土生土长的北京人，在文化的熏染下，共通的是那份对老北京文化的热爱和坚持，那么残疾人志愿服务也可以将老北京文化吸收，在精神文化、特色文化方面做足准备，提高残疾人志愿服务参与度以及宣传度。同样的，针对不同的文化，可以制定适应当地文化的特色活动。比如针对话剧文化，可以让残疾人志愿者和社区的残疾人们自编自导自演，为生活增添乐趣。

2. 社会支持方面

（1）思想素质。

①意识平民化。

通常情况下，残疾人中大部分受到“社会排斥”思想的影响，这也是造成残疾人缺乏自信、惧怕与人沟通的主要原因。这个概念指被国家的经济和社会发展排斥在外的人。这些人不仅包括穷人，也包括残疾人、老人、受虐待的儿童等，他们不仅不能受到国家福利的保护，而被认为是社会适应不良的人。社会排斥就是指整体社会中的一部分特定群体或多或少地从社会的经济、政治、文化资源和活动中被排除出来。而从人们的观念层面来看，长期以来，“因残而废”的观念在人们的脑海中根深蒂固，在人们的潜意识里，把“残”等同于“废”，因此而导致大部分残疾人不愿主动踏入这个将他们标签化的社会。

因此，使残疾的概念透明化、平民化是让社会公众能够接受残疾人、理解残疾人的关键。残疾不是残废，身残志可不残。参加志愿服务的不仅是普通人，残疾人也可以发挥自身的力量，当社会公众把残疾人看作是和他们一样时，这便是中国思想上一大步的跨越，这份社会的支持也将是他们心灵上最大的慰藉。

②残疾人素质提高。

想要得到他人的尊重，首先要做的就是尊重自己并且使自己值得被尊重。残疾人的学历普遍不高，但可能进行继续深造的残疾人不应该放弃学习的机会，不能因社会的部分歧视行为打消自身向上发展的欲望。即便是没有继续深造的机会，从生活中学习总结，同样是促进成长的方式。自我素质的提高对自己有利，对社会也有利。

（2）无障碍环境建设。

残疾人积极参与社区事务和志愿服务，其参与动力来自这个群体社会利益的实现需要。在失业、退休等生活变迁的影响下，残疾人大都回归社区，这些“社区人”的生活更多地转向依赖社区。但现今的社区，并没有将理论上的“服务到家”做到最好，在天桥小区中，有 270 位残疾人，却没有相应的残疾人生活基础设施，细节上的无障碍还没有落实，同时，为残障人士提供的器械方面也存在不足的情况，这在一定程度上会影响残疾人士的出行以及社会活动的参与度。从社区开始，些许的努力都可能感动居民，无障碍环境的建设需要的是公众的关注和社会的支持，才能为社会和谐贡献力量。

国事民瘼　富国安邦

天桥街道流动人口工作新思路

俞秀杰　王飞成

摘要：随着经济的发展，北京市流动人口不断增加，作为在京人员的一个重要部分，对流动人员的工作非常重要。并且随着2008年奥运会渐近，流动人口的管理亟待纳入社会经济发展总体规划，作为社会治安综合治理的一项重要内容。以北京市宣武区天桥街道为基地做了关于流动人口的调研工作，通过收集资料和研究讨论总结出了流动人口工作的“管理+服务”的新模式。

关键词：流动人口；社区；管理；服务

一、现状和特点

天桥街道位于宣武区东南部，区域东以前门大街与崇文区天坛街道为邻，西起虎坊路与陶然亭街道接壤，北至珠市口与大栅栏街道毗连，南以永安门护城河为界，与崇文区相望，是北京有名的老街区。随着经济社会的快速发展，外来人口逐渐增多。根据我们对天桥街道虎坊路社区流动人口的数据统计，可以大概了解天桥街道流动人口的普遍状况。以下是天桥街道虎坊路社区流动人口统计数据表（见表1～表5）：

表1　虎坊路社区流动人口性别和来源

男	247	农村	373
女	220	城镇	94
总数	467		

表2　虎坊路社区流动人口学历

小学	3	文盲	1
初中	276	大专	85
中专	40	本科	6
高中	55	技校	10
总数	467		

表 3 虎坊路社区流动人口省份来源

河北	70	山东	40
河南	55	湖北	33
安徽	42	四川	30
其他	197	六省总数	270

表 4 虎坊路社区流动人口年龄

20 岁以下	78 人	40 ~ 50 岁	37 人
20 ~ 30 岁	219 人	50 ~ 60 岁	16 人
30 ~ 40 岁	117 人		

表 5 虎坊路社区流动人口来京前职业

务工	110	学生	28
务农	301	其他	67

目前，在虎坊路社区流动人口在册总数是 517 人。男性占 52.9%，女性占 47.1%，20 ~ 40 岁人群占流动人口总数 72%，40 岁以上的人群则呈递减趋势。

经济状况和空间距离对流动方向的影响依然显著。离北京距离较近的省份依然是虎坊路社区流动人口的输出地，河北、河南、安徽、山东、湖北、四川六个省占虎坊路社区流动人口总数 58%。其中，河北 15%、河南 12%、安徽 9%、山东 8.6%、湖北 7.1%、四川 5.8%。

流动人口教育程度越来越高。流动人口中具有初中以上（不包括初中）文化程度占 41%：其中，高中中专技校 53.57%、大专以上占 46.43%。在流动人口中，具有大专学历占 18%，说明大学扩招以来，大专院校毕业学生开始加入流动人口大军。

流动人口大都来自农村，占 79.8%，城镇仅占 20.2%。这些流动人口基本从事第三产业，例如娱乐场所、建筑工地、集贸市场，有的还从事旅店业、修理业、旧物收购等行业。

二、流动人口对社区治安的影响

许多流动人口文化素质低、法律意识淡薄、生活贫困，为攫取钱财，往往铤而走险，成为违法犯罪的根源。随着社会的发展，客观上给流动人口创造了更大的活动范围，其活动方式多样化，流窜性犯罪行为成为影响社区治安环境的因素。

流动人口来自全国各地，各个地方的文化、语言、生活习惯都各不相同，和北京本地也存在着较大差异。并且大部分流动人口来自农村，农村的生活习惯不同于城市，人员庞杂，容易产生各类冲突和纠纷，影响社区治安环境。

有些社区内有许多流动人口经营的各种店面。比如留学路社区，香厂路社区，流动人口个体经商户较多。违规经营，占道经营现象在个体经营户中存在特别多。占道经营不仅影响了社区交通，也破坏了社区的环境。还有经营户之间的同行恶性竞争，经常发生纠纷，成为社区不安定的因素之一。

三、目前天桥街道流动人口管理模式

（一）基本分类

经过我们调查，根据流动人口管理的角度，可以大致把流动人口分为三类：第一类，店面流动人口，是指在社区里店面经营者或者被经营者雇用的外来居民；第二类，房屋出租流动人口，是指在社区内租房居住的外来居民；第三类，单位流动人口（包括建筑工地），是被规模较大的公司、机关和企业雇用的外来居民。

这三类流动人口在管理上有各自的特点。针对店面流动人口以检查暂住证为主，雇主负有管理责任；针对出租房屋流动人口，不仅要检查暂住证，还要签订房屋出租责任书，房主负有管理责任；针对单位流动人口，由单位负责人管理，统一办理暂住证。

（二）流动人口管理机构和工作模式

天桥街道目前流动人口管理以公安机关管理为主，政府管理为辅。在天桥派出所设置流动人口管理科，在每个社区设置外来人员管理站专门负责流动人口。派出所以“分片管理”的方式，每个社区有一位民警和一位协管员专门负责流动人口，社区综合治安委员及其他工作人员协助民警和协管员工作。

现在社区对流动人口的管理基本上可以分成两个方面：暂住证管理和房屋出租管理。

根据北京流动人口管理条例，任何外来人员来京三天后，需要办理暂住证。暂住证不仅可以了解流动人口的信息，有利于对流动人口的管理和服务，也可以防止在逃人员流入社区，有利于公安机关的追捕。

由于流动人口一般情况下不会主动来办理暂住证，社区协管员只好主动找流动人口办理暂住证。在办理过程中，掌握流动人口进入或离开社区的信息是关键。目前，协管员通常采用两种方式获得信息：第一种方法，依靠社区居民，社区工作人员提供流动人口进出社区的信息；第二种方法，协管员自身下户查访，获得流动人口进出社区的信息，这样工作量大，并且效果不显著。协管员掌握信息后，走访流动人口工作地或居住地，敦促其办理或者续期暂住证。通过办理暂住证，掌握流动人口的个人信息，进行在册登记，输入公安服务网络进行身份核查。同时，建立流动人口基础台账，随时可以调取流动人口个人信息。

依据公安部《租赁房屋治安管理规定》第九条第一条的规定：对未签订治安责任保证书出租房屋的，责令补办手续并没收非法所得；情节严重的，可以并处月租金五倍以下罚款。协管员的工作任务是掌握社区房屋出租信息，敦促房主与房客签订房屋出租治安责任书，落实治安责任。

以上两项工作是目前公安机关管理流动人口的基本制度，也是社区协管员的基本工作内容。其中存在许多问题，后面将详细讨论。

四、现有管理模式所存在的问题

（一）流动人口摸底不清，隐性流动人口数量庞大

准确掌握流动人口数量，了解流动人口信息是管理工作中的重点。根据我们的调查，天桥街道各个社区都存在着隐性流动人口数量庞大的问题。现在公安机关在册登记的流动人口仅占流动人口总数的三分之二，有近三分之一的流动人口未办理暂住证或者没有在公安机关注册登记。如此多的隐性流动人口存在，给政府制定流动人口管理政策工作带来了巨大的困难。

这个问题是由多方面因素造成的。由于流动人口本身的流动性决定了流动人口信息难以获得。目前流动人口信息的获得主要渠道是通过办理暂住证。根据流动人口管理条例，外来人员来京三日后，需要主动办理暂住证。但是在实际工作中，外来人员进入社区之后，很少有人主动办理暂住证，离开社区也不会来注销，这样就给管理造成了困难。依靠社区管理员主动上门办理暂住证，这样的工作方式值得肯定，但要准确掌握社区流动人口数量和信息，效果不明显。这种工作方式有很大灵活性，没有一个有效的奖惩机制，难以激发协管员的工作积极性。

流动人口为什么不主动办理暂住证，究其原因，第一，暂住证制度对于流动人口来说，管理性质多，服务性质少。暂住证管理由公安机关执行，公安机关把追捕在逃人员，防止流动人口影响治安作为工作重点。这样造成流动人口心理落差，感觉被人当作潜在违法者管理，对暂住证有排斥心理。而在服务方面，暂住证不能起到服务的作用。目前，流动人口只有在子女入托儿所、入学、买房、买车的情况下才会主动办理暂住证。但是买房、买车对于大多数贫困的流动人口来说，显得遥不可及。第二，流动人口办理暂住证意识淡薄，大多数的流动人口来自农村，来京之前从未接触过暂住证，主动办理意识差。除此之外，部分流动人口还不到法定年龄，没有身份证或身份证丢失，而不能主动办理暂住证。

（二）租房秩序混乱

社区目前没有一个明确的房屋出租管理条例，房主法律意识差，只要有人给

钱租房，房主就租，由此出现了一系列问题，如房主在不明情况下出租给违法犯罪分子或企图参与违法活动的人，并且不向居委会上报出租信息，给社区安全埋下了隐患；房主通过中介机构出租房屋，其安全性较差，由此引起了很多纠纷。这些现象中，使居委会对房屋出租信息掌握较差。暂住证办理难度加大，而租户与房主大多都不会签订房屋出租安全治安责任书，给社区治安埋下了安全隐患，并且出了安全事件，责任人不容易找到，受益人的权益得不到及时保障，给办案增加了难度，国家财产也遭受了损失。

究其原因，其一，缺少有力的制度保障。现在虽然有一些关于出租房屋的管理规定，但执行力差，惩罚力度小，实际上形同虚设，发挥的作用很小。其二，房屋产权不清晰。社区房屋有大部分属于房管所，按规定房管所的房子不允许再租，但现在很多这类房出租而又没有优先排查机制，这就导致房屋产权越来越模糊。其三，房管所工作力度小。现今房管所主要工作是对社区有问题的房子进行修理，然而由于房管所修理工作效率低，修理质量达不到居民满意，从而居民更愿意寻找其他一些修理单位装修。同时房管所对房屋管理力度小，很多房主私自出租，而他们因怕房屋被收回而不登记，不签订安全责任书，给流动人口的管理工作加大了难度。

（三）流动人口与本地区环境融入性差

流动人口与本地区环境融入性差也给流动人口的管理增加了难度。在访谈中我们发现了这样一个规律，流动人口大多数与周围的居民交往少，自己干自己的生意。但是他们内心希望能够融入社区，能够得到跟本地人一样的接待，他们最害怕的便是歧视。可是现实中无论是政府的政策、工作还是本地人对流动人口的态度或多或少都存在歧视，而且本地居民能够享受到很多福利和优待，还有很多拥有不错的工作和可观的收入，长此以往，流动人口形成心理落差，从而加剧了流动人员与本地环境的隔阂，一些社会治安的问题也就随之而来。比如留学路社区和永安路社区近几天发生的“剪衣服事件”。当然，这种现象存在的原因也是多方面的。

第一，这受限于流动人口本身的年龄结构、受教育水平以及来源地的文化背景。根据天桥街道流动人口统计的数字，流动人口中 20 岁到 40 岁的占到了 71.9%，只有初高中教育水平的占到了 69.2%。也就说流动人口中大多数为青壮年，他们正值年轻力壮之时，多数将自己的时间奉献到为生活的奔波上，没有多少时间与周围居民交流和参加社区的活动。并且很多都是受教育水平低，个人的道德素质不高，比如社区居民很多都反映自己院里的流动人员半夜三更回来大说大笑影响其休息，日常生活不注意公共卫生和个人卫生等，很容易激起流动人员与本地居民的矛盾。

第二，本地人做法不当。据了解，很多本地人对流动人口存在排斥心理。由于外地人的大量涌入就业，抢占了就业岗位，同时外地人口多，造成孩子受教育和吃喝住行等资源利用与本地人产生矛盾。流动人口的大量涌入也打乱了本地人的生活。

第三，政府政策不当。现在很多本地政府的政策仅仅针对本地人，将流动人口排除在外，使他们享受不到本地人多享受到的优惠。比如《北京日报》最近刊登了一条消息《京籍老人免费打流感疫苗》，文章说"市卫生局疾控处负责人介绍说，免费接种老年人群主要指本市户口的老年人"。这样一条规定就把流动人口排除在外了，他们从中感受到的便是不平等。

（四）重管理不重服务，流动人口与居委会处于半隔离状态

调查中发现，流动人口对居委会的工作内容以及对暂住证的了解都很少甚至为零。他们参加社区活动的很少，即使居委会有人过来叫他们，也因多种原因很难参加。客观上来说由于他们很多流动性大，不容易在短时间内了解和配合社区的工作；另一个原因便是缺少对社区工作和活动的宣传。除此之外，流动人员来自不同的地区，而且大多数都是来自农村，文化背景的差异也是造成流动人口与居委会处于半隔离状态的一个因素。很多来自农村的流动人员不知道社区这个概念，当然也就不知道社区还会搞活动，他们对于暂住证的了解甚少，即使办证也仅仅认为它有用，不办会有人来查，对于暂住证的具体内容和办理暂住证的意义无从知晓。

（五）对流动人口的管理工作执行力度太小

在协管员下户检查暂住证的时候遇到了很多拒不办理的流动人员，对于这些人员协管员没有处罚的权力，所以只能把民警叫过来。按照规定，拒不办理暂住证的人员罚以 50 ～ 5 000 元不等的罚款。但是罚款的程序复杂：由两名民警监视，并对违规人员进行询问笔录。需要被罚款者心服口服才行，否则需要上报申请复议。同时民警还要写很多罚款相关的材料，需要投入的人力物力很大。而民警本身的工作又比较多，因此一般不会因为 50 元出这么大力。这个惩罚也就形同虚设，几乎发挥不了什么作用了。媒体的宣传也不到位，比如很多媒体报道出北京市不需要办理暂住证的消息，所以很多流动人口以这个为借口不办理暂住证给协管员的工作带来了更大的难度。

（六）协管员工作量大，工作效率低

现在协管员的大部分工作就是每天下户了解流动人口的动态信息，对于一个协管员来说检查整个社区的工作量着实太大。除此之外，协管员还要配合民警的工作，工作量大而报酬却十分低造成了很多协管员消极怠工。流动人口工作的好坏很大程度上取决于协管员本身的责任心和个人素质。

五、解决方法和措施

（一）改变观念，加强服务理念

要做好流动人口的工作首先就要更新自己的观念，改变过去将流动人口看作外来人员另眼相待的态度。据调查，大部分流动人口都有意愿融入社区，而他们最害怕的便是本地人对他们的歧视。观念的改变不仅需要本地的居民改变，同时还需要政府的改变，在优惠政策和福利政策上，适当地惠及流动人口。将观念的改变落实到行动上，那便是增加对流动人口的服务。

天桥街道留学路社区在这方面做得比较好。协管员下片收集流动人口信息，时时刻关心流动人口的日常生活，叮嘱他们生活中要注意安全，冬天要防煤气中毒等，同时还宣传法律知识，增加他们的法律意识。留学路社区每季度开展一次“相识家园”流动人口座谈会，将流动人口聚集到一起，大家各抒己见，发表对社区工作的意见、看法，提出生活中遇到的困难，还增进了流动人口之间彼此的感情。每季度还分发一次《寄给流动人口的一封信》，介绍流动人口的工作，以及提醒流动人口朋友注意生活中的点点滴滴。

在这方面东城区景山街道黄化门社区的经验更值得我们学习。黄化门社区成立了流动人口自管会，自管会的 11 名成员均由本社区居住三年以上的流动人口担任，实行在居委会的领导下流动人口管理流动人口。来自不同省份的自管会成员负责本社区本省的流动人口，及时汇总流动人员的动态信息。积极组织流动人员的活动，如“我的爸爸妈妈”主题青少年演讲活动，用孩子们最真挚的话语表达他们对日夜辛劳的父母的感情；流动人员用才艺展示，来增进本地人对流动人员的了解；流动人员参加公路测试赛志愿者活动，让他们享受到和本地人一样的权利；开展趣味运动会，增加生活的乐趣，拉近与本地人的感情；元宵节一起包汤圆吃汤圆，感受异乡的温情等。在参加文体活动的同时还让流动人员参与政治活动。社区的重大会议邀请流动人员代表参加，提出自己的意见和见解。除此之外，对流动人口的生活也是关心的无微不至，比如帮助流动人口去办事处开一些相关证明、帮助家长联系上学的学校、请派出所专业人员为流动人员做安全知识讲座等。

（二）流动人口管理要分区分片，充分发动人民群众的作用

由于流动人口大多是租房居住，并且居住分散杂乱，他们出入社区的信息很难掌握，现在仅仅靠流动人口协管员下户挨家挨户的查工作量非常大，而且会遗漏很多最新变动的流动人口。鉴于流动人口分布情况，我们可以根据社区区域分布或者流动人口分布情况将社区分为若干个片区，每个片区设立一名负责人，专管本片区的流动人口情况。因为流动人口大多居住在出租房内，所以我们可以充

分发挥人民群众的作用，让群众的无数双眼睛代替协管员的一双眼睛。社区现在多有由社区的志愿者组成的社区治安巡逻队，在发挥保障社区治安的作用的同时，让他们也注意社区的流动人口动态，积极反馈。社区内的楼房设立楼门长，楼门长平时注意观察本楼的居民情况，有新居民入住积极将信息反映到协管员那里。对于平房区，每个片区在本片区负责人负主要责任的同时，可以在每个院设立一个院长，院长同样是负责本院流动人口信息的反馈。同时，对于出租房屋的房主，出租房屋的同时将租户的信息充分了解掌握，并将其汇总到院长、楼门长或者协管员那里。这样充分发挥本社区居民的作用，全社区形成一个网络，及时地将流动人口的信息反馈协管员，流动人口出入社区的信息就得到了解决，并且大大降低了协管员的工作量，提高了效率。流动人口的信息掌握了，就避免了大量隐形流动人口存在，不办暂住证的情况。

（三）加大宣传力度

这里的宣传是多方面的，首先要宣传居委会的工作，社区在居民区可以增加宣传栏设立点，宣传居委会的日常工作，对于社区将要举行的活动和重大会议通知要发放到每一个流动人员家里，确保每一位流动人员都知道。这样流动人员在增加对社区工作了解的同时还意识到社区确实是在重视他们，也会积极投入到社区的活动中来，流动人口的工作也就会变得容易得多。

其次要加大对流动人口政策的宣传。据调查，多数流动人口对暂住证没有一个完整的了解，有些人因为原来没有接触过，对暂住证没有了解，即使办过证的人员也仅仅知道这是流动人员需要办的一个证，没有证就会有人来查。所以对于暂住人口的相关政策要不断宣传。暂住证，作为流动人口合法身份的一个证明，不仅有利于保障流动人口本身的合法权益，还有助于社区对流动人口信息的管理统计工作，公安机关还可以利用暂住证的信息抓网上在逃犯罪分子，保障社会的安全。但是现在暂住证的服务功能缺失，可以在现有功能基础上增加它的服务性。首先，减小暂住证的规格，改成身份证大小的电子信息卡。流动人口可以利用它来代替公交卡，银行卡等，如果是老年人，还可以增加老年证的信息，暂住证的服务性增强了，流动人口自然就会自愿办理它了。社区宣传栏设立专门的流动人口窗口；房主也要发挥宣传作用，房主在接收新的房客之前就要将北京市对流动人口的政策讲清楚，避免协管员上门要求办证流动人员却毫不知情。不定期地将一些最新的政策通知发放到流动人口手中，使其掌握最新信息。

再次要加大对北京市出租房屋政策的宣传，如《北京市外地来京人员租赁房屋治安管理规定》、《租赁房屋治安管理规定》、《北京市个人出租房屋税收征收管理办法》以及市国土房管局最新下发的《关于加强房屋租赁登记备案工作的通知》的相关规定，还有“五不租”——未取得房屋所有权证书或者其他合法权属证明的；未经全体共有人书面同意出租的共有房屋；未经抵押权人书面同意的抵押房屋；经房屋安全鉴定部门鉴定为危险的房屋；法律、法规规定不得出租的其他情形。明确房主和租户的义务和权利，租房时签订安全责任书，保障社区安全。

（四）针对房屋出租混乱的情况，成立专门的房屋租赁管理小组

房屋租赁管理小组主要管理社区流动人口房屋租赁的相关事宜，免费为房主和租户提供房屋租赁信息，为双方搭建一座桥梁。房屋租赁双方要在居委会登记相关信息，签订治安责任书，流动人口办理暂住证。这样不仅方便流动人口租房，也为房主出租房提供了便利，同时将房屋信息汇总到房屋租赁管理小组，大大方便了流动人口管理工作，避免了租房秩序的混乱。当然，这些工作还要政府及时出台相关的法律制度，为居委会的工作提供强硬的法律制度保障。同时加大宣传力度，让房主和租户都充分意识到租房秩序规范化的重要性。

（五）完善相应法律规范制度，增强执法力度

现在虽然有一些关于房屋出租和流动人口管理的法律条文，但是仍存在很多空白区域缺少法律制度的支持，或者一些现有的规定不甚合理。比如对拒不办理暂住证人员的惩罚程序过于复杂，以至于大多数民警不愿处罚。因此在罚款程序上要简化，加大对违规人员的惩罚力度，这样才便于流动人口的管理工作。再比如对于协管员的工作内容缺少明文规定，也缺少必要的奖惩激励机制。流动人口工作的现状是工作效果好坏很大程度上取决于协管员的个人责任心，责任心强的将工作干得好一些，责任心差的工作干得差一些，没有相应的奖励和惩罚。流动人口这项工作要干好，工作量很大，而协管员的工资却过低，换句话说就是劳动力的价值过低。以上两点大大降低了协管员的工作积极性，协管员工作都没了积极性，流动人口工作也就失去了根本的保证。

六、“服务＋管理”流动人口工作模式

流动人口管理工作量大、复杂琐碎，需要大量的人力物力，这就要求有一个专职的部门来做这项工作。针对以后流动人口管理工作由公安机关转移到政府部门的形势，根据上文的论述我们总结出一套“服务＋管理”的流动人口工作模式。社区成立流动人口服务管理站，设在综治主任下，由综治主任总负责流动人口的宏观工作。下设两名协管员，一名专职房屋出租管理和暂住证管理，包括上面提到的房屋租赁信息的汇总发布，出租房屋程序的执行以及暂住证的办理、检查和流动人口信息的登记汇总。另一名协管员专职于流动人口的计划生育工作和对流动人口的服务。包括统计育龄妇女信息和生育状况等以及流动人口工作生活等各方面的服务和开展各种活动。其下设立流动人员自管组织，由流动人员组

成，主要负责本社区流动人员的组织。鉴于社区治安巡逻只集中在白天，而晚上是一个空白的情况，流动人员自管组织还要负责晚上6点至9点的治安巡逻。社区各片区流动人口负责人也由自管组织的成员担任，及时汇总本片区流动人员的动态信息，并将其最终汇总到房屋出租和暂住管理协管员手中。最后形成的组织框架如图1所示。

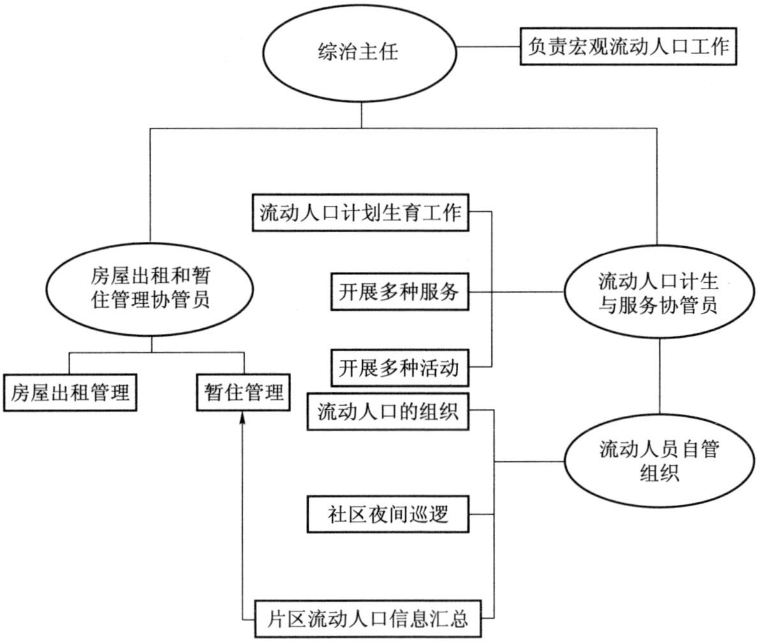

图1 “服务＋管理”组织框架图

现在的流动人口问题，已不仅仅是剩余劳动力的转移问题，而是直接关系到经济发展和社会稳定的重大政治经济问题。随着北京市流动人口不断增加以及2008年北京奥运会即将到来的时代背景，流动人口的管理亟待纳入社会经济发展总体规划，作为社会治安综合治理的一项重要内容。根据天桥街道流动人口工作处于管理基础上积极探索新的工作模式的现状，我们提出了流动人口“管理＋服务”的工作模式。管理是基础，服务是主要内容，管理与服务相辅相成，二者构成了流动人口工作的内涵。流动人口，作为社会的一个庞大而特殊的群体，他们内心希望融入社区生活中，因此我们的工作要以服务为主，让他们真正感受到当地环境所带来的温暖。流动人口工作作为社区工作的一项重要内容，要调动社会各方面力量参与流动人口的工作，把流动人口工作建立在坚实的群众基础上，促使流动人口工作的各项措施真正落实到基层。

关于香厂路社区农贸市场内外来人口的调研

李子涵　唐　宁

摘要：本文通过对香厂路社区农贸市场现状的调查，运用问卷调查等调研方式进行分析，从人本主义的视角，分析如何建立外来人口的社区支持网络系统，帮助他们融入社区生活，从而为社区的和谐建设提供群众基础。

关键词：外来人口；社区支持网络

一、前言

自20世纪80年代中期开始，我国的流动人口开始迅速增长，根据2000年第五次人口普查资料，北京的外来人口为282万，所占总人口比例为20.0%。北京经济的快速增长和城市建设的迅猛发展，为外来人口提供了大量适宜的就业岗位，在全市增加的人口，外来人口占到63%。除去拥有高学历和高技能、在北京拥有固定工作的高收入外地人，更多的分布在北京各个角落的外来人口生活环境差、收入不稳定、就业压力大，并聚集形成许多自给自足的城中村，成为北京城市规划的敏感地带，不易触碰。目前，要想完全清除这些角落是很难办到的，实际上，许多的外来人口都已成为北京的“新市民”，长期居住在北京的各个社区，社区的建设离不开他们的贡献。然而，由于外来人口的流动性强，生活方式和文化的差异，造成了社区居委会的管理之难。笔者在香厂路居委会担任社区主任助理期间得知，香厂路内有一个由于原有农贸市场拆除而导致另外在住宅区内自发形成的农贸市场，主要由外来人口经营的摊位构成，多年来未能进行有效的管理监督，使市场形成了脏乱差的状况。这样的状况绝非外来人口方面的主观原因造成的，而是因为他们的生活缺乏基本的保障，在社区内得不到应有的支持。本文试图从人本主义的视角，分析如何建立外来人口的社区支持网络系统，帮助他们融入社区生活，从而为社区的和谐建设提供群众基础。

二、香厂路社区外来人口基本现状

香厂路社区属于宣武区天桥街道，北邻珠市口西大街，南接永安路大街，东西面分别为留学路社区和永安路社区，占地面积约0.15平方公里。社区现常住人口由本地人与外来人口组成，其中外来人口占了全部人口的1/3以上，使香厂路社区成为一个较典型的外来人口聚集区。造成这种情况的主要原因有：社区位于老城区，住房多为低矮破旧的胡同，租金便宜；社区内拥有一个非正式的农贸市场，为外来人口提供了做小买卖的场所；农贸市场的内部供销，形成了一个低物价的生活场所；城市规划缓慢，未能触及全面整顿该市场。

香厂路社区农贸市场市场初步形成于2002年，在正规的地下农贸市场被拆迁后，商贩未得到妥善安置便聚集于此，现已初具规模，主体位于香厂路社区东南部的一处居民区内，所有的店面都曾是居民住房，以香厂路和仁寿路为构架，呈十字形，共有147家商铺，其中以卖蔬菜、水果、米粮为主，99%由外地人经营。

三、市场中出现的主要问题

1. 农贸市场影响周边社区环境卫生、治安、交通，成为毁坏市容的一大根源。屡禁不止的随处摆摊、横七竖八的停靠车辆、遍地的垃圾堆、肮脏的公共厕所，与首都的繁华整洁格格不入。

2. 对商贩的管理和服务严重缺失。除了以上市场的表面现象外，令政府和社区居委会无从着手的还有市场内外来人口的管理问题。自7年前该市场自然形成伊始，香厂路的外来人口越来越多，非法经营和计划外生育成为他们中最主要的问题，居委会还未能发掘很好的解决办法。

四、研究方法

笔者在香厂路社区居委会担任社区主任助理期间，花了近半个月的时间多次进入市场进行观察、走访、深度访谈，就市场内的外来商贩的生活现状和社会关系等方面进行了一定了解。随后将研究主题锁定为流动人口的社区支持网络，并在期刊网上查阅了大量相关文献，将所得的信息综合归纳后制作出一份问卷，在市场内进行随机发放，当即回收。共发放问卷37份，回收问卷37份，其中有效问卷33份。

五、调查问卷分析

为了进一步广泛了解居住在香厂路社区的流动人口的社区归属感、日常交往情况、对居委会的看法以及未来的打算，得到定量的分析资料，从而寻找社区支持的突破口，笔者于2009年8月21日间在市场内向外地的商贩进行问卷发放。

（一）被调查者的基本信息

社区的流动人口以北方人居多。被调查者中有14名男性，19名女性，来源省份分别为河北、河南、山东、黑龙江5省均为4人，剩下的为江苏2人、安徽

1 人、重庆 2 人、陕西 1 人、陕西 1 人、江西 1 人、吉林 1 人。他们中超过半数都已经在香厂路居住或者做生意达 10 年以上（见表 1）。

表 1　来京年数统计表

已来京年数（单位：人，%）		
年数	人数	百分比
≥ 10 年	17	51.5%
5 ~ 9 年	6	18.3%
2 ~ 4 年	8	24.2%
≤ 1 年	2	6%
总计	33	100%

（二）被调查者的工作情况

从总体上看，流动人口的工作时间长，收入偏低，受到管制多。在市场内进行个体经营的商贩，无论是卖菜、卖水果，还是餐馆、五金杂货店，都是从早到晚都待在自己的门店里或摊位上，比普通上班族的 8 小时工作制超出很多，且没有节假日（见表 2）。他们的收入水平参差不齐，其中，店面经营的老板收入普遍比摊位商贩要高很多，但 81.8% 流动人口的收入都要低于 2006 年统计的北京市职工年平均工资 36 097 元（见表 3）。

表 2　工作时间统计表

工作时间长度（单位：人，%）		
时间长度	人数	百分比
≥ 12 小时	11	33.3%
8 ~ 11 小时	20	60.6%
≤ 8 小时	2	6.1%
总计	33	100%

表 3　年收入统计表

年收入情况（单位：人，%）		
年收入	人数	百分比
>30 000 元	7	21.2%
20 000 ~ 30 000 元	6	18.2%
10 000 ~ 20 000 元	10	30.3%
<10 000 元	10	30.0%
总计	33	100%

（三）被调查者的生活情况

在笔者走访与深度访谈期间发现，大部分流动人口都表示，现在的生活比在自己家乡的状况要好很多，北京市政府给予流动人口的优惠政策为他们的生活提供了很多便利，除了偶尔的城管突击，平日的生活差强人意，问卷调查中对目前社区的生活不满意的只有一人（见表4）。然而，对生活的基本满意并不代表没有困难。实际上，问卷中显示，在北京长久居住的外地人除了会遇到和北京人一样的生活困难外，还要处理因为亲朋好友少而感到寂寞，以及更普遍的户籍限制等问题（见图1）。在他们遇到困难时，他们会首先向亲朋好友寻求帮助，居委会及相关的政府部门是他们的不得已的选择，而邻居则未被提及（见表5）。

表4　对目前社区生活满意度统计表

对目前社区生活的满意度（单位：人，%）		
满意度	人数	百分比
很满意	6	18.2%
比较满意	14	42.4%
一般	12	36.4%
不满意	0	0
很不满意	1	3%
总计	33	100%

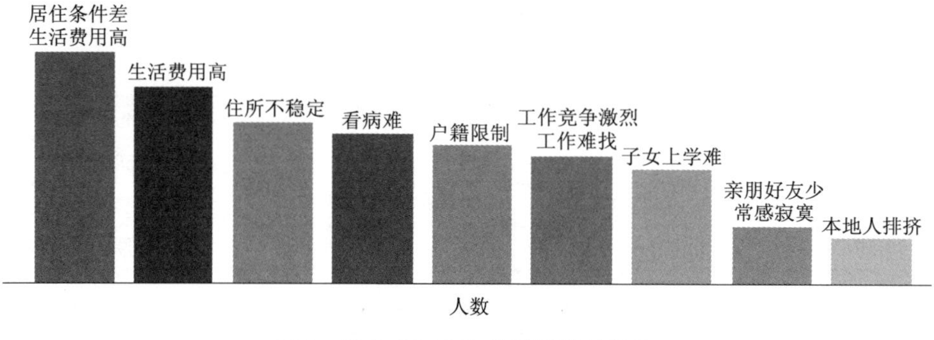

图1　外来人口在京生活困难统计表

表5　在京遇到困难寻求帮助统计表

在京遇到困难时寻求帮助的首选对象（单位：人，%）		
寻求帮助的对象	人数	百分比
亲人	23	69.7%
老乡或朋友	7	21.2%

续表

寻求帮助的对象	人数	百分比
居委会	2	6.1%
政府	1	3%
邻居	0	0
总计	33	100%

（四）被调查者对社区和居委会的态度

为调查外来人口的社区归属感，笔者根据卡萨达（Kasarda）、贾诺威茨（Janowitz）和格尔森（Gerson）等人对居民的社区归属感的研究设计出一张量表（见表 6），从表中我们可以看出，超过一半的人对社区及社区内的其他居民持友好态度，他们表示愿意为社区做贡献，愿意长期居住在本社区，离开时会对本社区感到留恋，且认为居委会对他们的帮助很大。然而，也有很多人对这些观点持中立态度，而持对立态度的则相对很少。

表 6　社区归属感量表

社区归属感量（单位：人，%）				
项目	同意	中立	不同意	总计
社区是我家，我愿意为社区建设贡献自己的力量	75.8%	24.2%	0	100%
如果条件允许，我愿意长期居住在这里	66.7%	27.3%	6%	100%
我不愿意关注社区内其他居民的事情	18.2%	57.6%	24.2%	100%
如果要离开，我会对现在的社区感到留恋	60.7%	36.4%	2.9%	100%
我觉得没必要和周围的商贩交朋友	18.2%	15.2%	66.6%	100%
社区居委会对我的帮助很大	54.6%	33.3%	12.1%	100%

（五）被调查者未来的打算

虽然有些流动人口在香厂路社区生活已久，但他们对自己的未来也没有确切的规划，伴随着生意的好坏与生活环境的优劣不停更换计划，对社区始终没有归属感（见表 7）。

表 7　留京意愿统计表

留京意愿（单位：人，%）		
居留意愿	人数	百分比
永久居住	7	21.2%
一直到老年回家	2	6.1%
工作 6 ~ 10 年后回家	3	9.1%

续表

居留意愿	人数	百分比
工作 2 ~ 5 年后回家	3	9.1%
目前不想留在城市	0	0
走一步算一步	18	54.5%
总计	33	100%

六、思考及建议

第一，政府支持，转变管理观念，变被动为主动。笔者在市场内走访发现，目前令外地的商贩最恼怒和不满的问题便是城管部门对他们的恶劣态度。据一位卖蔬菜的河南大娘描述，城管队伍会不定期的对市场的脏乱行为进行清理，而采取的方式则十分暴力，将违章摆放的摊位或车辆抬上执法车后扬长而去，直接切断了他们的收入来源和经济命脉。城管部门是维持市容市貌的重要机构，原本应得到百姓的支持与爱戴，然而在流动人口口中却落下不少诟病。一方是为城市建设而工作，一方是为自身生存而努力，却成为水火不相容的对立面。

从整个社会层面上来说，外来人口比本地人需要更多的政府支持。他们背井离乡，忍受着思乡之苦和文化隔阂，为城市的建设付出了许多的汗水与心血，他们只希望使自己的生活更好一点。因此，政府相关部门应该密切关注到外来人口的各种需要，并及时地进行满足，防止他们迫于生活压力成为城市发展的不稳定因素。对该市场来说，政府部门若想彻底地进行整治，则需要主动地为商贩们提供更方便更舒适的交易场所。如建立一个规范化的农贸市场，派人专门对其进行监督；完善各种公用设施，加强清洁管理工作等。

第二，居委会支持，加强人文关怀，进行上门服务。从社区居委会的角度来说，如何为外来人口提供服务是一个棘手问题，市场中的商贩们由于工作时间长，没有节假日，不可能经常前来参加居委会举办的各种活动。文化水平低、社区整体意识薄弱，这样的群体很容易被居委会遗忘，居委会的工作也不易被他们接受。但笔者在与居委会的计生委张主任走访她管辖的市场部分区域时发现，她与商贩们寒暄时，双方都十分热情，感情颇好。之后经笔者询问，这些外来人口之所以与张主任关系密切，是因为张主任经常不辞辛苦地将居委会掌握的对他们有利的信息亲自上门传达，并不时地与他们进行攀谈，了解他们的生活情况，如此形成了紧密的联系。

带着人文关怀的精神，体谅到外来人口的工作辛苦和时间有限，居委会可采取不定期上门服务的方式，了解他们的生活困难，给予力所能及的帮助。作为社区居民的自治组织，居委会应该成为社区外来人口的最主要外部支持来源。香厂路市场内的居民多半已在此定居生活了 10 年以上，早已成为北京市的“新市民”，他们大都有意愿为社区的发展做出自己的贡献，将自己的想法与意见告之居委会，却苦于没有途径。外来人口的流动性强，他们对未来的打算多半持“走一步看一步”的态度，这对社区的长期管理无疑造成了巨大困难，居委会更应该为他们展现一个充满关怀与友爱的社区的魅力，使他们能在此安心愉快的生活。

第三，社区居民支持，拓展志愿服务，密切邻里关系。

社区志愿团队是一个非常具有潜力和感染力的组织，他们主要由老年人和青少年组成，活跃于社区的各个角落，为社区的卫生和保安工作发挥着巨大作用。在笔者实习期间，居委会就多次组织志愿者清理社区的小广告、打扫卫生，安排人在社区内进行巡逻。这些志愿服务充分调动了他们亲自参与社区建设的热情，也是居委会充分利用社区资源解决社区问题之成功举措。

志愿者队伍对外来人口的管理来说同样是可以被加以利用的。由于时间和精力有限，参与志愿服务的外来人口非常之少。虽然多名外来人口的子女经常参与社区的志愿活动，但针对他们自身的服务项目也数量有限。其实，对他们的志愿服务也可有多种，如清理市场的卫生、为外来人口提供上门宣传各项政策的服务等。笔者还发现由于附近的饭店或酒店较多，带来了不少的外来游客，他们时常进入市场内部驻足观察，相信这样富有中国特色的农贸市场对他们很有吸引力，然而却很少吸引他们进行消费，环境不佳和语言不畅成为主要障碍。创建语言支持小组、发展外国游客的消费群体或许能成为一项长期针对外来人口的志愿项目。

第四，内部支持，树立品牌意识，提升社区归属感。

笔者注意到，虽然香厂路农贸市场实体存在已达 7 年之久，但还未拥有自己的名称与居民的认同度，甚至在笔者做问卷调查时，才有商贩知道自己是属于香厂路居委会管辖。如此的反应与市场的脏乱其实是构成因果联系的，正是因为外地的商贩们对该市场没有归属感，他们才没有意识为市场的建设贡献自己的力量，相反，竞相占用公共空间、毁坏公用设施的行为随处可见，给前来消费的居民造成了很不好的印象，在整个天桥街道的口碑也非常不好。除此之外，大部分外来人口除了与自己的亲戚与同乡联系外，并不与其他外来人口主动交往，造成外来人口内部的众多分层。而条件较好的外来人口对素质较差、条件不好的他乡人怀有嫌恶的心理，更禁止自己的孩子同他们交往，使整个市场形为整体，实则支离破碎。

品牌意识并不只针对商品，对农贸市场也同样意义重大。经常用横幅、标语或活动标题等宣传唤起商贩们对该市场的品牌意识，免费制作发放统一的市场标识，举办同乡会或互助小组，加强商贩之间的熟悉度，鼓励他们工作之余也能互相联系，使他们逐渐形成“一家人”的浓郁氛围，并长期倡导他们关注市场、关注身边的人，进而在友善互助的亲人式关系中促进整个市场的繁荣和规范化，是非常值得尝试的一项措施。

七、结语

解决外来人口的社区融入问题是一项长期任务，我们应该用更加人性化的管理与服务措施帮助他们感受到北京的宽容与热情。外来人口的聚集区的存在是现代城市不可缺少的组成部分，它为城市提供廉价的劳动力，是社会劳动力的有机构成，也为较贫困的市民创造了低消费的生活场所。如何更好地规范化利用它，令其发展适应城市的整体步调，是我们需要面对的重大课题。

居民对当前社区环境现状满意度的调查

——以天桥街道为例

黄萍花　刘瑞霞

摘要：改革开放以来，我国城镇居民的生活水平较以前有了很大的提高，居民对社区生活环境的关注也随之提高。为了了解居民对当前生活环境的满意度，我们在暑假实习期间，对所在的天桥街道居民对社区环境的看法进行了问卷调查。通过调查，我们从人文环境、基础设施、自然环境三个方面归纳出影响居民满意度的主要因子，力求为天桥街道下辖社区建设的具体实施提供理论依据和借鉴。

关键词：社区环境；问卷调查；居民满意度；社区发展

一、研究背景

在三十多年来的改革开放和经济发展过程中，出现了自然环境和社会环境不断恶化、环境污染日益严重等问题，在很大程度上对经济的可持续发展造成了阻碍，促使人们重新审视生态环境。为了更好地保护环境、建设和谐家园，各级政府和监测部门设置了一系列的指标来进行监测。这些指标虽然涉及了生活的方方面面，但是在评价方法和数据收集上，仍然侧重于客观指标，即通过环境监测获得环境质量数据，通过数据评估给出环境质量的状况。但是，环境质量监测具有一定的局限性，如监测点的数量及代表性、采样频率、地方领导追求政绩等因素会影响数据的代表性。科学监测的环境质量除了这些客观的指标以外，还需要考虑居民对城市环境和生活的满意程度，这就需要用另一套考虑了主观感受的指标来进行衡量。

环境满意度这项指标能很好地从另一个方面反映出整个城市环境改善的效果。目前环境满意度在城市规划、消费环境、学校环境等领域的应用越来越普遍。虽然国内外对环境满意度没有一个统一概念，但是却一致认为它在衡量人们的生活质量、主观幸福感等各个方面都起着举足轻重的作用。我们可以认为环境满意度是指群众对生态环境的肯定程度，它以生态学理论为基础，在特定的时间和空间范围内，从生态系统层次上，反映生态环境对人类生存及社会经济持续发展的适宜程度，是根据人类的具体要求对生态环境的性质及变化状态的结果进行评定。

二、研究意义

（一）理论意义

社区的整体情况由社区的居民评定，因为居民是社区的主要组成单元，承载着社区的发展前景，对社区的建设发挥着至关重要的作用。从价值角度评价居住环境满意度主要有以下几个方面的意义：一是为政策分析提供科学依据。只有明确地了解了居住环境的价值，政策决策者才能综合地把握环境改善或恶化给社会带来的效益和损失，才可以进行成本投入和利益产出的比较，才能权衡和优化相关政策。居住环境的价值化评价是作出科学决策的重要基石。二是促使形成良性社会激励机制。创造合理的动机是实现人居环境可持续发展的关键。三是为调整相关主体的利益关系提供依据。根据政策或项目实施给相关主体带来的利益和损失在个体之间实施利益调整和补偿，为贯彻“受益者负担”的社会公平原则提供了保障。

（二）实践意义

天桥街道东起前门大街和天桥南大街，西至虎坊路大街和太平街，南滨永定门护城河，北临两广路。辖区面积 2.07 平方公里，划分为 8 个社区，户籍人口 5.3 万人，常住人口 5.4 万。辖区内有中央单位 37 个，中小学 6 所，医院 3 所。

天桥街道作为北京民俗文化的重要发祥地之一，有北京乃至全国知名的演出场所，国内一流的表演团体常聚此演出，京剧文化、民国特色、民俗文化等文化主题饭店焕发异彩。近年来，街道积极加快天桥演艺园区建设，不断提升城市形象。“天桥杯”曲艺赛、“天桥民俗文化节”“清明祭先农”等品牌活动影响广泛。街道连续多年被评为首都文明街道，先后荣获“传统节日文化活动推广基地”“中国民间文化艺术之乡”等荣誉称号。

与此相呼应，街道所辖社区的建设与发展也步入了一个新时期，居民对社区建设的关注度与要求也逐渐提高。社区居民的生活质量标志着整个社会的文明和进步程度，而社区为社区居民服务的水平是影响社区居民生活质量的重要因素。此次调查以随机抽查的方式发放问卷，通过统计问卷结果分析居民对社区环境建设的普遍诉求，从而为社区今后的建设和发展提出一些理论依据和借鉴。

三、问卷设计与实施

本次调查设计的问卷分为调查对象的基本情况以及社区环境满意度调查两个

大方面，共有 36 道题。其中，环境满意度调查问题的设置分为三个维度：自然环境，基础设施建设以及人文环境。问题的设计本着以下原则进行：（1）一切从居民的角度出发。（2）建立的指标必须能够控制，居民对社区环境满意度测评可以使居民产生新的期望，促使政府和其他相关机构采取改进措施。而如果在某一领域暂无条件采取行动加以改进，则本次调查中不予采用。（3）测评指标必须是可测量的。居民对社区环境满意度测评的结果是一个量化的值，因此设定的指标必须是可以进行统计、计算和分析的。

为了了解天桥街道下辖社区居民对各自社区环境的满意度，我们于 2014 年 7 月 19 日在天桥斜街、北纬路、东经路、禄长街四条干道分发问卷。调查过程以户为单位，通过实地调查，实施问卷法，共计收回有效问卷 34 份。

四、调查结果分析与建议

（一）被试基本信息分析

被试的基本信息主要包括个人背景因素和社区因素两大类变项。其中个人背景因素从年龄、性别、教育程度、职业、家庭月收入五个方面衡量，社区因素则主要包括所属社区和社区居住年限这两个方面。从表 1：有效样本个人背景及社区因素变项次数分配及百分比中我们可以发现，在本次调查中，被调查者年龄分布跨度较大，但多集中在 20 ～ 40 岁这一年龄段，其所占比例为 64.71%，老年人数较少，仅 1 人；被试的性别分布为男性 14 人，占 41.18%，女性 20 人，占 58.82%；被试的教育程度以高中学历为主，高中及以上的学历的比例为 61.76%；个体劳动者在被试职业类别中比例最高，占到了 32.35%，第二大类别是学生群体，其比例为 17.65%；在家庭月收入变量中，占比例最高的三个收入额度分布分别是：3 001 ～ 6 000 元、3 000 元以下、6 001 ～ 9 000 元，其所占比例分别为 41.18%、35.29%、14.71%，笔者在被试填写问卷的过程中发现有个别被试把家庭月收入错看成个人月收入，因此此处所得的比例，无法排除这种看错问题中的关键词而致使的主观选择错误。

而在社区因素这一大类中，我们发现 34 名被试来自天桥街道下辖的八个社区，且以天桥小区社区的人数最多，共有 19 人，所占百分比为 57.58%；从社区居住年限上说，82.35% 的被试在各自社区居住年限在 1 年以上，这间接反映出被试对其居住的社区有一个较为全面深刻的了解，特别是其中有 20.59% 的被试在其所在社区有居住 10 年以上的经历，这些被试是社区环境变动的见证人，对近年来社区环境发展变化有更深的感触与认识（见表 3）。

表 1　有效样本个人背景及社区因素变项次数分配及百分比

有效样本个人背景及社区因素变项次数分配及百分比			
变项	组别	基数	百分比
被调查者年龄	20 岁以下	4	11.76%
	20 ~ 40 岁	22	64.71%
	41 ~ 60 岁	7	20.59%
	60 岁以上	1	2.94%
性别	男	14	41.18%
	女	20	58.82%
教育程度	小学及以下	1	2.94%
	中学	12	35.29%
	高中 / 中专	12	35.29%
	本科 / 大专	6	17.65%
	本科以上	3	8.82%
职业	个体劳动者	11	32.35%
	学生	6	17.65%
	自由职业	5	14.71%
	事业单位	4	11.76%
	农民	2	5.88%
	企业管理人员	1	2.94%
	商业服务人员	1	2.94%
	医务工作者	1	2.94%
	其他	3	8.82%
家庭月收入	3 000 元以下	12	35.29%
	3 001 ~ 6 000 元	14	41.18%
	6 001 ~ 9 000 元	5	14.71%
	9 001 ~ 12 000 元	2	5.88%
	12 001 元以上	1	2.94%

（二）对社区整体环境现状的评价与期许

主要从居民对社区整体环境评价、影响评价的因素、政府对社区环境保护的重视度和对政府领导的具体环境建设工作的评价、近年来社区环境改善度四个方面了解居民对其所在社区的环境现状的满意度，从对未来社区环境的展望了解其对社区环境改善的期许。

1. 居民对社区整体环境评价及影响评价的因素

居民对环境质量整体评价是三级评定等级：良好、一般、差。见表 2：居民对环境质量评整体评价等级层次分布及百分比，其中 38.24% 的被试居民对所在社区的环境质量整体评价较为满意，选为良好等级；55.88% 被试居民对所在社区环境质量的整体评价为一般，有 2 名被试居民对其所在的居住环境不太满意，给其社区环境的质量等级标注为差。

表 2　有效样本个人背景及社区因素变项次数分配及百分比（续表）

有效样本个人背景及社区因素变项次数分配及百分比（续表）			
变项	组别	基数	白分比
现住社区	天桥小区社区	19	57.58%
	先农坛社区	4	12.12%
	虎坊路社区	2	6.06%
	禄长街社区	2	6.06%
	留学路社区	2	6.06%
	太平街社区	2	6.06%
	永安路社区	1	3.03%
	香厂路社区	1	3.03%
现社区居住年长	1 年以下	6	17.65%
	1 ~ 5 年	13	38.24%
	6 ~ 10 年	8	23.53%
	10 年以上	7	20.59%

表 3　居民对环境质量整体评价等级层次及百分比分布

居民对环境质量评整体评价等级层次及百分比分布		
评价等级	人数	百分比
良好	13	38.24%
一般	19	55.88%
差	2	5.88%
总计	34	100.00%

从表 4，影响社区环境满意度的因素人数及百分比分布中，我们可以清楚地发现社区内基础设施落后、自然环境差、人文气息不足这三者是影响被调查者对

其社区环境满意度的主要因素，基础设施落后是影响被调查者对社区环境满意度的最主要的影响因素。经过实习过程中的观察了解，基础设施在社区里的表现不仅仅是落后，还存在着一些基础设施不健全、老化、破损等情况。

表 4　影响社区环境满意度的因素人数及百分比分布

影响社区环境满意度的因素人数及百分比分布		
影响因素	人数	百分比 /%
自然环境差	7	20.59
人文气息不足	6	17.65
基础设施落后	17	50.00
其他	4	11.76
总计	34	100.00

从表 5 中我们发现，被调查者认为最急需解决的问题是基础设施环境建设，其次是文化环境和生态环境。被调查者中认为基础设施环境急需整治的比例高达 44.12%。笔者在天桥小区社区走访过程中发现自行车棚比较老旧，部分车棚顶端的遮阳板出现破损。

表 5　最急需整治的环境问题

最急需整治的环境问题		
问题选项	人数	百分比 /%
生态环境	7	20.59
文化环境	8	23.53
基础设施环境	15	44.12
其他	2	5.88
空白	2	5.88
总计	34	100.00

2. 居民对政府对社区环境保护的重视度和对政府领导的具体环境建设工作的评价

居民从政府在现阶段对社区的领导、对社区环境维护和整治的干预效果出发，做出他们对政府保护社区环境重视度的评价。据调查结果显示，35.29% 的居民认为政府对保护社区环境是持很重视的态度。但也有 2 名被试居民认为政府对环境的保护不重视，在随后的交流中我们了解到，这两名被试居民主要是对政府及相关部门不能很好解决社区内宠物在公共空间随地大小便这一问题感觉不满，因而觉得政府对社区环境整治这方面不重视。

我们是从自然环境建设、文化氛围建设、基础设施建设三个方面来了解居民对政府在社区环境建设方面的满意度。从表 6：居民对政府对社区环境建设的满意度评价中我们可以发现居民对政府在自然环境、文化氛围、基础设施三个方面的建设大体上是可以接受的，没有被试居民对这三个方面表示非常不满。但是，在基础设施建设和文化氛围方面分别有 8 位（占 24.24%）和 4 位（占 11.72%）被试居民对政府在这方面的建设不太满意。笔者在调查中发现，许多来自天桥小区的调查者对小区内监控安装后难拆除一事表示难以接受，有将其归为政府监管不力的倾向。

表 6　居民对政府社区环境建设的满意度评价

居民对政府社区环境建设的满意度评价						
	自然环境		文化氛围		基础设施	
	人数	百分比	人数	百分比	人数	百分比
非常满意	2	5.88%	2	5.88%	2	6.06%
满意	12	35.29%	9	26.47%	9	27.27%
一般	18	52.94%	19	55.88%	14	42.42%
不满意	2	5.88%	4	11.76%	8	24.24%
非常不满意	0	0.00%	0	0.00%	0	0.00%
总计	34	100.00%	34	100.00%	33	100.00%

7 月 30 日，笔者有幸参加天桥小区环境提升方案居民代表见面会，在会上了解到了天桥小区北里环境提升的基本思路，并且了解到关于小区内监控、门禁系统、车棚替换修缮、植被补植社区都有了较明确的方案，该环境提升方案在年底前会开展实施。我们相信在政府与居民协同努力下，社区的自然环境、基础设施都会得到很好的改善。

3. 近年来社区环境改善度和未来环境发展趋势

通过直接询问被试对自己社区环境未来发展态度，我们发现，基本上所有被试对社区环境的未来发展还是抱有一定期望，没有被试居民认为社区环境未来发展会越来越差。这就反映出居民对于政府组织社区环境建设的信心。其中 64.71% 的被试认为其社区环境会越来越好，32.35% 的被试的态度比较保守，认为未来社区环境发展很可能继续维持现状，不会发生太大的变化。在将近一个月的实习中，我们了解到，随着复兴天桥演艺区工程的推进，整治社区环境的工作也在进一步开展，比如天桥小区居民楼地下空间腾退工作已经基本完成，天桥小区北里环境提升方案也在7月30日与70多位居民代表见面，各项改进工作正逐步开展。我们可以看到社区环境正逐步朝着美化、便民的方向发展。

（三）居民生活环境和文化氛围

1. 居民生活环境

主要从不文明社区生活描述选择和居民生活环境卫生建设的制约因素来了解居民生活环境的现状和居民对环境卫生建设受挫的归因，以期从居民切身的角度看待社区环境建设。

我们设计此题的目的是想了解小区中有哪些具体的不和谐的生活环境现象。从问卷结果中我们可以发现各类噪声持续扰民、垃圾混装乱放、公共设施损坏或破旧、楼道卫生脏乱、绿化美化不足这5个不和谐的生活环境现象是最典型的。其中最突出的就是各类噪声持续扰民这一现象，其比例占到了23.88%，据了解噪声主要来源于北纬路一带建设和拆迁噪声，可能因为工期和建设成本，施工方在居民休息时间段仍在施工，干扰到了居民的正常生活。而从我们调查所了解到的居民对小区环境卫生现状效果归因，居民环境保护意识薄弱以30.36%的比例排在首位，排在第二位的是管理力度不够，占23.21%，排在第三位的是资金投入不足，占17.86%，环境保护教育不深入也是居民认为造成现阶段其社区环境卫生现状的一个要素，此外，也有部分被调查者认为缺乏专业的环保人员也是造成社区环境卫生现状效果不佳的因素之一。这里提到的环境卫生现状，在被调查者眼中直接视为了小区内部的一些具体的现象：楼道空间被占且脏乱、公共空间卫生杂乱、社区内部随处可见的宠物粪便等。

被调查的居民认为突破上述瓶颈，改善社区环境的方法主要集中在加强居民自我管理和教育、加强物业管理力度、加大资金和人才投入这三大方面。我们可以发现，大部分被调查者都意识到社区环境是要靠大家自觉维护，需要大家共同参与、共同构建，而不是完全依靠政府来解决这些问题。这体现了居民们在对维护环境卫生方面意识上的一大进步。物业的管理力度不够也是被居民公认的环境卫生现状不佳的原因，居民认为物业收取物业费，就应该加强管理为业主提供更好的服务，而物业由于自身运营、管理模式及成本问题无法短期内达到居民的要求，因而居民对物业存在一些累积的不满情绪。因此物业优化服务势在必行，居民强化主人翁意识，强化公共空间意识，将保护环境，从我做起的意识转化为行动，落实到点滴的日常生活中，同样刻不容缓。

2. 文化氛围

在文化氛围方面，我们主要是以了解居民对其所在社区所举办的社区文化活动的次数和质量的评价和社区文化宣传栏的关注度为切入口，了解居民的社区文化环境。根据前文被调查者对最急需解决的环境问题（表5）和影响环境满意度评价（表 4），我们发现以被调查者为代表的广大居民其实是有较大的社区文化需求。他们希望能够提升社区的整体文化气息。天桥小区北里环境提升方案里在改造小区休闲空间的时候有特意考虑到融入文化元素，打造优秀社区文化活动，提升居民的参与度，应该成为社区文化建设的一个重要方面。

在具体调查中我们发现，被试居民在社区举办的文化活动中的参与度比较低，而参加社区文化活动的理由主要包括陪孩子参加、手头正好有票，极少是因感兴趣而参加。没有参加社区所举办的各类文化活动的理由主要集中于不知道活动信息和没时间。

基于上述现象，我们认为发展和推广优秀的社区文化活动可以采纳以下建议：第一，建立完备的活动信息推送体系，推广活动信息；许多被试居民表示自己没有参加社区活动是不知道活动的信息，而经过我们了解小区的活动信息通知多以白色纸张粘贴在公共宣传栏来进行宣传告知，而宣传栏附近贴有同样底色的众多租房信息和小广告，通知的辨识度不高，在调查被试居民对小区内公共宣传栏的印象时，一位被试居民说到他从没关注过公共宣传栏，因为宣传栏里都是小广告。在网络高度普及的今天，利用微信公共平台等自媒体推送活动信息，开辟与社区文化相关的版块比如社区生活分享、社区意见建设等，在进行活动通知的同时，也可以调动社区居民参与社区建设的积极性、感受社区文化，增强对所属社区的认同感。第二，打造社区品牌活动，扩大活动知名度与影响力。第三，积极向居民征求意见，充分考虑居民的需求，办居民想办的文化活动。

（四）社区环境具体衡量指标满意度

此次调查，确定了 13 个具体的指标用于被试对所在社区环境逐一进行满意度划分，分别是：社区绿化情况、社区街道上垃圾桶的数量、供水、供电、供气、供热、道路、通信等硬件设施、社区健身器材的配备、停车位数量、日用品价格水平、社区医疗卫生条件、社区的文化娱乐活动的次数、社区的文化娱乐活动的质量、治安状况、社区文化氛围、社区邻里关系、社区活动场所和休闲空间。如表 7 所示，将满意度分为非常不满意、不满意、一般、基本满意、非常满意 5 个等级，依次对应 1，2，3，4，5 五个分数，并计算出了每个具体指标对应的加权平均分值。我们可以发现所有的指标的加权平均分区间落在 2 ~ 4 分内，对应的满意度等级在不满意和基本满意之间。加权平均分值最低的指标是停车位数量，为 2.61 分；其余三项平均分在 3 分以下的指标分别是社区的文化娱乐活动的次数、社区的文化娱乐活动的质量、社区健身器材的配备；供水、供电、供气、供热、道路、通信等硬件设施和社区邻里关系满意度比较高。

表 7　各项具体指标满意度频数

各项具体指标满意度频数						
项目	非常不满意	不满意	一般	基本满意	非常满意	加权平均值
社区绿化情况	0	7	15	6	6	3.32
社区街道上垃圾桶的数量	2	8	10	11	3	3.15
供水、供电、供气、供热、道路、通信等硬件设施	1	1	13	13	6	3.65
社区健身器材的配备	1	7	19	6	1	2.97
停车位数量	4	14	9	3	3	2.61
日用品价格水平	1	7	17	6	3	3.09
社区医疗卫生条件	1	4	13	12	3	3.36
社区的文化娱乐活动的次数	5	8	8	11	1	2.85
社区的文化娱乐活动的质量	2	9	12	7	2	2.94
治安状况	5	5	7	12	5	3.21
社区文化氛围	2	4	14	10	3	3.24
社区邻里关系	0	4	14	13	2	3.39
社区活动场所和休闲空间	1	8	13	10	2	3.12

关于社区活动次数，多数被试居民反映社区活动次数较少，但是据我们了解，社区一直在组织开展社区活动，涵盖了各个年龄阶段，在前面社区文化环境中提到过，许多被调查者存在忽略居委会活动信息发布，误以为没有活动的情况，这种现象实际上就影响了对社区举办活动的客观评判。社区健身器材配备不足、缺少公共休闲活动场所这两项，是在进行问卷调查时，被试居民经常提起的两项不足，在天桥小区北里环境提升方案见面会上，我们了解到，公共休闲活动区域在方案里有涉及，并且进行了较为妥善的设计，此外包括加权平均分较高的社区绿化情况、治安状况在方案里也根据实际情况进行了设计，包括绿植补植、门禁和摄像头的安装等。

由此可见，居民对社区环境中的一些具体指标存在自己的一些看法，但是，政府和社区居委会也在不断地根据居民的现实需求和社区发展方向逐步解决居民社区生活环境的具体问题，在这种势头下，我们有理由相信天桥街道的社区环境会越来越好。

五、结语

此次研究，我们主要采用的是以户为单位的问卷调查方法，问卷调查法本身的优点在于可以快速有效地收集材料，但是问卷的效度很大程度会受到被试居民对问卷的主观理解和填卷态度的影响。

此外本次问卷调查采用目的性抽样，并没有完全遵循随机原则，因而所抽取的被试并不能完美的代表天桥街道社区居民。

虽然在编制问卷的时候我们尽量做到全面，但是限于篇幅和我们实际的关注点，我们没能对社区环境各个要素都进行满意度评价，尽管有这些不足，但是通过本次调查，我们发现通过细化社区环境并对其进行满意度评价，能较好地反映一个社区的环境建设现状，有利于政府和居委会从居民的角度看待社区环境建设。

城市低保家庭致贫影响因素实证研究

——以北京市天桥街道留学路社区为例

赵志康　王　琛　马　荟　马江慧敏

摘要：低保家庭是指我国处于贫困线以下的困难群体，他们的脱贫与否直接关系到社会公平正义和社会稳定程度。因此，探究城市低保家庭致贫的因素显得尤为重要。本文结合北京市天桥街道留学路社区低保家庭实地调查情况，借鉴生存分析的统计学方法进行实证研究，旨在分析得出城市低保家庭致贫的影响因素及其重要程度，最后提出有针对性的政策建议。

关键词：城市低保家庭；致贫因素；生存分析法

一、引言

改革开放以来，中国经济飞速发展，与此同时，社会贫富差距不断拉大，两极分化日益严重，成为目前制约我国经济可持续发展的“拦路虎”。具体表现在：一是不公平鼓励人们不进行“生产性努力”而进行“分配性努力”，影响经济效率；二是会导致各阶层阶级对抗，降低人们的安全感，影响投资环境；三是会抑制国内消费，妨碍最终的经济增长形成。而低保家庭作为我国处于贫困线以下的困难群体，特别是城市低保家庭生活在社会贫富反差强烈的城市中，对社会公平程度更加敏感，促进他们就业更是当务之急。那么在城市就业机会如此之多的状况下，他们致贫的因素是哪些呢？又如何促使他们脱贫？目前关于城市低保家庭的相关研究文献并不少，且主要侧重低保家庭某一方面的研究，仅限于个案观察式讨论，缺乏系统性的论证，对城市低保家庭的致贫因素相关研究定量分析方面很少。本文结合北京市天桥街道留学路社区低保家庭实地调查情况，运用生存分析的统计学方法进行实证研究和系统性的论证，旨在分析得出影响城市低保家庭就业的因素及其重要程度，丰富和深化国内相关文献在这方面的实证研究，希望能有所创新。

二、调研背景概述

（一）全国“低保”概况

截至 2014 年底，全国共有城市低保对象 1 026.1 万户、1 877.0 万人。全年各级财政共支出城市低保资金 721.7 亿元，其中北京市共有 9.45 万户 16.4 万人，每年约发放 9 亿余元低保金额，约占全国总支出的 1.25%。

（二）调研对象——留学路社区概况

留学路社区隶属于北京市西城区（原宣武区）天桥街道。社区面积 0.15 平方公里，社区户数 3 596 户，社区人口数 9 405 人。

留学路社区的特点为流动人口、弱势人口、刑释人员多，平房危房较多。社区流动人口数 1 842 人，低保户 203 户。该社区住户的流动性较大，其原住民大都已迁出，将平房出租，在此居住的大都是租房居民。我们了解到，留学路社区的年轻人大都已经搬离这里，留下来的多是老人，在这些老人中，无业的低保户居多，收入较低，文化程度不高。在中年住户群体中，也有一部分失业人员或刑释人员，没有稳定的收入来源，依靠低保生活。本篇实践报告针对留学路社区低保住户展开研究，探讨影响致贫的主要因素，并给出相关建议。

三、实证数据分析及描述

（一）数据来源及整体概述

本研究的资料《留学路社区低保人员备案表》来源于北京市西城区（原宣武区）天桥街道留学路社区，经社区福利主任批准用于学术用途。本研究中的统计数据均截至 2015 年 7 月，具有较强的时效性与实用性。

低保是一种以户为单位的、申请现金补差救助的生活保障制度。就广义的困难家庭判定而言，需要福利救助的家庭类型还包括一般困难家庭、重残家庭、低收入家庭等。留学路社区现有低保户 203 户（2015 年 7 月），民政救助 1 户；一般困难家庭 1 户，重残家庭 14 户，小工商家庭 4 户，低收入家庭 26 户。本文主要研究对象为低保户家庭，故本研究中只以 203 户低保户为研究对象。

本研究中的数据旨在针对现低保家庭的一些方面，挖掘影响造成家庭需要低保救助的主要因素，并通过建立模型来定量评估构成低保的原因。

1. 审批年份及对应户数

本社区的低保户首次申请年份跨度从 1996 年至 2015 年，跨度较大。所调研的 203 户贫困家庭首次申请低保并通过审批的年度分布如图 1 所示。

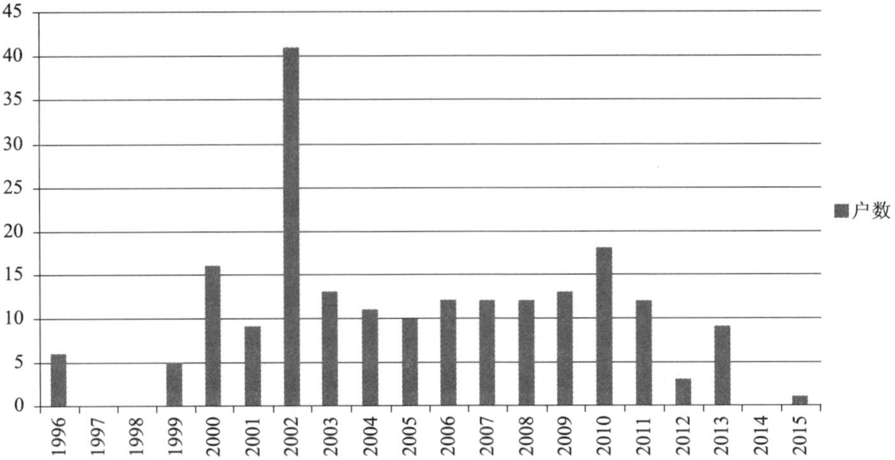

图 1　留学路社区低保家庭首次申请低保年份户数统计

可见，2000 年属于留学路社区的低保起步期，在 2002 年低保申请数目最多，达到 41 户，这可能与当年低保申请调标幅度有一定关系。在 2003—2011 年期间，申请低保户数呈相对稳定的状态，从 2012 年至今数量有所下降。这反映了低保审批工作具有阶段性、受政策调整影响较大的特点，从 2002 年井喷式的申请数目提升可见一斑。此后的 10 年间，低保申请户数平稳走高，反映了保障范围的逐年拓展。

2. 户主年龄分布

图 2 中为留学路社区申请低保户主年龄的分布图，可见年龄跨度较大，从 23 岁到 90 岁。由图表可见，中老人申请者明显多于青年申请者，其中 40 ~ 60 岁占

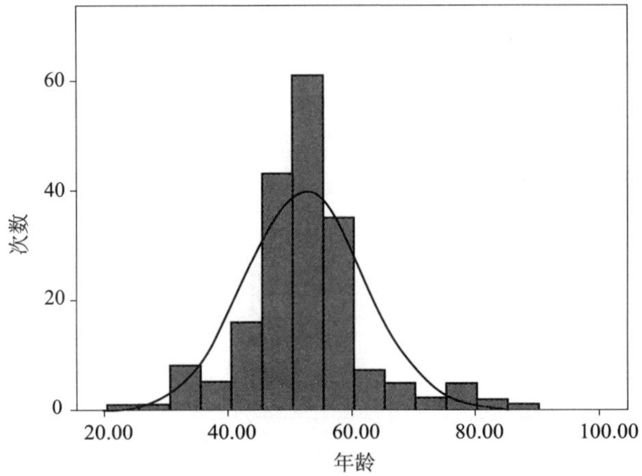

图 2　留学路社区低保家庭低保户主年龄分布

总体的 81.5%，为主体部分。总体以 51 ~ 53 岁为中心近似正态分布。高于 60 岁以上的申请者占总低保户的 18.5%，包含残疾、孤老、军人烈属等救助对象。

3. 户均保障人数

该社区低保家庭基本以 3 人为主，占申请户数的 1/3 之上。考虑到传统民政救助对象以及新增孤老等因素，1 人贫困家庭比例较高。依次递减的是 2 人、4 人以上家庭。

4. 致贫原因分析

接下来，本研究旨在通过现有数据建立定量模型评估影响构成低保的主要因素。参考文献后，我们采取生存函数分析法。生存函数是一种表示一系列事件的随机变量函数，通常用于表示一些基于时间的系统失败或死亡概率。其追踪了系统基于特定时间（时刻）意义的生存分析概率问题。在本文的研究中，我们将根据现有的样本，建立以脱贫时间为因变量的 Cox 回归模型，分析各种因素对贫困及其持续性的影响。

我们此处将与贫困有关的因素分为两大类：一类是内生因素，即不受政策与突发事件等影响的自然因素，如户主年龄、家庭人数、受教育程度等；第二类是外生因素，即与政策调整、难以预料的事件有关。外生因素又可分为两部分：正向因素，如政策补贴力度加大；负面因素方面，根据现有表格及阅读文献，我们归纳了以下 8 种低保家庭致贫原因：残疾、疾病、离异、未婚、丧偶、失业、犯罪、户籍变化（如农转非）。将此 8 种子因素进行整合，可归纳为健康、婚姻、职业、刑释、户籍 5 方面。

我们首先整理了 203 户家庭的外生致贫原因户数分布，如图 3 所示：

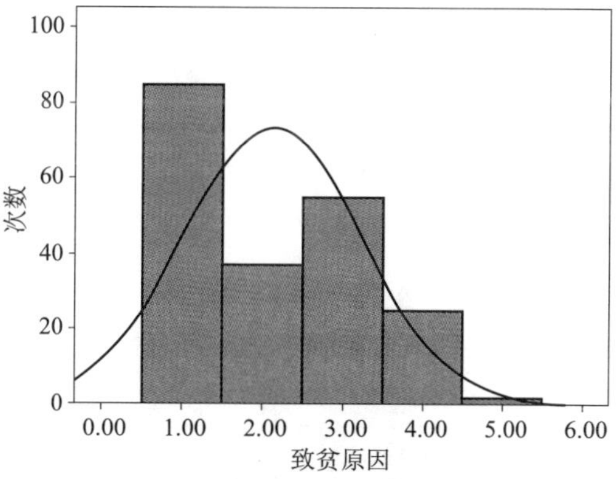

图 3　致贫原因户数分布

注：

1. 有多因素叠加的，在统计中只按其中一个算，后文会对多因素叠加进行说明。
2. 为方便操作，因素名称以数字代替：健康 1；婚姻 2；职业 3；刑释 4；户籍 5

由表1可知，本次调研中贫困家庭致贫原因前两位要属健康（残疾或重病）、失业。其中因健康因素致贫的低保户占41.9%。值得一提的是，在数据录入中，我们将一些无法识别明显致贫原因的及标注有“职介”的低保户，均归入“职业”因素中。可能其家庭成员并未有失业，就业不满意可能亦会导致贫困。

表1 致贫原因频数分布

		次数	百分比	有效的百分比	累积百分比
有效	1.00	85	41.9	41.9	41.9
	2.00	37	18.2	18.2	60.1
	3.00	55	27.1	27.1	87.2
	4.00	25	12.3	12.3	99.5
	5.00	1	0.5	0.5	100.0
	总计	203	100.0	100.0	

同时我们还发现，很多家庭的贫困并非由于单一的原因，而是有着原因的集聚现象。在203户样本中，有两项及以上劣势集聚的家庭有59户，占总体的29%。其中以职业与婚姻因素集聚的最多，共有36户，占总体的17.7%。其次为残疾与离异、刑释与离异等劣势集聚的家庭，占总体的10.4%。有10户家庭具有三个及以上劣势因素。

我们此处借鉴生存分析法，建立脱贫函数，以脱贫函数的值来评估贫困度，并以各变量对整体值的贡献率来评估各因素对贫困的影响。构建脱贫函数如下：

β $1x_1$+β $2x_2$+⋯+β mxm h（t，x）=h0（t）e

或写为 ln（h（t，x）/h0（t））=β $1x_1$+β $2x_2$+⋯ β mxm

其中 x_1，x_2，⋯，xm，是对脱贫有利的因素，h0（t）是基准函数。t 代表脱贫时间，即贫困家庭自首次申请到脱离救助的年数。本模型中，正号表明有助于脱贫的因素，是脱贫的促进因素，而负向符号表示是消极因素。整体的状态值为1时，代表脱离救助事件的发生。

以下的表2中记录了方程的重要变量及系数。

表4 方程重要变量及系数

B		SE	Wald	Sig	Exp（B）
户主年龄	–0.26	0.008	3.896	0.083	0.985
家庭人数	0.179	0.003	3.978	0	0.465
健康	–0.833	0.174	16.466	0	1.893
职业	–0.584	0.192	9.463	0.026	1.631

续表

B		SE	Wald	Sig	Exp（B）
婚姻	−0.729	0.177	15.493	0.045	1.146
刑释	−0.365	0.197	5.163	0.003	0.559
户籍	−0.06	0.05	0.229	0	0.229

最终的回归方程为：

$\ln(h(t, x)/h0(t))=-0.26x_1+0.179x_2-0.833x_3-0.584x_4-0.729x_5-0.365x_6-0.06x_7$。

其中，x1 代表户主申请年龄，x2 代表家庭人数，x3 代表健康不佳原因，x4 代表职业不顺原因，x5 代表曾有犯罪经历原因，x6 代表人户分离等户籍原因。在这多种因素中，除家庭人数为正向因素之外，其他因素均是脱贫时间减少的消极因素。这意味着，这些因素的增强会提高脱贫的难度。

值得说明的是，表格中的 Exp（B）表示的是预期相对贡献度，最大的为健康因素，其 Exp（B）值为 1.893，说明的是健康度每增加一个等级，其相对的救助时间就会缩短 1.893 倍。且此处该变量符号为负，故应为负向贡献度。

由此可见，健康、职业、婚姻三个因素的改善最有助于低保户脱贫。户主年龄是延长脱贫时间的重要因素。因此可知，除了直接救助之外，追溯其社会融合因素，透视其需要的特殊照顾与帮扶，会从更根本的层面上帮助其摆脱困境。

四、对低保家庭致贫原因的思考

在本次调查的 203 户低保家庭中，普遍存在着就业困难大、抚养与赡养负担重的问题。

第一，就业负担系数大。多数低保家庭的致贫因素是叠加的，即失业可能是犯罪、残疾等因素导致的。且家庭成员中两人均无工作的情况亦有之。一部分人因自身身体素质较差不能就业；另一部分人因家庭成员患病所累而无法就业；再有年龄偏大等，找工作困难，想创业又缺少资金。他们生活相对艰难，生活担子较重，成为新生的城市贫困群体。本次调查的 300 户“低保”家庭中，有下岗、待岗经历的 328 人，占 44.6%，有两人以上失业的家庭占 13%。

第二，赡养和抚养义务重。无劳动能力的 60 岁以上老人占 18.5%。很多低保家庭中还有学龄儿童、少年需要抚养，教育费用也是不小的负担。

第三，健康状况差。低保家庭成员中身体有残疾或急重病、慢性病的比例较高。由于身体的残障而使就业发生困难，使家庭收入偏低，这也是“低保”家庭的主要特征之一。调查表明，在本次调研的 203 户家庭中，有残疾人员户占 41.9%。

第四，文化素质偏低。我们虽然没有调研对象文化水平方面的资料，但据社区福利主任介绍，该社区外来务工流动人员居多，其学历大都不高，他们所从事的工作大都也为制造业、服务业行业，稳定性较差，可能这也是导致其就业不畅的原因之一。

五、政策建议

本文认为在城市就业机会较多这一大背景下，城市低保家庭实际拥有的物质资本很少甚至没有物质资本，就业成为一条普遍的脱贫出路。所以结合城市低保家庭致贫因素，如何促进他们就业就显得尤为重要。笔者提出以下三条建议：

第一，本社区中健康因素成为低保家庭致贫的首要原因，这里的健康主要是指身体和精神残疾。其中残疾又可分为先天性残疾和后天残疾两部分。本文认为，首先需要建立适合于残疾人培训的专门培训机构，使残疾人适合其生产岗位的要求，相关部门要进一步完善残疾人就业培训机制，有针对性地对残疾人进行培训，建立针对性的行业任职资格考核体系，组织专家进行集中培训等方式保证残疾人就业和满足产品市场需求。其次，与用人单位签订定向劳动就业合同，使残疾人受过专业化培训之后即可上岗，工作得到保障。再次，对于接受残疾人就业的用人单位给予政策上的优惠，此种优惠不仅仅局限于减免部分税收，灵活性优惠措施更应受到鼓励。如残疾人工资、福利由政府统一发放；对达到一定残疾人就业人数比例的企业给予直接的政府补助等。而非残障家庭中可分为老年人和中老年两类。

第二，老年人（年龄在 60 岁以上）占到了留学路社区低保户总数的 18.5%，从调查情况来看，他们多数疾病缠身，基本丧失了劳动能力，另外很少一部分需要照顾家人、孩子。这两部分人群几乎没有劳动就业意愿，也没有劳动能力，需要政府的直接补贴，包括现金、能源补助等，以保证最低的生活保障，以满足其基本日常生活需要。

第三，留学路社区的中老年群体应受到政府的高度重视，他们的脱贫可能性最大。我们此处将 40 ~ 60 岁年龄段定义为中老年人，此群体占总体的 81.5%。其中健康人数共有 154 位，他们一方面有一定的生产劳动能力，另一方面享受政府低保政策。究其原因，发现部分是刑满释放人员，多半是 20 世纪 80 年代“严打”期间造成的。由此，一方面刑满释放后的求职过程中受到社会、企业的排斥，从而也对社会产生不信任感，没有长期稳定的工作，游荡于失业与就业的边缘，工资收入微薄，靠政府低保金生活。另一方面，他们的婚姻状况也因此受到牵连，刑满释放后的重组家庭的比例较高。对此的建议是：采用“帮加扶”的方式，所谓“帮”，一是让刑满释放人员感受到社会大家庭的温暖，经常组织谈话、集体活动等，做一些力所能及的事情。二是引导其转化思想观念，强调劳动致富的观念。“扶”一是指帮助其掌握一定的劳动技能，提供劳动机会、医疗救助、公益岗位安置、法律援助、刑释人员未成年子女的教育救助制度等。二是积极推动其创业，并给予创业政策上的优惠，以此加快脱贫的步伐。

“两孩”全面开放后天桥生育情况调研

张铃旺 韩石松 蔡彦洵 刘 笑

摘要：“两孩”全面开放后，对全国各地生育现状均造成了一定影响，为了解天桥街道生育现状，笔者团队通过问卷调查法、访谈法等对天桥太平街社区及永安路社区调研，了解适龄居民生育意愿，并就调查结果进行数据分析及模型分析，发现调查样本所在地二孩生育意愿不高，且生育二胎意愿主要受到理想子女数量，父母能否照顾子女及受教育水平等因素的影响，对其做了一定的探讨，得出一些结论，并围绕分析结论及访谈结论提供了一些可行的改善社区生育现状的建议。

关键词：全面二孩；回归分析；数据分析

“两孩”全面开放是指结合人口形势发展变化，逐步调整完善生育政策，启动夫妇可生育两个孩子的政策。为缓解计划生育弊端，保证人口红利，十八届五中全会于 2015 年 10 月做出全面开放二胎决定。2016 年 1 月 1 日开始，“两孩”全面开放，适龄家庭生育意愿发生相应地变化。“两孩”全面开放能否成功促进生育，进而补救人口老龄化，缓解人口红利下降问题成为社会关注焦点。本文以北京市西城区天桥街道为调查样本，通过问卷调查专项访谈等方法，调查“两孩”政策下该地区家庭生育意愿变化情况与相应生育情况的变化，希望为“两孩”全面开放政策实施效果研究提供一手资料，并为“两孩”全面开放政策的发展完善提出建议。

一、研究背景

（一）独生子女政策弊端初显

30 年长期计划生育政策的实施诱发人口老龄化严重，劳动力日益稀缺，男女比例失衡，“失独者”家庭和“4-2-1”家庭的出现等问题，进而对我国经济、政治、社会发展建设产生了一定不利影响。“两孩”全面开放是计划生育调整完善的必然。

受“独生子女”政策约束，1979—2015 年我国出生率下降，出生人口减少，对此后二十年劳动力补充产生一定不良影响，人口红利也会随之下降；出生率、死亡率“双低”直接导致人口结构变化，人口老龄化日益严重，社会养老支出上升，养老负担加大，“4–2–1”家庭养老问题尤为显著：1997 年，我国 65 岁以上人口占比 6.5%，老年抚养比达到 9.7%，人口老龄化出现。2014 年，我国 65 岁以上人口占比 10.1%，老年抚养比达到 13.7%；同时，中老年人消费投资意愿趋于保守，新兴产业难以筹集充足的投资且难以获得足够的利润鼓励，在国际竞争中处于不利地位。

传统重男轻女思想与“单孩”政策交互影响下，部分家庭倾向于选择胎儿性别，男女比例失调。1979—2015 年，我国男性人口比例稳定在 51% 以上，男女比例失衡问题亟待解决。“失独”现象日趋严峻，2013 年王广州就其研究指出，我国 2010 年已有百万“失独”家庭，倘若现行的计划生育政策不变，预计到 2050 年累计死亡 10 岁及以上独生子女总人数将过千万。易富贤则提出“即便不计 2010 年后新增独生子女家庭和死亡孩子数量，到 2035 年也会有 1 000 万‘失独家庭’”。“两孩”全面开放是国家经济发展、政治稳定、社会进步的客观需要。

（二）“两孩”全面开放下适宜生育家庭的转变

在“晚婚、晚育、少生、优生”计划生育政策实施 30 年背景下，我国家庭生育观念转变，大部分家庭认可“一个就好”生育标准，少数家庭选择丁克。“两孩”全面开放对适龄家庭生育观产生刺激。

适龄生育家庭多为独生子女一代，对“单胎”生育接受度高。同时，受高养老成本、高育儿成本、高工作生活成本、都市生活压力加大和长期“单胎”生育观等的影响，很多家庭对“两孩”生育反应平淡，独生子女生育观仍占主流地位，“两孩”全面开放局部遇冷。

此外，部分原生育意愿不强家庭在父母、单位、社区、媒体等因素鼓励下，生育观念出现变化，由倾向单胎至倾向二胎生育，但这部分适宜生育家庭亦获得更多生育选择，随之而来的是否选择二胎、相应生育性别、生育间隔倾向等问题也逐渐出现，并影响家庭的生育选择。

“两孩”全面开放遇冷具体原因和相应完善措施问题，倾向“两孩”家庭生育观受政策变化影响程度，“两孩”生育观原因，“两孩”政策具体效用，是否需要以及如何进一步完善“两孩”政策成为热点议题。

二、研究方法

（一）调查对象

本次调查研究对象主要为夫妻处于生育年龄的家庭。

（二）调查区域

主要调查区域为天桥街道太平街社区以及永安路社区。

（三）调查方式

在太平街居委会和永安路居委会的帮助下，进入社区发放问卷和回收问卷，并对其中个别个体进行专题访谈。

（四）分析方式

对问卷所得数据进行统计数据描述分析，以及利用 SPSS 进行判别分析以及多元线性回归分析。

三、分析

（一）判别分析

由于所回收的问卷当中有意愿生二孩的问卷数量极低，因此在进行数据判别分析的过程中，并不把愿意生二孩的家庭单独做成一类分析。分析过程中，把愿意生二孩家庭剔除，仅对不确定是否生二孩家庭以及确定不生二孩家庭进行分析。

问卷初始回收数据中打算生二孩个体比例为 8.3%，不确定是否生二孩个体比例为 33.3%，确定不生二孩个体比例为 63.6%。

对问卷所得数据进行分类，进行判别分析，可得如下表格（见表 1）：

表 1　分类函数系数

项目	1 代表不确定　2 代表不打算生	
	1.00	2.00
家庭情况	3.876	1.276
丈夫健康水平	8.752	3.957
妻子工作压力	5.390	2.734
家中子女数量	16.911	23.154
理想子女数量	–.887	–4.526
妻子受教育程度	5.789	8.860
（常量）	–69.309	–61.156

Fisher 的线性判别式函数

由表格数据可建立线性判别函数：

不确定是否生二孩：$y_1=-69.309+3.876x_1+8.752x_2+5.390x_3+16.911x_4-0.887x_5+$

$5.789x_6$

不打算生二孩：$y_1=-61.156+1.276x_1+3.957x_2+2.734x_3+23.154x_4-4.526x_5+8.860x_6$

（其中 x_1 为家庭情况，x_2 为丈夫健康水平，x_3 为妻子压力水平，x_4 家中子女数量，x_5 为理想子女数量，x_7 为妻子受教育程度）

继续分析观测其分类结果，可得如下数据（见表 2）：

表 2

1 代表不确定　2 代表不打算生	预测组成员		合计
	1.00	2.00	
1.00	11	0	11
2.00	2	19	21
1.00	100.0	.0	100.0
2.00	9.5	90.5	100.0
1.00	10	1	11
2.00	4	17	21
1.00	90.9	9.1	100.0
2.00	19.0	81.0	100.0

分析只对于交叉验证下的正确分组率中不确定是否生二孩的小组正确分组率为 90.9%，确定不生二孩的下组的正确分组率为 81.0%，那么若问卷所得的数据在一定程度上能代表社区的生育意愿，那么假设用所得模型对社区所有人群进行调查，可在一定程度上预测不确定生二孩家庭比例为 30.3% 左右，确定不生二孩家庭数量比例在 51.5% 左右，确定生二孩的家庭比例在 8.3%–18.2%（确定生二孩家庭数目过低，此处预测为大概预测，按以上分析，由于不确定生二孩以及确定不生二孩家庭中存在预测失误，但预测失误的家庭个体中也有可能混杂不确定是否生二孩以及确定不生二孩的个体，因此估计生二孩家庭比例应高于 8.3% 低于 18.2%）。由数据可知，社区适育家庭中确定生二孩比例较低，确定不生二孩比例最高，继续分析只不确定是否生二孩群体中学历高家庭比例较高，高学历家庭个体在三种家庭中比例由高到低分别为不确定是否生二孩家庭，确定不生二孩家庭，确定生二孩家庭。

（二）多元线性回归分析（见表 3 ~ 表 5）

表 3　汇聚的组内矩阵

项目		家庭情况	丈夫健康水平	妻子健康水平	丈夫年龄	妻子年龄
协方差	家庭情况	0.668	0.169	0.151	–0.420	–0.362
	丈夫健康水平	0.169	0.371	–0.141	–0.047	–0.010
	妻子健康水平	0.151	–0.141	0.862	–0.059	–0.063
	丈夫年龄	–0.420	–0.047	–0.059	1.486	1.430
	妻子年龄	–0.362	–0.010	–0.063	1.430	1.460
	丈夫工作压力	0.098	–0.103	0.683	0.054	0.029
	生活水平	0.087	0.063	0.077	–0.195	–0.184
	家中子女数量	–0.019	0.054	–0.073	0.415	0.427
	理想子女数量	0.106	0.009	0.049	0.057	0.056
	丈夫受教育程度	0.184	0.142	0.013	–0.401	–0.417
	妻子受教育程度	0.250	0.158	0.242	–0.321	–0.294
相关性	家庭情况	1.000	0.340	0.198	–0.422	–0.366
	丈夫健康水平	0.340	1.000	–0.249	–0.064	–0.013
	妻子健康水平	0.198	–0.249	1.000	–0.052	–0.057
	丈夫年龄	–0.422	–0.064	–0.052	1.000	0.971
	妻子年龄	–0.366	–0.013	–0.057	0.971	1.000
	丈夫工作压力	0.129	–0.181	0.789	0.047	0.025
	生活水平	0.227	0.222	0.177	–0.343	–0.326
	家中子女数量	–0.046	0.172	–0.151	0.660	0.685
	理想子女数量	0.247	0.028	0.101	0.088	0.087
	丈夫受教育程度	0.273	0.283	0.017	–0.399	–0.419
	妻子受教育程度	0.354	0.301	0.302	–0.305	–0.282

表 4　汇聚的组内矩阵

项目		丈夫工作压力	生活水平	家中子女数量	理想子女数量	丈夫受教育程度
协方差	家庭情况	0.098	0.087	−0.019	0.106	0.184
	丈夫健康水平	−0.103	0.063	0.054	0.009	0.142
	妻子健康水平	0.683	0.077	−0.073	0.049	0.013
	丈夫年龄	0.054	−0.195	0.415	0.057	−0.401
	妻子年龄	0.029	−0.184	0.427	0.056	−0.417
	丈夫工作压力	0.868	0.047	−0.047	0.061	0.050
	生活水平	0.047	0.218	−0.096	−0.019	0.133
	家中子女数量	−0.047	−0.096	0.266	0.071	−0.154
	理想子女数量	0.061	−0.019	0.071	0.277	0.054
	丈夫受教育程度	0.050	0.133	−0.154	0.054	0.678
	妻子受教育程度	0.184	0.145	−0.191	0.069	0.533
相关性	家庭情况	0.129	0.227	−0.046	0.247	0.273
	丈夫健康水平	−0.181	0.222	0.172	0.028	0.283
	妻子健康水平	0.789	0.177	−0.151	0.101	0.017
	丈夫年龄	0.047	−0.343	0.660	0.088	−0.399
	妻子年龄	0.025	−0.326	0.685	0.087	−0.419
	丈夫工作压力	1.000	0.107	−0.098	0.124	0.065
	生活水平	0.107	1.000	−0.400	−0.078	0.346
	家中子女数量	−0.098	−0.400	1.000	0.260	−0.362
	理想子女数量	0.124	−0.078	0.260	1.000	0.124
	丈夫受教育程度	0.065	0.346	−0.362	0.124	1.000
	妻子受教育程度	0.228	0.359	−0.428	0.151	0.749

表 5 汇聚的组内矩阵

项目		妻子受教育程度
协方差	家庭情况	0.250
	丈夫健康水平	0.158
	妻子健康水平	0.242
	丈夫年龄	–0.321
	妻子年龄	–0.294
	丈夫工作压力	0.184
	生活水平	0.145
	家中子女数量	–0.191
	理想子女数量	0.069
	丈夫受教育程度	0.533
	妻子受教育程度	0.745
相关性	家庭情况	0.354
	丈夫健康水平	0.301
	妻子健康水平	0.302
	丈夫年龄	–0.305
	妻子年龄	–0.282
	丈夫工作压力	0.228
	生活水平	0.359
	家中子女数量	–0.428
	理想子女数量	0.151
	丈夫受教育程度	0.749
	妻子受教育程度	1.000

根据自变量彼此间的相关性分析，可知丈夫工作压力与妻子健康水平，丈夫年龄与妻子年龄，丈夫年龄与家中子女数量，妻子年龄与家中子女数量以及丈夫受教育程度与妻子受教育程度相关性较高，因此为了避免共线性，在考虑一定因

素后，剔除一些自变量，分别为丈夫年龄、妻子受教育程度、丈夫工作压力、家中子女数量。保留其他自变量，进行多元线性回归分析，可以得出以下多元线性回归方程：

$$y=0.239-0.047x_1-0.029x_2+0.158x_3-0.021x_4+0.193x_5-0.163x_6+0.304x_7-0.178x_8-0.096x_9+0.343x_{10}-0.017x_{11}$$

（其中 y 指家庭情况生育意愿；x_1 家庭情况；x_2 丈夫健康水平；x_3 妻子健康水平；x_4 妻子年龄；x_5 妻子工作压力；x_6 父母态度；x_7 父母能否照顾子女；x_8 父母健康程度；x_9 生活水平；x_{10} 理想子女数量；x_{11} 丈夫受教育程度）

由函数可知，家庭对于生育二孩的意愿（数值越大生育意愿越强）与理想子女数量以及父母是否照顾子女的能力丈夫健康水平、妻子健康水平、妻子工作压力等正相关，其中受理想子女数量以及父母是否能够照顾子女的因素影响较大；与生活水平等负相关。其中由于评级标准原因，具体相关性大小比较较有难度，但可以大概估计出相关性趋势，根据此趋势来调整政策以促进全面二孩政策的正常推行。基于某些因素的非常规反应（结合专题访谈，与访谈结果相悖）作相应的调整分析，如下：家庭情况（夫妻独生子女状况）、父母态度，生活水平等因素通过计算数据可知其具有较大的误差区间，因此在此其相关性有待再加以证实，但这种现象在某种意义上亦可以证明，这些因素对于生育二孩的意愿其他自变量而言作用较小。

（三）统计描述分析

1. 对社区整体生育意愿分析

由问卷数据分析，问卷总量中生育意愿均值为 1.39，贴近于不打算生育的赋值 1，因此社区的整体生育现状为多数家庭都不想生育二孩，生育现状较为严峻。

2. 生育二孩意愿与受教育程度关系

由调查数据可发现高学历家庭多集中于不确定自身将来是否会选择生育二孩的区域，推测与其受教育程度有关，多对国家政策持观望态度，且考虑因素较为长远。

3. 理想子女方面

经数据分析理想子女方面，对子女性别有一定偏好的家庭仅占 6%（偏好为男或为女），多数家庭的选择并没有特定的性别偏好，说明天桥街道的男女观念较轻。

4. 父母对于生育二孩的态度

计算问卷父母对于子女生育二孩态度的均值，发现为 1.81，介于反对子女生育二孩和中立之间，说明社区当中赞同子女生育二孩的父母数量并不占优势，与固有观念老人期待多子相悖。

四、结论

天桥街道居民二胎生育意愿不高，多数态度为不生，或犹豫不确定是否生育二胎。

天桥街道居民的生育意愿受理想子女数量，父母照顾子女的能力，丈夫健康水平，妻子健康水平等的影响，其中受理想子女数量以及父母照顾子女的能力影响较大，表现为理想子女越多，父母能够照顾子女的能力越大，天桥街道居民生育二孩的意愿越高。

随着人们受教育水平的提高，人们对生活质量的要求也随之提高。二胎政策下，抚养两个孩子的经济与精神承受能力，与孩子教育质量双方面考虑下，父母更愿意集中有限的资源给一个孩子提供更加优良的教育与生活。

交由父母帮助抚养孩子的传统依然存在，但上一辈逐渐意识到晚年生活，丰富的社区活动让他们从原有的儿女附庸的角色中走出来，帮助再度照顾孩子的意愿降低。二胎政策下，父母是上班族，孩子由谁照顾照料呈现难题，也阻碍了家庭生育二胎意愿的提高。

五、建议

第一，完善生育政策，减少生育顾虑。受长期“单胎”生育观、高育儿成本、高生活成本等因素的影响，适龄生育家庭生育顾虑问题增加，单方面增加政策许可育儿数量，即全面开放“两孩”无法解决全部适龄家庭问题，政府可在许可“两孩”之外，适当增加生育鼓励政策措施，促进适宜生育家庭生育意愿的增强：如适当延长产假时长，由国家出资补贴用人单位部门，使父母放心生育，减少企业单位对在育家庭施加的压力；为“两孩”生育家庭提供一定育儿补贴，降低家庭育儿成本，促进“两孩”发展等。

第二，提高教育水平，深化教育体制改革，加大对教育产业的投入和扶持。通过民调和测算的方式，找到教育投资重点；适当延长义务教育年限，缓解子女教育经济压力；积极引进国外教育理念并与国家、地方实际相结合，优化学校课程设计，培养优秀教育人才，切实优化公共教育资源，让父母认可满意学校教育，减少父母对子女其他教育投入，缓解父母对孩子教育水平、生活水平的担忧。当今子女多数已不是“放养型”，而是“精养型”，随着经济成本增加，子女面临竞争的激烈化，父母的育儿焦虑度上升，相应所需心理承受能力也更高。从直接经济成本来看，0 ~ 16 岁子女的抚养总成本预计达 25 万元；若子女上大学再读研，则预计高达 48 万元。“与其多生一个降低生活质量，还不如好好培养一个呢。”子女的主要投入多在教育方面，政府的教育体制改革，对教育产业的投入与扶持已迫在眉睫。

第三，政府要权衡利弊，完善社会养老制度和儿童的基础育儿压力，减轻家庭面临的压力，稳定社会，使之健康发展。增加养老医疗补助、大力扶持幼儿托管、幼儿教育产业的发展，让适龄家庭成员在养老、生活、一胎抚育下仍有充足的精力财力选择二胎。问卷调查对象多独生子女，二胎情况下其未来面临双方父母和两个子女的赡养抚养压力较之单胎其所面临的压力大大增加，两人将会承担整个家庭八个人的生活开销，是不容忽视的挑战，需要政府提供支持，予以过渡。

第四，政府引进投资，引导社会公共基础服务设施的建设。二胎政策的出台每年新生人口将大幅度增加，总人口数量增加会给公共服务资源带来挑战，要做好教育、医疗等公共服务应对准备。假如在一定区域内，“二胎”生育家庭较多，且整体生育意愿又很强烈，就会出现相应公共资源短缺局面。特别是在一些人口基数不大的小城市或县城，公共资源保障的弹性很小，加之资源原本就不足，即便出生人口增加不多，幼托、幼保、幼教等公共服务也极有可能难以为继。要求当地在推进全面二孩的过程中，适当调整本地公共资源，以适应全面二孩推进的过程中出现的公共资源短缺压力。父母抚养子女观念的淡化，引起的是对二胎政策所带来的“二胎产业”所需要的社会公共基础服务设施的关注，托育机构缺乏并且过于昂贵，导致幼儿照料困难，严重影响自身的职业发展。就缺乏而言，例如北京城镇地区 3 岁以上儿童入托率为 90%，但 3 岁以下幼儿入园率仅为 21.4%。原来由政府、单位和街道等举办的托儿所已基本销声匿迹，一些幼儿园的托小班规模也很小、不少招收托小班的幼儿园对婴幼儿的年龄也有较严格的限制，只招收 2 岁半及以上的幼儿入园。目前这种针对 3 岁以下幼儿的托幼服务萎缩的现状难以满足父母对“托儿”的需求，这项托幼服务的短缺在客观上常常造成母亲被迫延长产后休假，中断职业生涯，增加生育的情况，会极大地增加生育的机会成本。政府在此基础上应根据本地现状，以引导建设社会公共服务，且适当的可以引进投资，以缓解政府财政压力，但这种情况下亦应该建立相关的监督监管机构，以保证政策的正常进行。

酒旗戏鼓　雅俗共赏

关于文化产业对现代社会经济的促进作用的调研报告

——以天桥演艺园区为例

佚　名

摘要：北京天桥，市井文化的代表，是老北京民俗文化的发源地与聚集地，也一直是北京首屈一指的演艺集聚区。几经改建，天桥旧址已不复存在，但如今，西城区政府分别与国家大剧院、中国对外文化集团、北京人民艺术剧院等 21 家在京演艺机构签署了战略合作协议，天桥演艺园区建设进入了一个全新的发展阶段，它将形成传统与现代融合发展的文化聚集区，为老天桥注入新的生机活力。

关键词：文化产业；现代经济；促进作用；天桥演艺园区

一、天桥演艺园区的建设背景及优势

天桥演艺园区位于北京市西城区南区，总占地面积为 2.07 平方公里。该项目以历史文化为基石，以演艺产业为主导，全面整合京味儿演艺资源、国内地方特色演艺资源与异域特色演艺资源，打造集演艺总部、文艺演出、文化展示、休闲体验、文化商务等功能于一体的，具有国际水准的首都演艺中心区，使天桥演艺园区成为北京建设世界城市的重要文化名片和文化承载区，成为向世界展示中国文化的重要窗口。

该项目定位为高端剧场及配套服务设施，具有很强的公益性质，与区域内乃至北京市同类项目相比，在设备设施、功能定位、辐射范围等诸多方面具备很强的竞争优势，同时还将对周边区域内的相关产业产生强劲的带动效应和间接的经济效益。

2012 年 6 月 20 日，西城区政府分别与国家大剧院、中国对外文化集团、北京人民艺术剧院等 21 家演艺机构签署了战略协议，就进一步推进天桥演艺园区建设达成合作意向。协议的签订标志着集演艺总部、文艺演出、文化展示、休闲体验、文化商务等功能于一体的首都演艺核心区工程正式启动，北京打造国际一流演艺区有了强有力的内容支撑。

“北京的天桥，世界的舞台”，天桥演艺园区承载着几千年的古老文化，几千年的古老民俗向中国走来，向世界走来，它的建成不仅仅是传统文化的传承与创新，更是现代经济的腾飞与进步。

（一）有利的政策支持，提供建设大环境和指导方向

新一届党代会报告重视“文化大发展大繁荣”，在推动中国特色世界城市建设的奋斗目标中，“首都文化日益繁荣”被列为六大目标之一。为此，北京市提出重大文化项目带动战略，其中，首都核心演艺区的建设规划备受瞩目，北京天桥演艺区已被列入《北京市国民经济和社会发展第十二个五年规划》；同时，北京市和西城区政府高度重视文化产业发展，保护古都风貌和文化传统，全力打造文化创意之都。这些政策和规划的出台，为天桥演艺园区的建设提供了有利的社会环境和明确的发展方向。

（二）雄厚的财政支持，提供建设动力和资金保障

近年来，北京市出台了文化创意产业发展规划，国家和政府将在文化产业的资金支持、市场准入、服务环境、管理方式等方面给予大力支持。目前，天桥演艺园区项目总投资约 150 亿元，该项目的巨大规模和巨大投资额，为独具魅力的天桥演艺产业发展提供了强大的发展动力和有力的资金保障。

（三）历史文化资源丰富，文化传统底蕴深厚

从清朝初年开始，天桥就成为各地民间艺人的聚集地和北京平民市场的发祥地，在天桥地区卖艺的各界民间艺人数不胜数，这些形形色色的艺人各有师承，各具特色，逐渐形成了天桥地区的民俗文化传统，留下了宝贵的人文资源。诸多文化的集萃，为天桥积累了丰富的历史文化资源和深厚的文化底蕴，构成了富有东方传统风格和具有华夏民族鲜明特色的区域，为开发天桥演艺产业提供了宝贵的资源禀赋。

（四）区域演艺剧场众多，演艺产业基础深厚

多家久负盛名的演艺场所聚集于天桥，演出形式和演出内容多样化。天桥乐茶园、梨园剧场演出曲艺、戏曲、民俗节目；万胜剧场继承老天桥杂技、杂耍的传统；天桥剧场是一座现代化剧场，可接纳大型文艺演出和文化活动。区域内演艺场所每年接待游客总计近百万人次，演出收入、利润丰厚；此外，天桥市民文化广场等市政基础设施的不断完善，为天桥演艺园区的发展提供了良好的硬件支撑条件。丰富的演艺资源和深厚的演艺产业基础为天桥演艺园区的建设提供了优越的产业化条件。

（五）文化需求不断增长，文化消费潜力无穷

随着经济的发展和生活水平的不断提高，人们在追求物质层面需求的基础上，越来越追求精神层面的享受和满足。随着居民的文化消费需求日益增长，文

化消费范围日益扩大，广大的消费人群为天桥演艺园区的建设提供了广阔的市场前景。另外，天桥地区与天坛、先农坛相邻，附近旅游资源众多，地理位置优越，是北京文化旅游线上的一个重要节点，众多旅游景点的存在为天桥演艺园区吸引着大量的游客资源：仅一街之隔的著名旅游景点天坛，每年接待游客近 400 万人次，在北京主要旅游景点中居第 7 位，其中有高达 16% 的游客来自海外；科学气息浓厚、科学资源丰富的自然博物馆及南部农耕文化及祭祀文化的重要展示区——先农坛，也同样吸引着本地以及国内外旅游者纷至沓来。社会文化消费的日益增长和演艺园区周边得天独厚的旅游资源为天桥演艺园区的发展提供了广阔的市场前景和强劲的消费潜力。

（六）地理位置优越，交通便利发达

天桥演艺园区位于二环内，临接天桥南大街双向 8 车道，周边路网发达，交通条件优良，有近四十条公交线路，日间每小时的车流量均在 2 000 ~ 5 000 不等。区域未来将有 6 条主要的地铁干线，其中轨道交通 7 号线的珠市口站距离天桥演艺园区只有 600 米，规划中的 8 号线也将在天坛西门设置站口，区域未来可尽享轨道交通的便利。优越的地理位置和便利的交通条件，为大量游客和消费群体的到来提供了良好的先决条件。

二、天桥演艺园区建设面临的问题

（一）周边环境脏乱破旧，市政基础设施落后

天桥地区人口密度较高，演艺核心区面积不足，北部地区老旧平房密集，很多设施已经陈旧，市政设施总量严重不足；区域空间有限，停车设施缺乏，难以承载大量的客流；天桥地区道路相对狭窄，车多交通拥堵，制约了演艺园区的建设发展；天桥乐茶园、万胜剧场及周边（包括天桥小区斜街）环境脏乱、破坏严重，传统民俗文化缺乏传承发展的环境载体。周边环境的破乱和市政设施的落后，加大了天桥演艺园区开发建设的难度，严重影响着天桥演艺园区的整体风貌和长远发展。

（二）演艺资源不断流失，一流演出群体匮乏

伴随着日益兴起的现代文化和源源不断的外来文化的冲击，传统文化的地位逐渐下降，天桥的非物质文化也在逐渐消逝。许多历史遗迹已不复存在，演艺人才无处施展才华，无处展露绝技，天桥老艺人及其拿手绝技正面临失传危机，演艺资源面临“断层”现象。经历了一个时期的消沉，在大批有识之士的呼吁、传承和改良之下，天桥文化产品和艺术表现形式逐步回归现代，并被国内外广大文化消费者所接受和认同，而华声天桥、东城区文化馆、朝阳剧场等机构的民俗演出如火如荼，致使天桥地区仅有的文化资源和艺术人才出现外流趋势。演艺资源的自然消逝和外部流失，二者加权，加剧了天桥一流演出团体缺乏的问题。

（三）缺乏一流演出载体，演出场所空间有限

天桥地区虽然剧场不少，但许多剧场和演出场所受地域的限制，建筑体通常座席数较少，规模较小，难以承载大量的观众，进行大型的演出；而且，天桥地区演出场所的建筑形式整体比较破旧、分散，装修整改工作难度较大，这将不利于吸引游客和消费者的到来，也不利于演艺产业的集中化，长期将会严重影响天桥演艺园区的发展。

（四）演艺运作机制不佳，一流演出剧目缺乏

目前，天桥演艺园区的整体建设缺乏明确的市场运作主体，缺少一个不以短期营利为考核目标的文化公司来负责天桥演艺园区整体的策划宣传、开发推广等各项工作，市场运作主体虚位以待；此外，几个演出场所分别隶属于不同的单位，彼此在运营方式、经营理念、市场定位等方面大不相同，导致天桥地区缺乏一流的演出剧目，整体竞争力下降。因而，从整体来说，演艺场所分散经营，演艺运作机制不佳，不利于促进演艺产业集聚，产业规模扩大，整体品牌形象树立，严重影响和制约天桥演艺园区的整体建设与发展。

（五）传统文化氛围淡漠，后续发展空间不足

有关负责人称，天桥演艺区建成后，将吸引相声、京剧、杂技等中国传统文化以及音乐剧、芭蕾舞、话剧等现代文化的聚集，形成传统与现代融合发展的文化聚集区，中国与世界相互融合的首都演艺区。随着源源不断的新鲜文化的注入，天桥的传统民俗文化被加进了诸多世界现代的文化元素，天桥地区的现代气息越来越浓厚，而这里的传统文化气息、怀古氛围、民俗风貌却已经渐渐淡漠、所剩无几；另外，天桥地区整改治理工作的进行，在一定程度上改善了天桥地区的整体环境，提升了天桥地区的整体形象，但也使天桥的外部形态、整体风貌发生了转变，民俗风貌渐渐消失，传统氛围越来越淡。外部形象的现代转型与文化内部的现代改造，对天桥地区的传统文化、传统民俗及老艺人的生存构成了挑战，制约了演艺产业向周边地区的延伸扩展，割裂了演艺核心区与四周待开发地区在空间上的联系，很难形成地区的规模效益，致使天桥地区后续发展空间不足，长远发展受到严峻挑战。

三、天桥演艺园区对经济增长的促进作用分析

随着文化立国、文化强国战略的不断推进与发展，文化产业已成为我国最活跃、最具竞争力的产业之一，在促进经济增长方面的作用尤为明显。最近几年来，我国文化产业的快速发展，不仅为我国经济的持续发展注入了新的力量，而且在优化产业结构，推动相关产业发展，落实科学发展观，推进和谐社会建设等各个方面产生着越来越大的影响。而且，在世界范围内，我国文化生产力的提高

也使我国在大国经济实力竞争中占据了有利地位。

下面，就以天桥演艺园区为例，分析文化产业对经济增长的重大贡献：

（一）促进产业结构优化，经济效益不断提升

文化产业在目前而言还属于新兴产业，具有低投入、高产出的特点，不仅在发展速度上超过第一、二产业，而且在其他的财富创造力上也体现着远大的发展前景。文化产业的主体为第三产业，而第三产业不仅是连接生产和消费两大环节的重要桥梁，而且也是体现一个国家软生产力的重要指标。天桥演艺园区的建设对于转变经济增长方式，优化升级产业结构，带动天桥周围地区产业结构优化具有极为重要的长远影响。

（二）具有强大的吸纳劳动就业的能力，促进和谐社会的建设

文化产业的发展对拉动就业的作用非常明显，根据欧美等国专家研究，文化产业与人口就业之间存在明显的正相关关系，文化产业的发展不仅会为全社会提供9%以上的就业总量，而且会激发出超过总体就业增速4倍的增长速度，因而文化产业自形成起，就倍受各国政府的关注和扶持。西方国家的发展历程，在天桥文化产业发展过程中得到了初步印证。天桥地区文化产业门类众多，其中文化旅游、传统玩具、风俗文化等行业的就业人数获得极快增长，已成为天桥文化产业发展过程中的优势就业领域。

（三）影响范围不断扩大，带动相关产业发展

在经济活动过程中，各个产业之间存在着复杂而广泛的密切联系。这其中，文化产业具有广泛的关联度，能对其他产业产生更大的拉动作用。与其他第三产业部门相比，文化产业的影响力大于教育、金融、餐饮等产业的影响，只是略低于公共卫生事业的影响力系数，这说明文化产业的影响力不断扩大，对其他相关产业发展的影响带动作用正在逐步增强。

（四）具有鲜明的资源节约特征，有利于“两型社会”的建设

文化产业是为社会公众提供文化、娱乐、服务以及与此相关联的一系列活动的集合，具有电子化、信息化、高技术等行业特征。文化产业在发展过程中对环境的污染小，对资源的消耗少，属于典型的“绿色产业”。休闲经济视野下的旅游产品要以满足人们的休闲需求为导向，创新传统文化资源观。从这个意义上说，发展文化产业是缓解经济发展与资源节约、环境保护之间的矛盾，促进经济发展方式转变的合理选择，有利于促进科学发展观的落实与和谐社会的建设。

“酒旗戏鼓天桥市，多少游人不忆家”的诗句描述的正是老天桥昔日的繁华，它有着古老悠久的历史、迷人独特的天桥民俗文化、惟妙惟肖的天桥八大怪、闻名全国的曲艺相声德云社等。如今，天桥演艺园区的建设将会给天桥注入新的生机与活力，相信老天桥昔日的繁华即将重现。

天桥地区民俗文化产业振兴策略研究

李跃森　由耀爽　黄子珍

摘要：民俗文化是国家民族文化的重要组成部分，是提高国家软实力和文化影响力、建设社会主义先进文化的重要内容。天桥，作为坐落在城市中轴线上、皇帝祭天必经之桥，与北京帝都文化紧密相连，是北京城帝都文化的一个重要标志，具有民俗文化的代表性。党的十八大对我国文化建设作出了重大的战略部署，进一步兴起了社会主义文化建设的新高潮。我们应该在此新形势下，制定推动我国民俗文化产业发展的对策，加大对天桥民俗文化的引导、保护、传承、开发与创新，进而大力推动我国民俗文化产业的复兴和发展。

关键词：天桥；民俗文化产业；振兴策略

一、研究目的及研究方法

（一）研究目的

天桥，是老北京民间艺人的发源地，也是北京民俗文化的金字招牌。自清代以来，作为老北京文化艺术的摇篮，天桥孕育了一大批优秀的民俗文化艺术精品，经久不衰。然而，这个承载着老北京记忆和文化内涵的地区，近年来却随着城市改造和经济社会生活的变迁日渐衰落。光华逝去，但底蕴犹存。针对这一状况，本研究旨在以天桥地区民俗文化产业为研究目标，通过实地走访、文献查阅等方式，在详细分析天桥地区民俗文化发展现状基础上，探究其所面临的问题，并对天桥地区民俗文化产业振兴提出切实可行的策略。

（二）研究方法

1. 访谈法

由于访谈研究法具有运用面广、能够简单而迅速地收集多方面的工作分析资料、由任职者亲口讲出工作内容、具体而准确、与会者可作较周密的思考后回答问题，相互启发影响，有利于促进问题的深入等优点，因此我们采用访谈研究法进行第一手资料的收集。

2. 二手资料分析法

天桥地区以及该地区文化产业发展历史悠久，吸引较多专家学者对其开展研究并且撰写调研报告，因此我们在进行访谈研究法的同时也运用二手资料分析的方法对前人研究文献以及该地区文化产业发展规划进行研究。

3. 观察法

通过实地观察天桥市场、“天桥八大怪”、天桥剧场、天桥社区等具有民俗特色的地方，领略文化带给我们心灵上的主观感受。而且一切都在很自然的情况下发生，被观察者处于自然状态下被别人观察，可以获得比较真实的材料，为以后的研究指出方向。

4. 质性分析法

采用质性分析方法，便于扩大研究深度，深入发掘天桥地区民俗文化的现状、问题，以便更好地提出解决对策。

借助 NVIVO 工具，对搜集到的大量历史资料、访谈资料进行质性分析，逐步建立开放编码和主轴编码，从而得出一系列关于天桥地区发展面临问题及发展策略的结论。

二、天桥地区民俗文化发展历史

（一）天桥地理位置

广义上的天桥地区，是指珠市口以南、永定河以北、先农坛以东、天坛以西的一大片区域。狭义的天桥地区，则是指天桥街道办事处所辖行政区域，包括永安路社区、香厂路社区、太平街社区、禄长街社区、留学路社区、虎坊路社区、先农坛社区、太平街社区和天桥小区八个社区。

（二）天桥民俗文化发展历史

天桥，是自南入京的必经之路，清代中后期开始，日渐繁华。由于其特殊的地理位置，天桥地区的自发市场开始逐步形成，规模日盛。天桥地区十余所庙宇所定期举办的庙会，也为天桥地区逐步成为民俗文化中心奠定了基础。从北洋政府时期到卢沟桥事变爆发，这段时间是天桥民俗文化发展的黄金时期，民间艺人的表演历经多代传承日趋成熟，民俗艺术形式也越来越多样化。

在清朝末年，天桥周边的生态环境发生了变化。这种变化突出表现在：人口越聚越多，生活空间越来越狭小，自然生态环境越来越差。由于商品经济的发展，人口增多，流经天桥下的清水不见了，污水沟出现了，北京城的“龙须沟”变成了“臭水沟”的代名词。天桥本身也发生了变化。民国后，天桥对老百姓不再禁行，变成了交通要道；由于河水干枯，天桥又变成有桥无河的旱桥；然后是修马路，铺设有轨电车轨道，又进一步减小了天桥的高度，使之成为与地面一致的平桥；最后是拓宽正阳门和永定门之间的马路时，天桥的汉白玉桥栏板被拆除。从此，天桥消失了。新中国成立后，北京市政府对天桥地区进行了专项整治，撂地艺人的一些表演内容被禁止，天桥市场也在多方面的压力下自动解散，从此天桥成为一个纯粹的地名，烙印在了北京人的记忆中。

作为北京市井文化的代表，天桥民俗艺术所服务的对象三教九流，但更主要的是受到社会底层人民的欢迎。天桥地区艺术表演的形式，既有撂地卖艺，也有专门的戏棚。这里培养了新凤霞等名角，也滋养出了老舍的《龙须沟》等经典名作。

三、天桥地区文化产业发展面临的问题

（一）天桥民俗文化传承的断层化

天桥民俗文化历史悠久，源远流长，而在开发的过程中，对民俗文化的生搬硬套，失去了民俗文化原本的淳朴性。而且，1957 年以后，天桥的老艺人们不再在此聚集，为了更高的生活水平陆续搬离此地。在旧城改造过程中，传统的建筑和道路遭到破坏，导致天桥民俗文化赖以生存和发展的“原生土壤”遭到破坏，天桥文化失去了适宜生长的环境，浓厚的市井文化氛围不复存在，从而使民俗文化的传承出现断层，甚至消失。

（二）天桥民俗文化资源碎片化

地区文化资源≠“地区文化资本”。文化资源不能直接转化为文化资本，只有通过某种运作，并把文化资源注入资本价值，形成一个建构过程，并通过生产、流通、分配和消费的全过程，才能产生“城市文化资本”的剩余价值，而这一方面需要全新的思维方式和全新的运作模式，或者说需要通过附加条件，才能把城市中的文化资源转化为“城市文化资本”。而目前，天桥的“地区文化资源”尚未得到有效整合，剪纸、画脸谱、戏剧、书法等相关文化资源的开发与利用尚处于初级阶段，未得到资本化运作，未能转化成“地区文化资本”，特别是没有能够转化成公共财富意义上的“地区文化资本”，呈现出大量碎片化的现状。正是由于整合程度不够，导致天桥具有市场震撼力和爆破性的大型文化项目缺失，从而使天桥尚未树立起一个具有广泛认可度和认同感的“城市文化品牌”，城市的知名度和美誉度较低。

（三）天桥民俗文化发展与经济发展水平矛盾化

改革开放以来，天桥街道由于历史原因，一直缺乏高效的发展模式，经济增长内生动力不足，与西城区其他街道相比，经济方面较为落后，这在一定程度上也阻碍了天桥地区民俗文化重新焕发生机。

（四）民俗文化的同化

区域划分模糊，各功能分区个性不明显。天桥地区的民俗文化，甚至于各个社区都会展现出不同的文化特点，各个艺术区、商业区也不尽相同。不能保持本辖区内特有的文化。甚至被别的文化所取代。在一些文化缺乏稳定性的区域的民

俗文化就很可能被逐渐淡化，甚至消亡。

（五）天桥民俗文化产业局限化

缺乏足够的资金、政策支持，整个地区发展的规划有待进一步提升，缺乏整体性的有战略性的规划且硬件设施不足，缺乏民俗文化生产发展的环境。除了国有的民俗文化产业，还有一部分特色民俗文化资源，我们应该在壮大国有民俗文化产业、规范民俗资源开发的同时，注重多种文化产业的发展。鼓励个人、企业、社会以各种形式创办国家政策许可的民俗文化产业，形成“百花齐放、百家争鸣”的民俗文化发展氛围。

由此可见，天桥民俗文化发展的现状不容乐观，所以必须在充分认识天桥民俗文化重要性的基础上，基于当前政策法规，重建天桥民俗文化产业。

四、天桥地区发展文化产业的优势

（一）数百年的文化资源积淀，底蕴深厚

“酒旗戏鼓天桥市，多少游人不忆家”，清末民初的著名诗人易顺鼎在《天桥曲》写下了如此脍炙人口的诗句。在民国初年，真正形成繁荣的平民市场，被视为老北京平民社会的典型区域。天桥的兴起不仅是一个经济现象，也是一个文化现象。天桥在它发展过程中，逐渐形成了独特的天桥平民文化，文商结合，相互促进。

（二）区内下辖国家级和市级文化设施，资源丰富

因天桥属于北京典型的民俗文化区域，国家政策支持力度大，将各类文化设施建设于此，丰富了天桥地区的资源。

（三）位置优势

地理位置得天独厚，临近前门，拥有天安门地区旅游资源的优势互补；与其他演艺区的集聚优势。尤其是前门大街、刘老根大舞台、各类珠宝店，加上天桥附近的工美大厦等，都是游客聚居地，来往人员多，以周边旅游带动天桥产业文化发展。

（四）天桥金字招牌，对老艺人的号召力强

天桥以其特殊的历史文化，形成了具有世界影响力的天桥中幡、关东大先生等的中国特色文化，这使具有特殊技能的老艺人有了世界的舞台，也更吸引他们通过这个舞台把中国的文化推向世界，增强自身的价值感和荣誉感。

（五）文化优势

天桥文化本身的开放性和包容性，满足各个层次人群的文化需求。天桥文化包括“天桥八大怪”、耍中幡、硬气功等，技术种类多，满足男女老少各类人的精神需求，且能适应经济全球化的发展潮流。

五、天桥地区文化产业振兴策略

天桥重新焕发活力的关键是民俗文化的复兴，在新的基础上重新演绎好原有的故事，缔造新的传奇，使天桥真正成为世界文艺荟萃的舞台，再现天桥往日的盛况。

（一）分析讨论

1. 经济学角度分析

文化产业也是商品的一种存在形式。从经济学角度看，首先，垄断对企业本身的要求是必须有雄厚的实力，其产品要求高质量，否则无力形成垄断。天桥文化产业对当地人而言是一种潜在的优势，是可以形成垄断的；其次，垄断的一个显著特点就是同行之间存在“排他性”。根据边际产量递减规律：当其他要素特别是价格不变时，增加可变要素如劳动的投入量，会增加产量，提高生产效率，降低生产成本，有助于吸纳那些有技术而不能出卖或不愿出卖的民间艺术产品，又可以增加收益。当可变要素的投入超出一定限度，即市场达到饱和，出现产品过剩，成本增加。但此时对垄断企业而言，因其分布集中，管理、决策的自主性和集约化的生产方式，它可以较容易的对自身进行调整。再次，价格的相对稳定也是垄断市场的特点之一，这里有利于保证其产品的市场占有率，防止因盲目追求经济利益而出现的产品的“克隆”。最后，对于广大消费者来说，商品的边际替代率递减规律告诉我们：在维护效用水平不变的前提下，随着一种商品消费的增加，消费者为得到每一单位的这种商品所放弃的另一种商品的消费量是递减的。针对目前市场的状况，机器产品被多数人认为是物美价廉，手工制品市场销路狭窄，但从长远来看，消费者因很少拥有手工艺术品，产生“物以稀为贵”的心理倾向，随着人们生活水平的提高，要求在文化鉴赏和心理虚荣性方面得到满足。这时对手工制品的偏好就很高，所以这种技术层面的垄断既能发展天桥文化，又可以形成经济市场。

2. 心理学角度分析

书法、剪纸、画脸谱等对天桥人而言是优势，是他们的一种无形资产。但是因诸多原因，这种技术正趋于消亡，这种优势没有得到充分的发挥。根据基数效用理论：在承担风险的情况下做出决策时，人们宁愿选择有把握的小收益而不愿选择风险大的大收益。手工艺品生产者不同于一般企业的员工，他们大多是情系土地的“艺术家”，付出与回报的衡量对他们来说无时无刻不在进行。其实，垄断机制也是对其利益的维护。

3. 法学角度分析

域名是国际互联网管理机构对全球范围内加入互联网的用户所分配的唯一用

户标识地址由，“标识 + 地址”构成。例如天桥脸谱绘画（天桥脸谱绘画）可以作为一个城名在网上注册，这在法律上是有保护的。工业产权角度分析，工业产权分为商标权和专利权。专利权是指对有独创性、新颖性、实用性的创造或发明予以一定区域、一定时间的保护；商标是商标所有人依法经注册而获得的专用权。天桥艺术是一种民俗文化，虽然它不是某一人的独创或发明，但其中的某种产品是可以具有某种创造性质；公司可以将其作为商标并注册，并实行连锁经营，这是法律允许的。而这种垄断反过来又有助于法律的实施。

（二）策略

第一，确立文化产业的优先发展地位，文化与金融是新西城的两大特色和优势，将两者融合发展，打造历史文化名城保护的新模式，金融为文化产业发展提供强力支持。

第二，演出产业集聚，首都核心演艺区，天桥演艺大厦等核心演艺建筑圈。

第三，天桥演艺区建设，剧场加特色街，既要有各种类型规模分工明确的剧场，也要有特色街道供撂地艺人以传统方式表扬。

第四，天桥街道的整体规划，将八大社区统筹到文化产业振兴的规划中来，通过拆迁棚户区等形式为产业发展提供土地。

第五，重点扶持几个大的企业，支持小微型企业和个体户的发展，形成综合配套民俗文化产业。

第六，借鉴美国百老汇和英国伦敦西区的经验。

术业专攻　精益求精

关于北京市社区活动开展模式的探讨

——以北京市天桥街道为例

颜 笑 李晓欣

摘要：天桥街道以其丰富多彩的社区活动而被人们所称赞、模仿与学习，是北京市各社区开展社区活动的榜样。经过我们小组的调研发现，天桥街道社区活动以其活动内容多样，扎根天桥文化，充分利用资金，部门独立承担等优势将社区活动如火如荼开展。同样，天桥社区的社区活动也面临着社会影响小的现状与活动内容缺乏创新，参与者流动性小等问题。对此，本实践小组成员给出了充分利用大学生社区主任助理资源，为活动策划团队注入新鲜血液，与打造“天桥品牌”等相应建议。希望能在天桥街道社区活动模式的思考中汲取有效经验，并运用到北京市其他社区的社区活动建设中来，带动全北京社区文化共同发展。

关键词：社区活动；活动模式

在为期一个月的天桥暑期社会实践活动中，我们调研小组的两位同学被分配到了天桥街道办事的团工委与工委办协助开展工作。在工作开展期间，曾多次协助策划并参与天桥街道办事处开展的共计 4 类 12 次活动，对街道办的社区活动开展模式有了较全面的了解。

现阶段，北京市许多社区在开展活动的过程中，基本上都是采取类似的模式。而北京市天桥社区的社区活动开展，与北京市其他各社区相比，可谓是出类拔萃的一个。无论是从活动内容的丰富度，参与人数的多少，还是活动效用的大小等方面来看，天桥街道在社区活动方面所取得的成就是有目共睹的。

天桥社区的活动开展主要由两个部分组成：一个是由天桥街道办事处机关部门组织的覆盖全社区的活动；另一个是由各个社区依据上级领导指示，或根据所在社区自身需求而开展的服务范围仅限于本社区的活动。

通常，天桥街道社区活动的开展主要是通过依据上级指示、沿袭传统活动以及适应节日需要三种动力而开展。像天桥社区今年的“我的中国梦”主题宣讲活动，就是为了响应党中央对于“中国梦”深入群众的倡议而举办的，寻找天桥地区拥有“中国梦，我的梦”的各行各业的普通天桥人，为社区居民分享、讲述自己激励人心的奋斗历史与中国梦，自己的梦；“快乐暑期，天桥学艺”等系列活动采用画脸谱、捏泥人、画纸扇等方法，将传统的老天桥手艺教给更多的青少年学生，一方面既能使老天桥的文化得以传承，另一方面也能丰富青少年的暑期活动，学习各种手工艺技能；“包香粽，传乡情”端午节包粽子手艺传授活动则是为了符合端午节的文化氛围，由包粽子手艺精湛的社区居民将粽子的制作方法教给其他居民，并将制作好的香粽送给天桥社区的孤寡老人，共同庆祝端午节。

在天桥实习的过程中，我们小组的成员对天桥地区的活动开展模式产生了兴趣，并在工作内外对其进行了研究与思考。

一、研究目的

（一）总结天桥活动开展的成功经验

天桥地区的活动开展以其丰富的活动形式，极高的参与度，丰厚的文化氛围，极大地服务百姓等特点而被人们称赞。通过调研，了解天桥活动开展的模式有哪些独特的经验，这将是一笔宝贵的社区管理模式财富。

（二）协助北京市其他社区开展丰富多彩的社区活动

天桥地区活动举办的成功之处在我们调研提取之后，可以用来对北京市其他社区进行工作指导。以点带面，争取促进北京市社区建设的共同进步。让优秀的社区活动举办方法得以应用到其他社区，更好地服务于更多的北京居民。

（三）反思天桥街道社区活动的优劣之处，促进天桥自身发展

天桥社区的社区活动举办虽然有极大的优势可以借鉴，但是不可否认会存在其相应的问题。希望通过我们的调研，发现天桥居民对于天桥街道社区活动举办的意见与建议，并进行相应的整理与反馈，促进天桥社区活动的完善，并汲取宝贵的经验予以推广。

二、调研方法

此次调研，我们小组主要选取了田野调查法与访谈法进行调研，借助在天桥街道机关部门进行实习的优势条件，成功减少了调研阻力，通过自身参与策划并融入天桥地区社区活动中，并在活动前后分别就活动的举办方与参与者进行访谈。在实习结束后，总结所有参与并调研过的社区活动，整理并提取有效信息，撰写调研报告（见图 1）。

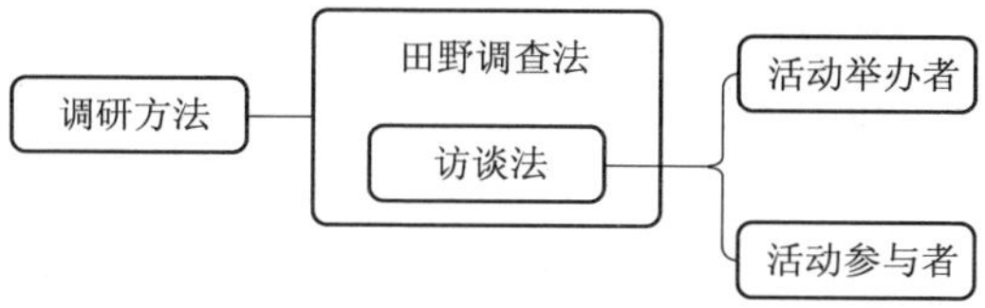

图 1　调研方法

三、调研内容展示及结果

（一）天桥街道活动开展模式（见图 2）

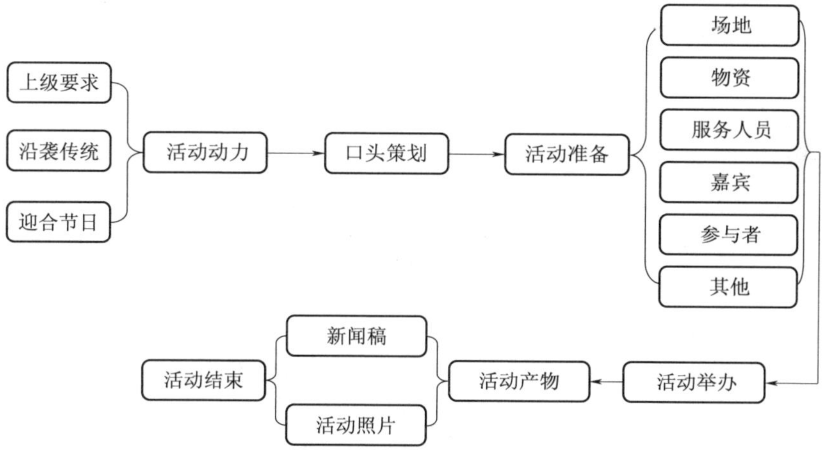

图 2　天桥街道活动开展模式

（二）天桥社区活动的优势

1. 活动主题与内容丰富多样，贴近百姓生活

在我们的调研中，我们发现在 2013 年的上半年，仅仅北京市西城区天桥街道办事处团工委这一个部门所举办的活动次数就达到了八次："包香粽，传乡情"端午节包粽子活动，"学雷锋"青年团员植树活动，"我的中国梦"主题宣讲活动，"宣传绿色环保"青年团员参观园博会，"法律金融知识进社区"银行律师为百姓讲授生活中常用金融法律知识，"西城区乒乓球友谊赛"天桥街道夺得第二名好成绩，"关爱老人"萤火虫志愿者服务队敬老院志愿活动，"重访天桥老艺人"天桥街道社区青年汇活动等。

在我们的调研过程中，发现街道办事处其他科室所举办的活动也同样是丰富多彩，贴近百姓生活的。比如妇联的"巧媳妇"评选等活动，都是最大限度地贴近百姓生活，让居民参与活动的门槛降到最低，活动内容更是丰富多样，像"法律金融知识进社区"等活动会教给老人怎样去辨别真假纸币，公共区域堆放个人物品不听执法部门劝阻违反怎样的法律法规等基本常识，得到了到场参与讲座的居民们强烈的好评。在我们后期的访谈中，老人们主动提出希望社区以后还为他们举办类似的讲座。

我们经过对天桥这些活动材料的整理、对比、分析后发现，天桥街道所举办的活动具有如下的特点：

（1）活动内容丰富多彩，涉及范围广。

（2）活动主题贴近百姓生活，对居民有实际应用价值。

（3）活动形式方便，门槛低，适合社区相应参与人群中的任何人参与。

（4）活动不会收取参与者任何费用。

（5）活动主要目标参与对象多为青少年与老年人。

2. 天桥街道举办活动经费充足

在同天桥街道机关部门的工作人员进行访谈的时候，他们告诉我们政府对于社区的精神文明建设是有充足的重视的，每年拨给街道办的活动资金也是相当可观的。在街道办中，随处可见节省的影子，但是在某个部门跟领导审批资金办活动时，领导经过仔细核查预算后都会毫不犹豫地将资金下发，以保障活动的顺利准备与开展。街道办用他的实际行动告诉我们，别的地方可以省，但是为居民办活动的钱从来是很舍得花的。

正是有了这些资金的支持，天桥街道可以请到很好的嘉宾、老师或者活动的专业领头人，可以买到充足的活动必需材料，可以为参与者买小纪念品等。

舍得花钱，把钱用到刀刃上，这也是一种学问。天桥街道把钱很好地用在了活动中，能够开展出优秀的活动也便是意料之中的事情了。

3. 部门独立主办活动，责任集中

我们在天桥街道研究了 32 个活动，奇怪的是活动的主办方都是来自不同的部门。比如“世界人口日计节育宣讲”活动就是由计生办自己主办，从策划，到准备，到活动开展，所有责任全部集中。

通常在我们的学校中，学生组织内部办活动都是各个部门互帮互助的，虽说有主办部门，但是最后往往演变成了整个学生组织在办这个活动。如果一切顺利则是全体的功劳，万一出现突发状况便会相互指责，而不愿承担责任。

这不禁使我们想到，往往部门多了之后责任确实是会变得分散，部门间就某件事情推诿、扯皮，导致工作开展、活动进程效率低下的事情发生也就不足为奇了。

天桥街道的机构划分框架非常明晰，责任、分工也是相当明确的。是谁的责任谁就来承担，是谁工作范畴内的活动就由谁开展。在如此独立自主的活动开展环境中，不仅可以给予主办部门充分的自主性，更有效地明确了责任，提高了工作效率。

4. 活动开展立足天桥，沿袭传统，树立天桥品牌

众所周知，天桥地区是一片拥有悠久历史、极大知名度与深厚文化底蕴的沃土，天桥文化滋润了一方水土，养育了一方天桥人。而时过境迁的今天，虽然许多天桥绝活、老手艺等已经失传，但是人们没有忘记去亡羊补牢，积极传承天桥老手艺、老文化。就连天桥街道开展的活动也或多或少都会掺杂天桥的优秀文化。这不仅使活动内容更加灵活、有吸引力，在天桥人中接地气，也使传统文化得以传承。

像是“快乐天桥，暑期学艺”系列活动，请到了像赵伟、白金鑫等众多民间工艺大师为孩子们授课，运用暑假时间为社区的青少年提供一个平台，让他们自我动手实践，培养兴趣爱好。通过“画脸谱”，“捏泥人”，“画纸扇”，“听相声”等形式，让孩子们真的很快乐地参与了活动，更增进了自己的地域归属感，作为一个天桥人而自豪。

其他的社区在活动开展中，也应当多与本社区传统文化相结合。虽说可能文化没有天桥地区如此醒目，但是只要得到开发与传承，慢慢树立起自己的品牌，也一定可以举办出引人注目的社区活动。

（三）天桥社区活动的劣势

1. 参与对象有所局限，不同人员流动性小

天桥地区在活动的举办过程中，有时会通过街道向各社区下达命令，要求每个社区在尊重居民自我意愿的基础上，尽量提供相应名额数量的参与者到街道办参加活动。这时会比较容易出现一个问题就是同一个参与者参与了一类活动的每一次分活动，占取了参与者名额并通过一次次的活动对社区活动失去了新鲜感与兴趣。而社区的活动主要的目标参与者又是青少年与老年人，使中间年龄的居民在社区活动上受到了忽视。

比如在“快乐天桥，暑期学艺”的系列活动中，我们访谈到了先农坛社区这样一位6岁的孩子。无论街道办在开展“暑期学艺”的什么活动，他都会跟着过来，共画过3次脸谱，3次扇子，捏过3次泥人，听过一次相声，并且我们在后面的红十字急救培训的现场再次看到了他的身影。一开始很认真在画的心态一次次在减少，最后只是在应付。

对于这方面的问题，居委会应当给予适当的把关与筛选，并给出相应的建议，根据不同参与者的不同特点，帮助其选择最适合自己的社区活动参与。既能维护居民自身的利益，又能使社区活动服务于更多的人。

2. 活动内容缺乏创新，多为沿袭传统，迎合节日

在前面优势的部分曾经提到天桥地区的社区活动内容丰富多彩，立足天桥，在这里笔者却说活动内容缺乏创新，多为沿袭传统。这两者是否是矛盾的呢？

其实并不矛盾。在我们的调研中发现，通过对2012年上半年与2013年下半年团工委活动举办内容的对比，我们发现，虽然活动内容确实很丰富多彩，但是几乎都是每年都在循环着的。有些会将主题适当换一下，有一些会换掉部分不合时宜的环节，有些虽然内容换了却依旧使用了以前的活动名称。比如每年的“五四青年节”都会去植树，每年的“快乐暑期，天桥学艺”都会画脸谱、捏面人。这些内容看到后也着实让我们觉得无奈。

四、建议

经过我们小组的调研，我们对天桥街道活动的开展也基本上有了一个较为全面的了解与思考，对于天桥现阶段社区活动开展的现状与产生的些许问题，我们小组在斟酌后得出了几点建议，也希望我们的调研对我们工作了一个月的天桥社区今后的社区活动开展能够有所帮助。

（一）社区活动参与对象有所局限，不同人员流动性小的问题

这个问题的关键点在于居委会。对于不同活动参与人员的问题，居委会应当给予适当的把关与筛选，并给出相应的建议，根据不同参与者的不同特点，帮助其选择最适合自己的社区活动参与。既能维护居民自身的利益，又能使得社区活动服务于更多的人。

（二）社区活动内容缺乏创新，多为沿袭传统，迎合节日的问题

街道办可以广泛征集活动形式与民意，集思广益、开诚布公办活动，变居民被动为主动。像北京理工大学人文与社会科学学院天桥实践团每年参与的“大学生社区主任助理社会实践”活动等，都能够为天桥街道注入新的思维与活力。街道办可以充分运用年轻人活跃的思维来创新活动形式与内容，运用踏实的实践来充分调研居民的活动需求，根据民调结果充分分析并思考，让居民变被动的活动参与者为主动地活动策划者，办百姓喜闻乐见的社区活动。

（三）天桥街道社区活动多，收到的社会影响小的现状

在我们的调研中，我们通过网络搜索了天桥街道的活动报道，发现只有偶尔会有一些较大的活动，如“快乐暑期，天桥学艺”等会邀请天桥街道外媒体前来报道，在“人民网”上刊登出一篇不太起眼的新闻稿。其余的则多只刊登在“天桥”类似的内部网站上。访问量极其有限。

我们建议天桥街道打出“天桥品牌”，利用天桥先天优势与现在活动的后天努力，为天桥的社区活动创造出品牌，逐渐外延到北京市，扩大天桥社区影响力。例如举办“天桥杯”相声曲艺大赛等活动，充分利用媒体资源扩大宣传，让天桥优秀的社区活动创造更大的社会影响力，带动北京市社区文化建设共同发展。

初探“居站分离”在现行模式中的优势与问题

——以天桥小区社区为例

陈　橙　窦晓娟　徐　晖　高嘉琦

摘要：居站分离改革始于2005年的深圳市，全国很多城市随后根据自身实践进行探索，逐渐发展出“一站多居”“一站一居”“一口式居站分离”等多种模式。在我国，有关“居站分离”“多居一站”的研究调查早已有之。此次调研的对象是天桥小区社区的“居站分离”工作模式，采用问卷调查和访谈等形式收集信息，从社区工作人员与社区居民的视角探究“居站分离”对居民生活的影响。

关键词：居站分离；管理创新；居民自治

一、调研背景

（一）文献综述

杨成虎指出：这种以行政和自治分离为基本特征的居站分离制，一方面有利于社区居委会腾出手脚更多地履行利益表达的功能，但也有可能因为行政事务管理职能的被剥离而使其联系群众的功能逐渐被抽空边缘化和空心化。另一方面，居站分离实际上是通过绕开社区居委会另行设置街道办事处的派出机构，并以社区工作站为组织载体将行政权力向下延伸到社会的最基层，从而解决了传统的“政务进社区”必经居委会的尴尬。

而李璐在其文章中则更加明确地指出了这种居站分离的意义及运作绩效：第一，巩固了党的执政基础，服务站成为党和政府在基层的工作载体，直接增强了党和政府在社区的工作力量。第二，促进社区自治组织的功能复位，在服务站承接原来居委会负责的行政性事务以后，居委会可以专心于社区自治性事务，使其可以集中精力履行基层民主的政治功能，收集社情民意、反映居民诉求、协调居民利益、化解基层矛盾、扩大基层民主、提供社区服务等。这样就解决了长期以来困扰基层的社区居委会行政化问题，使居委会从以前被动的“听命令做动作”转变为“听民意做决策”。第三，进一步推动了基层民主，居站分离模式的设想就是将居委会和服务站在“责、权、利”等方面彻底分离，使得基层行政事务和社区自治事务由不同的“抓手”加以落实。社区居委会由社区居民民主直接选举产生，不坐班仅拿少数补贴，排除了行政权力和经济利益色彩，这样真正热心公益事业愿意服务群众的人得以当选，为基层民主的进一步扩大创造了条件。第四，促进了决策主体和执行主体积极性的充分发挥。“居站分离”制度建立了“一个大会，两个机构”。其中“一个大会”——社区成员代表大会，负责选举产生社区议事委员会成员和社区管理委员会成员，讨论决定社区事务，“两个机构”——社区协商议事委员会和社区成员代表大会的议事协调部门，由组织活动能力强，热心社区公益事业，由群众中具有较高威信的人组成。居站分离可以更大程度上调动社区居民的主体意识，从而更好地发挥其参与社区管理事务决策的积极性。第五，大大提高社区管理科学水平。社区居委会和服务站分工明确，使居委会发扬基层民主、服务基层群众，服务站承担行政事务、协助基层管理，作为政府在社区的服务平台，服务站的主要工作是协助、配合政府在社区开展工作，为社区居民提供服务。

居站分离是对居民基层自治组织的一种创新管理办法，在各地实践之后均表现出较好的效果。但是在调研中，也有学者指出对居站分离中存在的问题的担忧。

陈伟东教授将现有的社区服务站建设模式概括为居委会管理模式和街道办事处管理模式。无论哪一种模式，都可能出现居委会被“行政化”或是“边缘化”的问题，从而出现“效率低”和“质量差”问题。而陈伟东教授又进一步提出：要促进政府行政管理和居民自治管理的分工，首先要在公共服务中促进政府“掌舵”与社会组织“划桨”的分工，把街道社区服务中心和社区服务站定位为具体承担社区公共服务的专业服务机构。

（二）我国的社区改革历程

居委会在我国历史已久，早在 1954 年 12 月 31 日，在第一届全国人民代表大会常务委员会第四次会议上就通过了《城市居民委员会组织条例》。1980 年重新公布。1989 年 12 月，第七届全国人民代表大会常务委员会第十一次会议通过了《中华人民共和国城市居民委员会组织法》。当前，居委会的实际工作中过度加入了行政管理体制，行政化严重，与其原本的定位不符。而且由于居委会人员名额有限，本身就存在一定的人员不足，行政工作过多加剧了这种不足，使居委会在行政管理方面耗费了大量的时间和人力物力，无法发挥其真正的功能和作用。社区服务站是近年来出现的，目前它并没有一个固定的定义，是我国社区建设到一定程度的产物。社区服务站不是政权组织，也不是行政事业机构。但在很多地区，社区服务站的工作人员都是由政府聘用考核，社区服务站和政府部门、街道办事处的关系实际上是一种行政的垂直关系。社区服务站是政府公共服务延伸到社区的工作平台，承担政府公共职能。应西城区社区治理创新试点要求，天桥街道对现行“一居一站”的社区组织体系进行了调整，将地域相邻的天桥小区、禄长街、先农坛、太平街社区 4 个社区服务站进行合理整合，建立了天桥街道东经路服务站（以下简称服务站），并于 2015 年 7 月 1 日正式运行，以此推行“居站分设、多居一站”的社区组织管理体制。服务站服务范围覆盖四个社区的所有居民，辐射面积 1.36 平方公里；共 10 832 户，27 467 人。

（三）“居站分离”的必要性及原因

一方面，随着我国经济、政治、文化体制改革的不断深入，从根本上改变了城市社会环境，改变了计划体制下国家统一配置资源的模式，政府将社会管理职能转移出来，回归社会。然而，由于我国社会尚未真正发育起来，社会组织还不发达，缺少接受这些职能的载体和能力。最终，政府转移出来这些职能大多落到基层社区。另一方面，随着改革的深入，我国城市居民民主意识明显增强，要求参与社区事务管理与决策的愿望越来越强烈。这就导致在现阶段，我国城市社区不仅要担负原有体制下由国家和单位剥离出来的诸多社会管理职能，还要满足人们日益增长的物质文化生活需要及参与社区管理与决策的民主意识。然而，囿于旧有的管理体制，我国的城市社区难以满足这一客观需要，管理体制的落后跟不上新形势的发展。因此变革原有的管理体制、创新体制势在必行。

以前，天桥街道各社区辅助政府管理，对政府性的事务进行统一服务，治理特点主要是“治理主体单一，居委会行政性负担重”。现在，天桥街道服务站为西城区社会治理创新试点，进行多居一站探索，其主要目的就在于实现社区行政事务与居民自治的有效剥离，强化社区服务站公共服务职能，提升社区居委会依法自治能力。

二、调研方法

此次调研以“居站分离”对居民的影响为切入点，从居民的切身感受来透视居站分离的影响，并根据调研结果提出相关的意见和建议。此次调研选择了问卷调查和访谈的方式收集信息材料。选择在天桥小区以及到服务站和社区办理事务的人发放问卷。共发放问卷 50 份，回收有效问卷 42 份。与服务站负责人和社区负责人进行访谈。对定性资料进行分析整理，对“社区居委会”和“社区服务站”的各自作用和职责有清晰的认识。对定量数据先进行统计整理，然后用 SPSS11.0 进行相关性分析。

三、结果与分析

（一）服务站的基本介绍

在进行具体收集定量数据之前，实践小组成员先对定性的材料进行收集整理分析，了解到天桥街道实行“居站分离”已经快一年有余，新建起来的服务站也逐步接手社区居委会的工作。通过调研走访我们发现，由于服务站成立的时间较晚，所以有关它的相关信息不健全、居民认知度不高，因此，小组成员在进行定量数据收集调研之前，对天桥街道的服务站进行了详细的调研。现将小组成员在调研中收集的报告做如下总结：

目前，服务站共有 17 名工作人员，包含 14 名社工和 3 名福利协管员，平均年龄 34 岁，职员偏年轻化。服务站工作人员一部分是原本的居委会抽调，一部分为社会招新，但是总的来说，服务站工作人员来源都是一样的，因为他们都要通过一定的考试和标准，并参加入岗培训才能上岗，之后还有不定期的业务培训。在上班期间，工作人员实行轮岗制，前后台每一个星期换一次岗，不能随意缺岗。

天桥街道东经路服务站自建站以来，为服务范围内居民提供了就业服务、人口生计、社会福利、住房保障、爱心助残、为老服务等 6 大类 67 项全方位、便捷式的社区服务。其工作特征主要是承接行政性工作，业务量大、面宽。工作由前台综合接待，后台专业承办。前台实现和银行窗口一样，每个柜台都可以承办几乎所有的业务；后台分专门的科室，其主要任务是审核、补充材料、汇总、做报表。服务站成立一年以来，为 65 ~ 100 岁老年人办理了老年证、优待卡、高龄津贴、医疗补助；为多名残疾居民办理了残疾人证、社会保险补贴、重残人员护理补贴、助残卡、助学补助金，并发放了残疾人一卡通、残疾人证；为百余名社区失业人员办理了灵活就业和二次灵活就业，以及家庭住房保障服务。与此同时，服务站接待各种政策现场咨询、电话咨询近上千人次。去年下半年办结工作 9 800 多件，今年上半年在减员 3 人的情况下办结工作 10 310 件，体现出服务站工作人员对工作的熟悉程度和工作效率的提高。

具体来说，服务站的工作特色主要有以下几个方面：

1. 利用网络信息化办理行政事务

东经路服务站办公自动化，源自于天桥街道的办公流转信息化系统，实现了前台与后台、服务站与社区居委会、服务站与街道职能科室之间 67 个办理事项的电子流转。这样，居民不用到社区服务站咨询，就可以获知办事的进展情况，省时省力。与此同时，东经路服务站还可以提供预约办理、工作日延时期间办理、节假日值班期间办理等服务。在使用面积 150 平方米的服务站里，设置了前台接待、后台承办、居民等候、多功能室等 4 个服务区域，配备了电子屏幕和高拍仪、身份证扫描仪等服务设备，为居民提供便捷优质的服务环境。

2. 业务专人多办提高办事效率

以往居委会社区服务站办理业务采取专人专办，一位工作人员负责一项业务的办理，居民的需求有时可能会由几位工作人员办理，这种办理方式十分烦琐费时。而东经路服务站的每位工作人员都具备多项业务技能，可以同时办理多项业务，这样简化了办事流程，使效率增高，办事时间缩短。

3. 信息入库有据可循

东经路服务站为居民设立了“自然基础信息库存”，该系统可导出居民所有办理事项情况。同时，还利用电子高拍仪系统，将居民办理事项纸制材料扫描存档，建立了审核申报材料电子档案库，将相关纸质材料全部上交街道职能科室，解决了没有存档材料备案备查的不足。例如，在东经路服务站运行一年时间以来，工作人员便为服务范围内 65 ~ 79 岁老年人办理了“北京通”卡信息采集。

4. 专业人员多元化服务

服务站工作人员除了平日在服务站办公以外，有时在业务高峰期会派工作人员前往居委会进行现场办公；对于行动不便的老年人，工作人员也会直接上门服务。除此之外，服务站还会从社区聘请监督员来传达居民需求和建议，并进行通知发放和政策宣传。服务站通过多种服务方式，使得服务更加便民化。

（二）居站分离的成效分析（见表 1 ~表 5）

1. 从社区内部工作者的视角看“居站分离”

社区“居站分离”成效如下：

第一，规范化服务，改善办事质量。东经路服务站选址于四社区中心，离服务范围内居民均较近。服务站专门办理政务性业务，聘请了大专以上学历工作人员，并进行了业务培训，同时细分了业务种类，规范了工作流程，使服务站规范而有序。总体来看，服务站成立以来，提高了居民办事效率，改善了办事质量。

第二，明确服务站与居委会功能定位，避免服务错位。为减少服务站与居委会职能交叉、避免职能相互推诿的现象发生，街道将整合后的东经路服务站的职能主要定位为协助政府职能部门代理代办在社区内各种公共服务事项，以及及时了解和反映社区居民意见和建议，努力解决存在的问题、积极支持和配合社区居委会依法开展社区居民自治。居委会则进一步实现行政事务与居民自治的有效剥离，使居委会回归自治功能，提高社区居委会依法自治能力，充分发挥社区居委会“自我管理、自我教育、自我服务、自我监督”和维护居民权益的功能，集中精力有效化解社区管理面临的新问题。

但同时，为了更好地为居民提供服务，服务站和居委会仍然会通过每月互发工作邮件、服务站给居委会发送办证信息表、居委会向服务站通报居民情况、不定期开交流会等方式进行沟通交流，使双方信息畅通化。

第三，改善居民活动条件，加强居民自治探索天桥小区实行“多居一站”之后，将在原来的社区服务站办公场所上开辟新的活动空间，用于居民活动场所加以利用。居民以往反映的室内娱乐项目少，活动空间小等意见也得到了有效的解决。

同时，进行“多居一站”的探索，有助于实现社区行政事务办理与居民自治的脱离，在强化服务站公共服务能力的同时，充分发挥社区居委会“自我管理、自我教育、自我服务、自我监督”的职责，维护居民权益，集中精力化解社区管理面临的新问题。

“居站分离”问题如下：

第一，服务站事项准入机制尚不明确。天桥街道已经完成东经路服务站服务事项的梳理工作，但随着上级职能转移、简政放权的不断深化，可能出现服务站需要承接新的上级下放职权的情况。如何把上级放的权实实在在地承接住，保质保量地为居民提供服务，是服务站面临的新挑战。

第二，服务站工作人员业务水平有待提高。由于服务站成立时间尚短，工作人员缺乏经验，而且由于知识水平不同，对政策的理解程度存在偏差，因此需要采取相应措施，提高工作人员政策理解能力和业务接待能力。

第三，服务站工作人员职业前景有待探索。天桥街道 4 个社区服务站合并为 1 个服务站，工作人员的职业晋升渠道和激励手段是在中长期阶段一个较为突出的难题。新成立的服务站员工编制将如何归属，对比在工作中表现出很好才能的员工应该用什么标准来奖励和晋升，这些都是关系到服务站工作员工的积极性问题，也是服务站面临的一个主要问题。

2. 从社区居民视角看“居站分离”

以上结论是我实践小组成员通过对社区工作人员和服务站相关负责人访谈的材料总结，关于居民如何看待“居站分离”这个问题，我们则采用数据整理和 SPSS11.0 进行相关性的分析。在整理数据时我们发现回收的数据在第 6 ~ 8 个问题上比较集中，因此我们的分析也主要集中于居站分离后给居民带来的切身变化感受和这种变化带来的不便。

在问卷的第六题中被问及居站分离给被调查者带来的便利时，90% 的人认为居站分离的确给居民办理业务带来了好处和便利，其原因按占比排名依次为：服务站更加专业、态度好、设施齐全。

表 1　居站分离带来的便利

6. 您觉得居站分离后服务站的工作给您带来了什么便利?	A. 服务站各种设备齐全，办事方便	7
	B. 服务站工作人员办事更加专业，效率更高	12
	C. 服务站服务人员态度好	9
	D. 无变化（老年人去不了 / 不知道）	11
	E. 其他　　（没去过）	3

问卷中第七题是关于居站分离后给居民生活带来的不便，有 47% 的被调查者认为距离是导致居站分离后给办理业务造成不便的主要原因，23% 的被调查者则认为服务站工作人员不够了解真实的居民情况，是带来不便的主要原因。

表 2　居站分离后的不便

7. 您觉得居站分离后服务站的工作给您造成了什么不便?	A. 服务站离住处远了，办事不方便	20
	B. 服务站工作人员不了解真实的居民情况，办事针对性不够	10
	C. 服务站工作人员不如居委会耐心细致	4
	D. 无变化	6
	E. 其他	2

虽然现在的居站分离存在着一些问题，但是在调查中我们发现，居站分离明确了社区居委会和服务站之间的专业化分工，一方面使服务站的专业化能力能被有效发挥；另一方面使社区居委会的工作时间被很好的解放，能有更多的时间了解居民的情况，更好地服务居民，丰富居民的生活。

表 3　居站分离后工作改进

8. 您觉得居站分离后居委会的工作相较于以前有什么改进的地方吗?	A. 能为居民自治提供更多的财力物力保障（例如开展网格化管理等）	7
	B. 有更多的时间精力调研走访居民，了解民情	17
	C. 开展更多的社区文艺活动，丰富居民生活	10
	D. 居民前来办事时更有精力和耐心	3
	E. 无变化	2
	F. 其他（不了解 / 不去）	3

有超过半数的居民认为，居站分离之后居委会的工作有了更加便民务实的改进。在调查中我们发现，来居委会办理业务的居民大多为中老年人，学历也不是很高，因此我们利用 SPSS 将年龄、学历和问卷中的相关变量进行交叉分析。

“居站分离”对 40 ~ 60 岁以及 60 岁以上人群影响较大，而这一部分人群刚好也是到社区工作的主要服务对象。“居站分离”对他们的主要影响集中在第一点“距离远”的问题上；通过表 2 回归结果，可以得知“居站分离后服务站的工作造成不便”和“年龄”的相关性为 0.379，说明两者具有中度相关性。

表 4　年龄 * 居站分离后服务站的工作造成不便交叉制表

计数

		居站分离后服务站的工作造成不便					合计
		1	2	3	4	5	
年龄	1	4	0	0	0	0	4
	2	4	2	0	0	0	6
	3	3	3	3	8	5	22
	4	4	1	0	5	0	10
合计		15	6	3	13	5	42

表 5　相关性

		居站分离后服务站的工作造成不便	年龄
居站分离后服务站的工作造成不便	Pearson 相关性	1	0.379*
	显著性（双侧）		0.013
	N	42	42
年龄	Pearson 相关性	0.379*	1
	显著性（双侧）	0.013	
	N	42	42

*. 在 0.05 水平（双侧）上显著相关。

在随后的随机调查中我们也发现，对于“居站分离”这个改变，居民认为存在的最大问题，即距离较远。“以前要办证就直接下楼来到居委会就能办成，居委会的工作人员也对居民的情况比较了解，办起事儿来很方便，而现在居委会和服务站分开来办，要办个证还得跑老远去社区服务站，我个人是觉得没有以前方便。”在采访时一个居民如是说。由于这部分人群属于在日常通常不使用代步工具，而且一部分老人是孤寡老人或者是腿脚不方便的人群，因此居站分离后，不能在自己家楼下的“居委会”办理业务了，而是要去离自己家更远的服务站办理业务，这也自然成为“服务站的工作所造成不便”。

总结以上数据分析结果，可以得知，对于大多数办理业务的居民来说，他们的确从服务站的办公中感受到了实实在在的便利，也享受到了信息化时代所带来的快捷；同时也能发现社区居委会有更多的时间关心居民、开展丰富的活动，这些都是“居站分离”给当地居民所带来的切身实际的好处。同时，我们也可以看到，在调查中还是有部分居民不知道“居站分离”这件事，同时也觉得距离以及与居民的熟悉程度，是服务站在运行中的不足。

四、改进与建议

根据以上调研结果，小组成员提出了如下改进建议：

（一）摆脱角色困境

角色失调是个人或组织在适应社会过程中遇到重大障碍，社区服务站在实际中也面临着角色失衡的问题，主要表现在社区服务站与居委会的关系、社区服务站与街道办事处和政府的关系并非足够明确方面。由于角色困境的存在，“居站分离”后居委会和街道办事处的职能移交不是完全，全责范围也没有清晰的界定。这些问题的存在也是居站分离后民众感到办事不方便的主要原因之一。

（二）完善法律法规

社区服务站、居委会如今面临的困境，很大程度上是由于我国的相关法律并不明确。社区服务站的性质在各个地区甚至都会有所不同；居委会是群众性自治组织，但事实上却承担着很多的政府职能，所以它既要承担政府职能，又要为居民自治提供保障，然而这些权责范围都没在法律中有明确清晰的界定。因此在工作中居委会“两头都要忙，两头都要顾”，不免会有顾此失彼的情况发生。而对于社区工作站仍然存在众多问题，包括：其一，职能过多，负担过重；其二，工作人员身份不明，待遇偏低；其三，缺乏有效的激励机制；其四，与街道办事处的关系不顺，认为街道办管得太多太死。因此需要加强法律法规对社区服务站和居委会相关权责的界定和规范，完善各项制度及操作规程，提高社区服务站和居委会的管理水平。

（三）提升居民参与自治的积极性

需求日渐多元化的现在，对居民自治的形式也提出了更新更高更多的要求。提高居民参与自治的积极性，将会大大促进居委会功能的发挥和功能、结构优化。在此次调研中，我们发现大部分居民对“居站分离”都不了解，只有当他们需要办理业务时才会发现原来办事地发生了改变，可见在居民日常对居委会的一些组织变动不是很了解。这一方面有居民自身对居委会关注度的原因，另一方面也有社区居委会自身宣传问题的存在，宣传不到位，居民也就认识不到和自身利益的切实联系。只有让居民更加关心社区居委会的工作进程，才能培养居民的权益意识，提高居民参与自治的积极性，提高管理服务的效率和水平。

（四）完善服务站人才队伍建设，做好长远规划

对新成立的社区卫生服务机构工作人员，要能保证政策优惠，待遇留人，尽力保障新成立服务站的基础设施建设、基本设备配备和人员培训等经费，以激励更多的有理想、有才干的人留在基层、服务基层。同时，也要对社区服务站人员进行职业道德教育，树立爱岗敬业、乐于奉献、文明行医的新风尚，实行待遇留人、运行机制留人，稳定全科医师队伍。

关于如何提升社区居民参与自治的动力研究

——以北京市西城区天桥街道留学路社区为例

肖剑桥 魏 琦 樊佳佳 程玭秀

摘要：在社会多元化、政治民主化和城市现代化的推进下，社区居民自治参与逐渐成为社区建设的新主题、新动力。然而，目前社区居民自治参与不足已经成为社区建设发展的瓶颈。本文针对北京市西城区天桥街道留学路社区居民自治的现状与问题，通过对社区居民进行问卷调查并汇总调研数据。通过交叉分析和建立数学模型进一步进行数据分析，测算居民的动力倾向。运用回归分析的方法，找出留学路社区居民参与自治的根本动力。结合数据分析和实际情况，提出影响居民参与自治的动力的若干因素以及提高居民自治参与度的几点建议。

关键词：居民自治；动力；物质实现；情感满足

一、绪论

（一）课题研究背景

基层群众自治制度是我国的基本政治制度，它是依照宪法和法律，由居民（村民）选举的成员组成居民（村民）委员会，实行自我管理，自我教育，自我服务，自我监督的制度，城市居民自治是基层群众自治的重要部分，主要依托城市居民委员会，带领群众开展自治工作，按照社区居民“自己管理自己的事情”“大家的事情大家办”的原则，通过民主协商的方式，共同解决社区内公共事务和公益事业方面的问题，共同创造美好幸福生活。

随着时代的发展、自治工作的不断完善、居民素质的提高，居民自治的实现有了充分的保障，但居民自治活动的参与度不高，居民参与自治活动的动力有待提升。可以说，只有居民主动参与并管理好自己的事情，增强责任感、积极性和主人翁意识，作为城市管理重要平台的社区才有可能在全面建成小康社会的过程中，在激发社会活力、促进社会公平、倡导互助互爱、反映公众诉求、化解社会矛盾等方面发挥其应有的作用。

北京市西城区天桥街道留学路社区地处天桥地区东北部，东至铺陈市、南至永安路、西至留学路北至珠西大街，与热闹繁荣的前门大街相邻，与友谊医院相望，社区有三千余户家庭，近万位居民。与天桥街道的其他社区相比，留学路社区存在着危旧平房多、弱势群体多、流动人口多等特点，这也在一定程度上决定了留学路社区的自治工作的开展具有独特性。近几年来，在社区党政班子和社区工作者的共同努力下，留学路社区居民参与社区自治的热情日益高涨，但参与社区自治活动的人员较为固定，自治活动的参与度仍有待提高。

（二）国内研究状况

目前学术界关于提升居民参与自治的动力的研究主要集中在以下几个方面：

第一，从发挥党的领导核心作用的角度。通过发挥社区党组织领导核心作用来引导社区居民参与自治活动。如通过加强社区党建来确保社区党组织领导核心作用的发挥，从而由加强社区党建和发展居民自治的一致性来提高居民社区自治活动的参与度，通过党内民主带动基层民主（陈琳，2012）。

第二，从完善自治的机制和模式，加强政府引导的角度。通过完善体制机制、创新管理模式提高社区居民参与自治活动的积极性，提升其参与动力。如建立政府引导与社区自治相结合的合作型治理模式，通过发挥政府的引导作用、培育社区自治组织等措施提高居民参与度（董玉竹，2011）。

第三，从居委会开展自治活动的现实意义的角度。一是通过提升参与自治活动给居民带来的切身利益，提高居民参与自治的动力。一些学者提出，城市居民参与的实质是利益参与，利益关联越紧密，居民参与的动机越强烈。利益需求、经济利益和公共利益都是影响居民自治程度的重要因素（胡雅琼，2016）；居民自治取决于相关利益，自治有效性取决于利益相关性，两者的组合决定居民自治最有效的实现形式（邓大才，2014）。二是让社区自治活动与实现居民的自身发展相适应，如提高居民参与社区自治的政治效能感，实现居民的经济和政治健康发展，实施积极的社会说服，弘扬社区自治精神，（张雷，张平，2015），根据居民不同的思维观念和不尽相同的行为特征开展有针对性的个性化活动（刘霞，2013）。

由此可见，学术界目前分析居民参与自治的动力问题基本是从党、政府以及居委会三个角度和层面进行分析，从顶层设计和基层工作两个方面进行了较为深入的研究。但是上述研究成果大多忽略了参与居民自治的最重要的微观个体——居民本身。本文主要是通过到社区走访调研，了解居民本身对于社区自治活动的诉求，从居民的角度出发了解其参与社区自治活动的源动力，并找出与其切身需求相适应的解决方法，真正满足居民对于自治活动的诉求与需要，增强居民参与自治活动的积极性，提升其参与自治活动的动力，充分发挥基层群众自治制度的优越性。

（三）研究内容及意义

1. 研究内容

本文根据调研走访的实际情况，将居民参与自治的动力分为两个方面：物质实现和情感满足。通过发放调查问卷，获取居民的基本情况、经济状况、参与或不参与自治活动的原因，以及对自治活动的改进意见等信息，并将参与自治活动的原因根据物质实现和情感满足这两个方面进行划分，建立数学模型得到每个居民参与自治活动的动力倾向。随后通过回归分析，研究参与频率和动力倾向之间是否存在以及存在怎样的相关关系，得出居民参与自治活动的根本动力。根据这一动力以及居民不参与社区自治活动的原因，并结合居民对自治工作提出的建议，提出若干提高居民参与自治动力的可行性方案。

2. 研究意义

第一，提高居民参与自治的动力，使自治活动更好地开展，有利于充分发挥城市居民自治的作用，发挥基层群众自治制度作为基本政治制度的作用，促使其与全面建成小康社会的政治生活方面相适应；

第二，提升居民参与自治活动的动力，让居民更好地参与到自治活动中去，为其提供一个表达自身诉求的平台，有利于居民的自身发展和自我价值的实现，增强居民的幸福感、满足感；

第三，通过对留学路社区自治情况的调研，得出与社区实际相符合的结论，形成一套具有留学路特色的改进方法，并将其反映给留学路社区居委会，在一定程度上对社区工作者的工作具有一定的借鉴意义。

二、调研过程

（一）调查方案设计

1. 调查对象的选取

本文的研究对象是城市居民，选取北京市西城区天桥街道留学路社区居民为调查对象。

2. 调查方法

在本次调查研究中，我们采取了访谈调查、问卷调查、文献调查法等主要调查方法。

访谈调查的对象是留学路社区的一名有多年实践经验的社区工作者。不同社区都有其特有的社区特色，在自治工作开展方面也具有其特殊性。通过对该社区工作人员的访谈，我们期望初步了解到留学路社区自治工作的特点以及目前自治工作的开展状况和已经采取的措施，从而为调查问卷的设计提供基本方向，为我们下一步调研工作的开展奠定基础。

问卷调查的对象主要是留学路社区的居民。调查问卷的设计是建立在对留学路社区的基本情况进行充分了解之上的，主要内容涉及居民的基本情况、经济状况、参与或不参与自治活动的原因，以及对自治活动的改进意见等信息。通过这些信息的搜集以及初步分析，我们可以得到关于居民参与自治的动力倾向和居民对于社区自治活动的建议。为了保证数据的真实性、有效性和多样性，我们走访了留学路社区的十几个胡同，与社区居民进行了深入的交谈，了解社区居民对于自治活动的看法、建议及诉求。由于留学路社区居民普遍文化水平不高、网络普及率较低，我们全部采用发放纸质版问卷方法，并由课题小组成员协助居民填写。

（二）访谈调查

1. 访谈对象：留学路社区的一名有多年实践经验的社区工作者

2. 访谈摘要

时间：2016 年 7 月 15 日　地点：留学路社区服务站

采访人：课题小组成员甲　受访人：留学路社区的一名有多年实践经验的社区工作者

（甲：采访人　乙：受访人）

甲：……我们想请教您一下咱们留学路社区目前自治工作开展的状况。

乙：社区自治渗透在社区工作的方方面面，包括监督、服务等。我们社区以平房区为主，居民之间联系起来比较方便，因此自治的参与度在各个社区当中算是比较高的。

……

甲：那咱们社区采取了哪些措施来加强居民的参与度呢？

乙：我认为最重要的是要提高社区的凝聚力和社区工作者的公信力，这与我们社区工作者的服务态度有着密切的关系。比如说，我们将留学路社区划分为多个网格，与网格中的居民进行交流的过程，就是一个树立社区工作者良好形象的机会。

……

乙：是的，另一方面，如果我们举办的活动更加贴近群众的生活，富有意义和针对性的话，也会吸引更多的人参加。其次，我认为精神上的鼓励也是很重要的，为此我们发动了很多党员同志参与到我们的自治活动中来，在这里也涌现出了很多得到社区居民认可的优秀志愿者，这份荣誉感也激励着他们为社区做出更多的贡献。

……

乙：最后，社区工作的开展也离不开物质保障，随着政府对社区经费支持的不断增强，我们也有更多的资金为参与自治活动的居民提供更好的保障。

其实我觉得社区工作者开展自治活动需要具备很多能力，不仅需要有组织协调能力，还要用热情的态度感染社区群众参与到自治活动当中。……

3. 访谈分析

根据以上访谈记录我们可以得出以下信息：第一，留学路社区主要是以平房区为主，居民之间的走动较为频繁，接触较多，凝聚力较强，自治活动的参与度相对较高；第二，留学路社区居民参与社区自治的动力主要是源自社区内的凝聚力、对社区工作人员的认可以及对自己价值实现的精神上的满足等感情需要，虽然也需要一定的物质保障，但并不是较为主要的原因。这与我们先前进行的文献调查结论——利益相关是城市居民自治的内在动力这一结论不同，我们将在接下来的实地走访和问卷调查中证实哪一方面才是留学路社区居民参与自治的主要动力。

（三）问卷调查

1. 调查对象：留学路社区居民

2. 调查目的：获取居民的基本情况、经济状况、参与或不参与自治活动的原因，以及对自治活动的改进意见等信息，为下一步的分析提供数据支持

3. 调查方式：纸质问卷，由课题小组同学协助填写

4. 调查地点：北京市西城区天桥街道留学路社区

5. 调查进度安排：

（1）设计调查方案；

（2）调查实施，取得数据；

（3）调查数据整理、分析；

（4）撰写调查报告。

6. 调查信息的整理与分析方法：

（1）审核问卷：检查回收的调查问卷是否齐全，有无重复、遗漏，保证记录的一致性和统一性；

（2）整理录入：对经过审核的调查问卷进行整理，并录入数据；

（3）数据分析：完成录入后，通过交叉分析和建立数学模型的方法对数据进行处理。

三、数据分析

（一）问卷分析

1. 单因素分析

（1）基本信息（见图 1 ~ 图 3）。

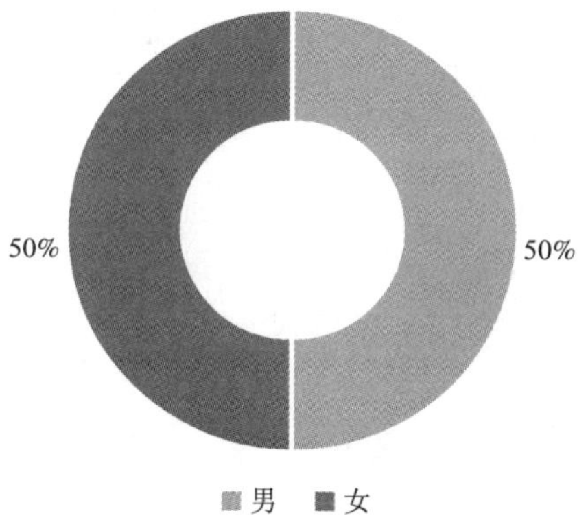

图 1 留学路社区居民性别分布

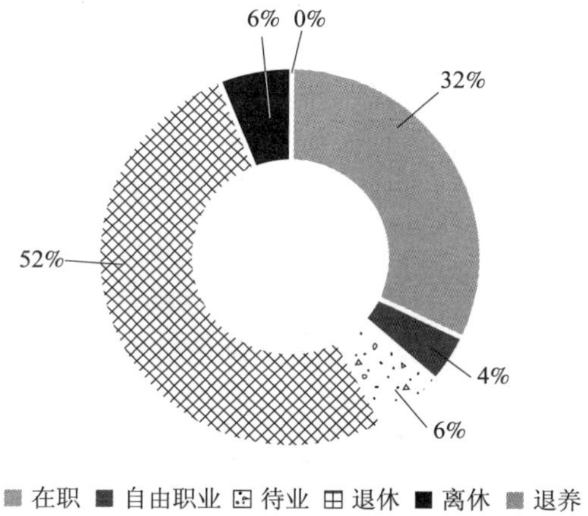

图 2 留学路社区居民职业状况

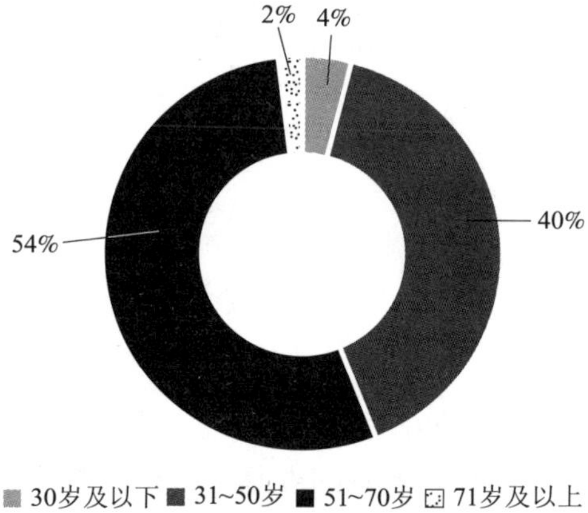

图 3 留学路社区居民年龄结构

以上是对被调查对象基本信息的调查。从第 1 题可以看出，我们选取的调查对象的性别比例十分均衡，因此排除了性别对研究结果可能造成的影响。从第 2 和 4 题可以看出，被调查对象的年龄分布主要集中在 50 岁以上的中老年人群和 31 ~ 50 岁的中年人群，职业状况也相应地以退休和在职为主，这与关于年龄的调查相适应，也与留学路社区是以中老年人为主体的年龄结构相吻合。同时，退休、离休人数较多也为参与社区自治活动提供了时间上的保障。

（2）参与自治活动的种类。

从图 4 可以看出，居民参加自治活动的种类主要以志愿服务活动为主，留学路社区志愿服务自 2008 年北京奥运会发起以来一直进行常态化开展，在居民间有一定的影响力，居民的参与程度也较高，应继续保持这种状态，使其良性发展；党政学习活动主要针对数量相对较少的党员居民开展，故比例较低，由于其开展对象的特殊性，其参与人数也较为固定，在短期内难以提高。所以要提高居民参与自治活动的积极性，应主要从讲座教育活动入手，多开展具有实际意义，让居民有所收获的讲座教育活动，让居民在参与自治活动中有获得感，提升其参与自治活动的动力。

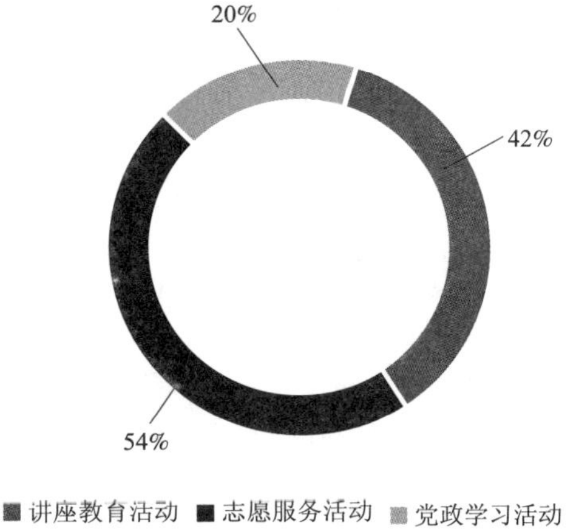

图 4　留学路社区自治活动类型

（3）不参与社区自治活动的原因。

从图 5 可以看出，由于家庭条件差、家庭及身体状况不允许、工作繁忙等个人因素导致不能参加自治活动占一半以上；而由于周围居民参与度不高、社区凝

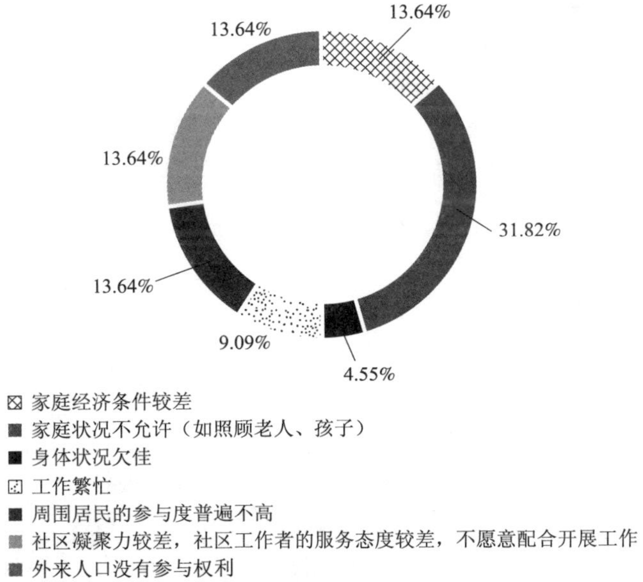

图 5　留学路社区居民不参与自治活动原因

聚力较低、外来人口没有参与权力等外在因素导致不能参加自治活动相对较少。在个人因素中，经济条件和家庭状况是制约居民参与自治的主要原因，一些居民迫于生计，几乎没有闲暇时间参与自治活动，同时需求层次未达到参与自治活动的高度；一些居民的精力绝大部分都投入于家庭，无法参与居民自治；而对于身体状况差的老年人和需要工作的青壮年，同样无法参与到自治活动当中。外在因素则相对分散，在我们的调查过程中，有一小部分的居民较为消极、态度较差，对社区工作颇有微词；还有一部分居民表示自己是外来人口，没有参与社区自治活动的权力。针对以上原因，我们将在建议与对策部分具体展开进行说明。

（4）关于社区自治活动的改进措施（见图 6）。

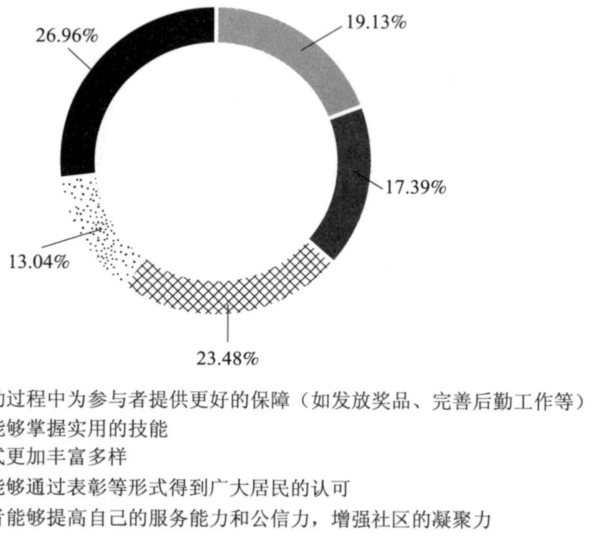

图 6 留学路社区居民期望的改进措施

这一部分内容我们将在对策及建议部分具体展开进行分析。

2. 交叉分析

（1）自变量：您的政治面貌是？因变量：您参与自治活动的频率是？

分析目的：在先前的文献调查中，我们发现党的领导在调动居民参与自治的积极性方面有较强的积极作用。因此，为了调查在留学路社区是否也能通过加强党的领导和党员的先锋模范带头作用提高社区居民参与自治的积极性，我们在问卷中调查了留学路居民的政治面貌，以期调查通过这种途径提高自治动力的实现基础。

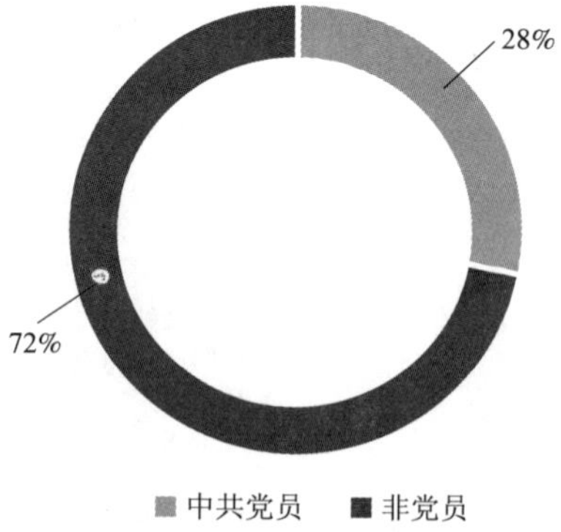

图 7 留学路社区居民党员比例

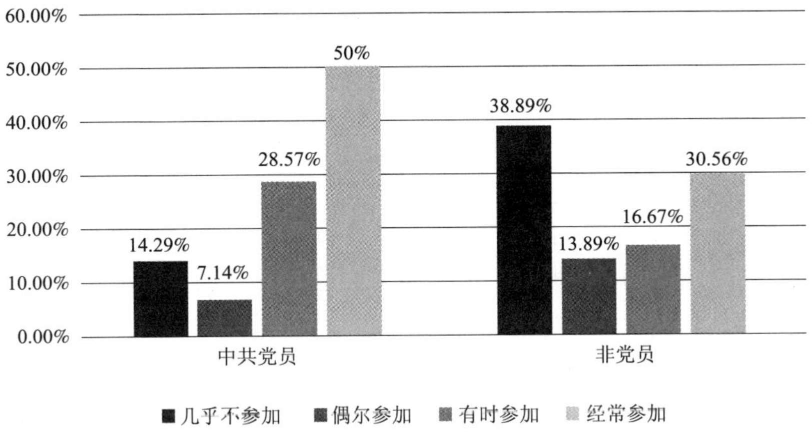

图 8　留学路社区居民参加活动比例

从图 7 可以看出，留学路社区的党员比例较高，有充分的党员基础来发挥党的领导的作用和党员的先锋模范带头作用；从图 8 可以看出，党员居民参与自治的频率要高于非党员居民，尤其是在几乎不参加和经常参加两种频率上形成了较为鲜明的对比。这说明留学路社区的党员本身能够主动地参与到社区的自治活动当中。

（2）自变量：您的政治面貌是？因变量：您参与的社区自治活动的种类是？

分析目的：我们在参与自治活动的种类这一问题中设置了讲座教育活动、志愿服务活动、党政学习活动三个选项，而作为党员，参与党政学习活动作为党员政治生活的一部分，是党员的一项基本义务。所以我们要分析留学路社区党员除了参加党政学习活动以外，参与其他社区自治活动的情况，来考察留学路社区的党员是否能够在自治活动中起到先锋模范带头作用。

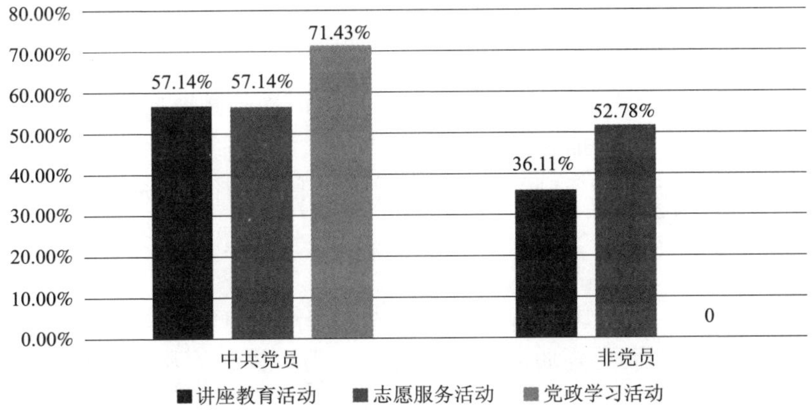

图 9　留学路社区党员居民参与自治活动类型

从图 9 可以看出，党员居民参与自治活动以党政学习活动为主，但参与讲座教育和志愿服务活动的比例也要高于非党员居民，并且参与结构更加均衡。

综上所述，留学路社区中的党员居民不仅人数较多，而且参与社区自治活动较为频繁，参与种类多样，党员居民自身参与社区自治活动的积极性很高，具备通过发挥党的领导的作用和党员先锋模范带头作用的基础。

（3）自变量：您的职业状况是？因变量：您参与社区自治活动的频率是？

分析目的：在实地走访中我们了解到，许多居民不参与社区活动的原因是工作繁忙，平时没有时间参与到自治活动当中；而我们在社区实习中同样发现，社区的自治活动也主要面向的是老年人和青少年，实习期间社区也几乎没有在周末开展针对全社区居民的活动。所以我们将在职、自由职业和待业[①]归类为工作，将退休、离休、退养归为不工作，并对职业状况和参与自治活动的频率进行交叉分析，以期得到职业状况是否对参与自治活动的频率有影响。

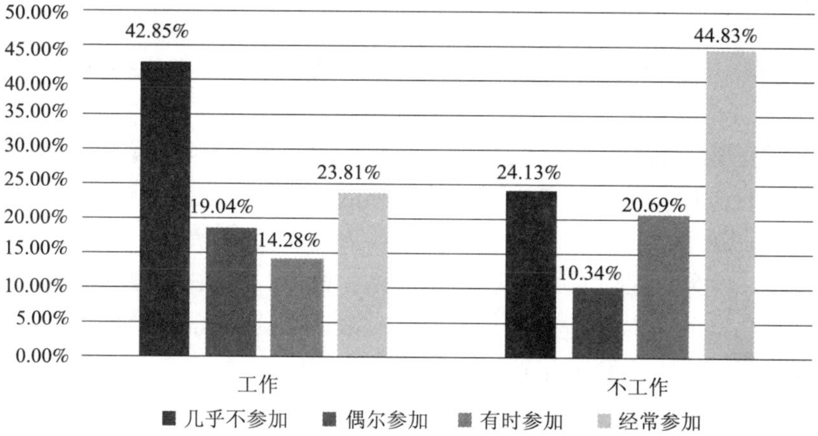

图 10　留学路社区居民不同职业状况的参与频率

从图 10 可以看出，需要工作居民参与自治活动的频率要明显低于不工作的居民，尤其是在几乎不参加和经常参加两种频率上体现得尤为突出。这说明闲暇时间的多少确实对居民参与自治的频率有影响，闲暇时间越多，参与自治活动频率越高。

3. 数学模型

在本文中，我们将居民参与自治的原因主要分为两个方面：物质实现和情感满足，物质实现包括满足物质需求、获得来自街道社区的表彰及相应物质奖励、

① 待业的居民在工作日仍然需要到人才市场等地找工作，仍无闲暇时间参与居民自治，故归类为工作。

学到知识获得生活技能；情感满足包括满足精神需求、发挥先锋模范带头作用、社区凝聚力较高，受到社区工作者和其他居民的热情感染。

为了找出居民参与自治的根本动力，我们根据居民对自身参与自治活动的原因强弱进行排序，通过建立数学模型的方式计算出居民参与自治的动力倾向。

由于我们要对调查结果进行量化考核，现做出关于动力倾向计算的如下假设：

（1）与物质实现有关的原因赋值为 −1，与情感满足有关的原因赋值为 +1；

（2）六种因素排序靠前者对应的权重大，获得积分高，所得积分从高到低为 6 到 1；

（3）动力倾向的正负代表不同的参与原因：正数为情感满足，负数为物质实现；动力倾向的绝对值大小代表原因的强弱。

给出计算方式如下：

$$\alpha=\sum_{i=1}^{6} p_i \times s$$

α——动力倾向；

i——第 i 个因素；

p_i——第 i 个因素对应的积分；

s——某种原因的赋值；

计算结果如下：

表 1

得分	−9	−7	−5	−3	−1	1	3	5	7	9	合计
人数	1	0	1	1	4	2	5	9	5	6	34

从表 1 我们可以看出，出于情感满足的原因，参与自治活动的人数要明显多于出于物质实现的原因参与自治的人数。基于这一结果，我们接下来对动力倾向和参与频率进行一元线性回归，研究动力倾向和参与频率是否具有相关关系，以及具有怎样的相关关系，进而论证留学路社区居民参与自治活动的根本动力是来自于物质实现还是情感满足。

现做出关于一元线性回归的如下假设：

（1）将偶尔参加、有时参加和经常参加三种频率进行量化，分别赋值为 1、2、3；

（2）自变量：居民参与自治的动力倾向；因变量：居民参与自治活动的频率。

回归分析结果如下：

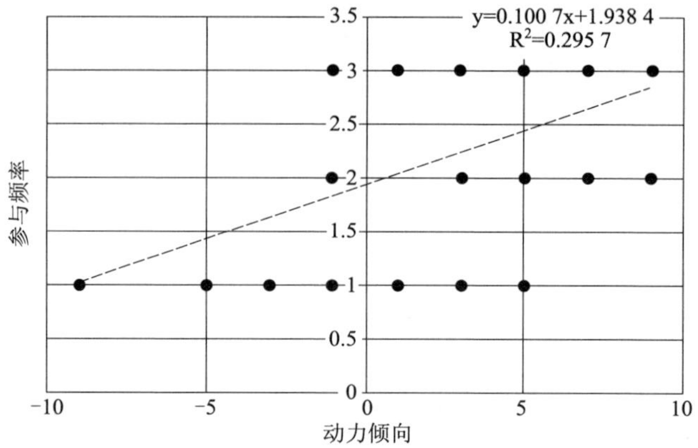

图 11 回归分析

回归分析结果：

（1）相关系数 r 值为 0.543 74，说明自变量和因变量之间具有较强的相关关系；

（2）自变量和因变量之间呈正相关关系，这说明情感满足是居民参与自治的根本动力，且满足程度越高，居民参与自治的动力越大。

通过以上数学模型分析，我们证实了留学路社区居民参与自治的动力根本原因是情感满足，而并非利益，这与我们和留学路社区工作者的访谈结果相吻合。在接下来的对策及建议部分，我们将以情感满足为主要方面，物质实现等其他方面为补充，为提高留学路社区居民参与自治的动力建言献策。

四、结论

（一）影响因素

通过我们的实地走访和调查研究，影响留学路社区居民自治动力的因素主要有以下几个方面：

第一，党的领导和党员先锋模范带头作用。社区党政班子的领导核心作用越突出、党员的责任意识和表率作用越强，则在居民中的号召力和影响力越高，居民对于自治活动的参与度也越高。

第二，社区凝聚力。包括居民之间的关系、社区工作者的服务态度和服务能力以及居委会在居民中的公信力等。居民关系越融洽，参与自治活动的氛围越浓厚，居民参与度就越高；同样，社区工作者服务热情、服务能力较强，具有良好的公信力，也可以带动居民更好地参与自治活动。

第三，自我价值的实现程度。包括得到社区居民的鼓励和赞美、在服务社区和奉献社会的过程中获得认同感等。居民在社区自治活动中得到的精神上的满足程度越高，越能够激发其参与自治活动的动力。

第四，物质保障。随着社区经费支持的日益提高，社区在提供物质保障方面的能力不断增强，与此相适应的，居民参与自治活动离不开一定的物质保障。一方面，社区在自治活动中提供的物质保障越充分，居民的参与程度越高；另一方面，居民参与自治活动能够直接获得一定的物质奖励，与自身利益直接相联系，同样能够激发其参与自治活动的动力。

第五，闲暇时间。参与社区自治活动离不开时间的保障，退休、离休等无须工作的居民的闲暇时间较多，参与自治活动的频率也相对较高；在职、自由职业等需要工作的居民以及需要长期照顾老人、孩子的居民闲暇时间较少，参与自治活动的频率也相对较低。

第六，活动形式。居民参与自治活动需要以丰富多彩的形式为载体，活动形式越丰富，居民对自治活动的兴趣越高，越能够激发其参与活动的动力。

第七，家庭因素。一方面来源于经济因素，家庭条件较差、经济拮据的居民迫于生计，着眼于解决最基本的生活问题，需求层次未达到参与自治活动的高度；另一方面来源于家庭状况及身体因素，它们都在一定程度上制约了居民的参与度。但家庭因素属于居民客观自在属性，社区较难改变。

（二）对策及建议

通过我们的实地走访和调查研究，影响留学路社区居民参与自治动力的主要方面来源于情感满足，所以在接下来的对策及建议部分，我们将以情感满足方面的措施为主，以物质实现方面的措施为辅。

第一，大力发挥党的领导和党员的先锋模范带头作用。要充分发挥社区党政领导班子的核心作用，增强内驱力，提高社区凝聚力，营造互帮互助、团结友爱、文明和谐、充满亲情的留学路社区；同时要提高党员居民的先锋模范带头作用，用自身行动在实践当中为其他群众树立榜样，影响其他居民参与到自治活动当中。例如，发挥党员居民在志愿服务等各项活动中的带头作用，让有丰富经验的党员与其他志愿者交流经验；建立党群联络网，形成社区网格，加强党员与群众在自治活动方面的联系，有活动信息立刻传达到位，充分调动居民参与社区活动的积极性。

第二，增强社区凝聚力。这体现在两个方面：一是要以社区积极分子为核心，增强社区居民之间的走动与联系。留学路社区平房较多，具有先天性优势，要在这一基础上更好地增进居民之间的感情，增强社区的凝聚力；二是要进一步改善社区工作者的服务态度、增强服务能力、改进服务技巧，做居民信得过的有心人，从而提高居委会的公信力，让居民在信任的基础上主动地参与到社区的自治活动当中。例如，发挥志愿者骨干作用，以经济条件较差、家庭情况特殊的居民为重点对象，定期了解其情况；定期举办或参加街道组织的社区工作者技能培训活动，增强自身的服务能力，在实践中不断提高自己的服务水平。

第三，提高居民在自治活动中获得的满足感和认同感。居民在自治活动当中能够得到精神上的愉悦以及对自我价值的认可，尤其是对于退休后的老年群体，更有利于他们发挥余热，在社区生活中重新找到自己的位置，实现自己的价值。社区可以举办年终总结大会对社区优秀居民进行表彰，有条件则适当给予一定的物质奖励；按月份、季度等时间评选“社区热心人”等。通过这些方式，让社区居民在自治活动中的工作成果得到来自街道、社区和居民的认可，提升其精神满足，激发参与动力。

第四，在资金允许的情况下提供更好的物质保障。这就要求社区提高资金的利用效率，进行精准保障。所谓精准保障，就是社区的供给要满足居民需求，针对不同的自治活动提供切合居民需求的后勤支持。社区要在举办自治活动前对物资方面进行周密的考虑，对参加日常自治活动的居民进行定期走访，了解居民的切实需求，不能“大水漫灌”。例如：为志愿者服务岗配发椅子、提供遮阳伞；提供藿香正气水、创可贴、紫药水等药品，让资金真正满足居民的需求，切实提高居民的效益，实现利益最大化。

第五，在休息日适当开展面向全体居民的自治活动。在我们的调查过程中了解到，许多居民由于工作原因，没有闲暇时间参与自治活动；而社区的工作时间与上班族一致，节假日少有自治活动，这就导致上班族无法参与到自治活动当中。同样，留学路社区存在着大量的流动人口，他们表示并不能参与到社区自治活动当中。因此，社区可以在节假日开展一些面向全社区居民参与的自治活动，例如：棋牌活动、亲子活动、敬老活动，这些活动的参与门槛低、可操作性强，且能够以家庭为单位，易于带动社区居民参与到社区自治当中，同样也有利于增强社区凝聚力。

第六，丰富活动形式。通过调查问卷我们了解到，居民参与自治活动的类型主要以志愿服务活动为主，讲座教育活动相对较少。在今后的工作当中，社区可以利用资金保障邀请专业老师，针对不同年龄段的居民，开展一些能够切实增强其生活技能、日常知识的讲座、培训，通过生动活泼的形式让居民从中受益，从而吸引更多居民参与到社区自治活动当中，增强居民参与自治的动力。

五、结语

基层群众自治制度是我国的基本政治制度之一，是人民行使公民权利、当家做主的重要途径。在现如今我国各方面、各层次进行深化改革的阶段，面对居民自治参与度不高的现状，我们同样需要深度挖掘其根本原因，有针对性地在社区基层工作上进行改革。通过本次调研，我们希望能够将所提出的对策和建议应用于实际，切实提高居民参与自治的动力，充分发挥基层群众自治制度的优越性，建设文明、和谐的美丽社区。